現代アメリカ
政治経済入門

河﨑信樹・河音琢郎・藤木剛康［編著］

ミネルヴァ書房

は じ め に

　本書は，ポスト冷戦期の政治経済の行き詰まりとトランプ政権の登場，米中の大国間競争の開始という世界史的な変化を踏まえて，今日のアメリカ政治経済の全体像を概説する教科書である。現代世界の政治経済秩序において，アメリカは中心的な地位を占めているとともに，アメリカの政治・経済・外交は日本をはじめとした世界各国に多大な影響を及ぼしている。たしかに，トランプ政権の「アメリカ第一」外交によってアメリカの民主主義やリーダーシップに対する国際的な信頼は大きく傷ついたが，その後を引き継いだバイデン政権は傷ついた信頼の修復に努めつつ，中国との戦略的競争に備える体制づくりを国内外で急速に進めている。したがって，日本人がその中に置かれている国際環境を理解するうえで，現代アメリカの政治経済に関する知識は必要不可欠である。また，アメリカ社会には，困難に対して柔軟に立ち向かい，さまざまな新しいイノベーションを生み出すダイナミズムが存在している。こうしたイノベーション志向ともいうべきアメリカ社会の特性はコロナ禍に際してもいかんなく発揮され，50万人を超える死者を出しながらもいちはやくワクチンを開発し，1日で270万回以上の接種を行う体制を整えてしまったことにもよく示されている。ゆえに，これらのイノベーションやイノベーションを生み出す土壌としても，現代のアメリカ政治経済を学ぶ意義は大きい。

　以下ではまず，本書の特徴を明らかにしておきたい。

　第一に，本書は，経済学部や法学部，国際関係学部や政策学部などの社会科学系学部の2〜3回生を対象に，アメリカ政治経済に関する歴史的かつ体系的な知識を提供することを目的としている。アメリカに関する学部生向け教科書は数多く出版されているが，政治と経済の両方を包括的に取り扱った本は，実はそれほど多くはない。本書は，現代アメリカの政治経済を理解するうえで欠かせない重要な13の論点を，それぞれの分野を専門とする研究者が執筆している。そして，本書では，最初にアメリカ政治経済の全体的特徴やその歴史展開を概括する序章を置いたうえで，全体を第Ⅰ部「経済を捉える」，第Ⅱ部「政

治・政策を捉える」，第Ⅲ部「国際関係を捉える」に分け，各章を構成した。

　本書を最初から順に読み進めていただければ，①アメリカ経済の長期的変化と経済的格差拡大の背景，②トランプ政権成立の背景と国内政治の重要課題，③冷戦後アメリカの対外政策の展開，という流れで現代アメリカの政治経済に関する体系的な知識を獲得できる。今日，アメリカの政治経済に関する情報は，テレビのニュースやインターネット，新聞や雑誌にあふれかえっているが，通読後は，それらのニュースの背景にある歴史やアメリカ特有の事情を踏まえた深い理解ができるようになるだろう。なお，本書に出てくるさまざまな略称のうち主要なものについては，巻末索引内「A to Z」の欄に正式名と日本語名を明記している。わからない略称が出てきたら適宜参照してほしい。

　第二に，体系的な知識の獲得だけではなく，読者がそれらの知識を踏まえて，アメリカの政治経済について独力で資料や文献を収集・分析し，議論できるようになることも目指している。本書には，補章として「アメリカ政治・経済研究をテーマとしたレポート・卒業論文作成ガイド」がある。補章では，一般的なレポートの執筆方法と，文献・ウェブサイト情報がまとめられている。関心のある章を読んでいただいた後，さらに深く調べたい問題意識が生まれたら，各章末にまとめてある「おすすめの本・ホームページ」や「参考文献」，補章の第4節「事実の収集」に目を通してもらいたい。それらの資料集を活用すれば，より詳細な情報や深い議論を展開している資料にたどり着けるはずである。そして，補章で示したレポートの執筆方法を参考にして，ぜひ，その問題意識をレポートや論文として形にしてもらいたい。補章では，英語の文献やホームページも紹介しており，卒業論文の準備を進める4回生や，アメリカ研究を開始したばかりの大学院生，また，アメリカについての調査を始めたばかりのビジネスパーソンの要求にも応えられるものと考えている。

　次に，本書の利用方法について述べておこう。本書は13章から構成されており，半期の講義もしくは演習での使用を想定している。本書を教科書として採用していただいた教員の方々（どうもありがとうございました）は，1回の授業で1章ずつ進めるという通常の使い方だけではなく，学生中心のプレゼンテーションやディベートによる学習のツールとしても本書を活用していただきたい。たとえば，受講生を少人数のグループに分け，グループごとにテーマを決め，学生たちの調査に基づくプレゼンテーションやディベートを実施すれば，より

積極的な参加態度を引き出せるだろう。各章の末尾には「考えてみよう・調べてみよう」として，議論や調査のテーマにもなりうる論点が３つ提示されている。これらの論点を出発点に，足りない情報については補章を活用して調べてもらえれば，学生自身の力でプレゼンテーションをまとめられるだろう。期末試験の代わりに，学生自身がアメリカの政治経済に関する調査を行ってまとめる最終レポートを課せば，より高い学習効果を期待できるだろう。本書は，近年注目されているアクティブ・ラーニングや課題解決型学習といった新しい授業方法にも対応できるように編集している。機会があれば，今後も改善を加えてゆくつもりなので，授業や演習でさまざまに活用していただき，実際の使い勝手をご教示いただけたらと考えている。

学部学生のみなさんは，まず，各章の最初のページにまとめられた要約に目を通してもらいたい。そして，興味を持った章から順に読み進めてほしい。各章には，章末に３点程度の「おすすめの本・ホームページ」とその概要，15前後の参考文献とともに，「考えてみよう・調べてみよう」として，３つの論点が提示されている。章の内容に関心が持てれば「おすすめの本・ホームページ」や参考文献をさらに読み進め，理解を深めていくことができる。さらに，予備知識として必要な場合，コラムを付してある。これらを熟読することで，各章の内容がより理解しやすくなるだろう。もちろん，最初から通読してもらえれば，現在のアメリカ政治経済全般について，体系的な知識を獲得できるように構成してある。また，補章第４節「事実の収集」の「（１）アメリカ政治・経済の動向を把握するために」では，アメリカ政治経済の最新の動向を知るために便利な情報源をまとめてある。それぞれの興味や関心にあわせて，本書を活用してほしい。

卒業論文の作成を控えた４回生や，アメリカの政治や経済の研究を志して大学院に進学したばかりの大学院生，アメリカの政治経済について調査しなければならない社会人の方々は，必要な章を通読した後，適宜，「おすすめの本・ホームページ」や参考文献にあたりつつ，補章第４節「事実の収集」を活用していただきたい。これらの資料集は，それぞれの執筆者が普段から利用しているいわば「ネタもと」を公開したものである。ぜひ存分に活用して，一読者からアメリカの政治経済に関する「論者」として成長するきっかけとしてくれればと思う。

なお本書は10年近く前に刊行した『アメリカ政治経済論』を前身としている。同書は2008年の世界金融危機とイラク戦争の後始末にゆれるオバマ政権を横目に執筆されたものだが，トランプ政権の劇的な誕生と退場，米中対立とコロナ禍という世界史的と言ってもよい変化を機に，全面的な改訂を進めることになった。

　本書の編集に際しては，多くの方々の手を煩わせる結果となった。まず，身内のことで恐縮だが，それぞれが所属する大学で年齢相応にさまざまな業務に追われる中，時間をやりくりして原稿をあげていただいた執筆者のみなさんに感謝したい。とりわけ，2020年初頭に始まったコロナ禍は本書の執筆・編集作業も直撃した。執筆陣の多くは慣れないオンライン講義の準備や在宅勤務と家事・育児の両立に迫られる一方で，執筆者同士の連絡や調整はほぼすべて電子メールやSNS，ウェブ会議を通じて行われた（おかげで，デジタル音痴の編者（藤木）の能力も強制的に更新され，研究者として一回り成長できたのではないかと思われる）。最後に，厳しい出版事情に加え，コロナ禍というまさに世界を巻き込んだ大混乱の中，編集作業にご尽力いただいた元ミネルヴァ書房編集部の田引勝二氏と編集作業を引き継いでいただいたミネルヴァ書房編集部の堀川健太郎・冨士一馬の両氏に心より感謝申し上げたい。

　2021年5月

編者を代表して　藤　木　剛　康

現代アメリカ政治経済入門

目　次

はじめに

第Ⅰ部　経済を捉える

第II部　政治・政策を捉える

第Ⅲ部　国際関係を捉える

現代アメリカ政治経済を見る目
——歴史的展開と今日的特徴——

　アメリカは他の資本主義国とは異なり前近代の歴史を持たない。アメリカは
また，特定の民族を土台に形成された国民国家とは異なり，個人の自由を基礎
とする自由主義と民主主義という近代啓蒙思想に基づいた理念国家である。自
由主義アメリカは，20世紀以降，ダイナミックな産業再編や活発なイノベーシ
ョンを繰り返して世界経済をリードし，第二次世界大戦後は自由と民主主義を
世界に普及するというリベラルな国際秩序を牽引する役割を担ってきた。他方
で，今日のアメリカは，かつての「豊かな社会」を支えた伝統的中産階級の没
落や雇用の分極化，所得格差の拡大といった諸問題も抱えている。

　また，自由と民主主義を旨とした理念国家としてのアメリカは，多様な人種，
民族から構成され，各々の平等性が保証されるという普遍性を有しているが，
他方でそうした普遍的理念と現実とのギャップの激しい社会でもある（古矢
[2002]）。すなわち，多様性を容認する近代的普遍性を理念としながら，先住
民の虐殺によるフロンティアの開拓，奴隷制といった人種差別の歴史を有する
のがアメリカであり，今日のアメリカもまたこうした理念と現実とのギャップ
に苦闘している。

　本章では，上記のようなアメリカ社会の特殊性を念頭に置きながら，現代ア
メリカ政治経済の全体像を提示し，読者が本書を読み進めていくためのイメー
ジを提供したい。具体的には，第一に，現代のアメリカ政治経済がどのような
画期をもって展開してきたのか，1930年代のニューディール体制にまで遡って
歴史的過程を辿る。その上で第二に，トランプ政権の誕生と退陣という歴史的
画期を念頭に，今日のアメリカを考える上での論点を提示する。

1　現代アメリカ政治経済の歴史的展開過程

（1）ニューディール体制と豊かな社会
今日のアメリカ政治経済構造の骨格は，フランクリン・ルーズベルトによる

ニューディール体制として形成された。1929年の世界大恐慌に対して有効な経済政策を打ち出せなかったハーバート・フーヴァー共和党政権に対して，民主党のルーズベルトは1932年の大統領選挙において大勝し，両院での民主党多数派議会という統一政府の下，**ニューディール**と呼ばれる積極的な経済対策を打ち出した。ルーズベルト政権は，北部の労働組合を軸とした有色人種を含む労働者階級から南部の保守的な白人層までをも含む広範な階層を支持基盤とした「ニューディール連合」を形成し，公共投資をはじめとした積極的な景気対策，公的年金（社会保障年金），失業補償の創設など，「**大きな政府**」への転換を推し進めた（萩原［1996］）。

また，第二次世界大戦への参戦により，これまでヨーロッパ諸国との関係をめぐり孤立主義と国際主義の間で揺れていたアメリカの外交政策を，国際主義を基調とする覇権型の外交へと転換させた。

こうした政府の積極的な経済介入＝「大きな政府」と国際主義による世界への積極的な関与は，第二次世界大戦後も継承された。国内経済的には，鉄鋼業や自動車産業などの製造業の興隆とその下で雇用される中産階級が台頭し，戦後アメリカの高度経済成長と「豊かな社会」に結実した。また，米ソ冷戦の下，アメリカの軍事力は戦後も温存され，アメリカは戦後世界経済の復興を支え，「世界の警察官」として国際社会に積極的に関与する資本主義社会の盟主としての役割を引き受けた。

こうした「ニューディール連合」を政治的基盤とした豊かな超大国アメリカは，1960年代のジョン・F・ケネディ，リンドン・ジョンソン政権において頂点に達した。ジョンソン政権は，「貧困の撲滅」をスローガンに「偉大な社会」計画を打ち出し，高齢者医療保険（メディケア），貧困層向け医療扶助（メディケイド）の創設をはじめ，ニューディール政策をさらに推し進める一方で，ベトナム戦争への介入を本格化させた。こうした政策は，国内経済にも対外政策にも積極的に関与するという意味で「大砲もバターも」と呼ばれた。

（2）1970年代の経済停滞と新自由主義による再編

こうした豊かな超大国アメリカは，1970年代に大きな曲がり角を迎える。図序－1は，1960年以降のアメリカの主要な経済指標をみたものである。1960年代の実質 GDP 成長率が年平均4.5％だったのに対し，1970年代には3.2％へと

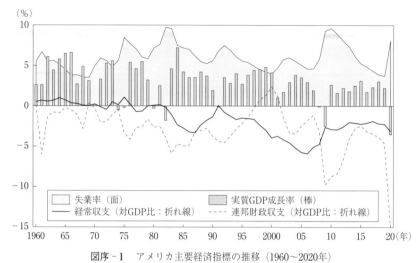

図序 - 1　アメリカ主要経済指標の推移（1960〜2020年）

注：財政収支は会計年度，それ以外は暦年の数値。
出所：U. S. Bureau of Economic Analysis, U. S. Bureau of Labor Statistics, Congressional Budget Office より筆者作成。

落ち込んだ。結果，1970年代には失業率は 5 ％を大きく上回る事態を招いた。景気が低迷する一方で 2 度の石油危機の影響もあり，インフレーションは継続し，アメリカ経済は経済停滞とインフレの共存という「スタグフレーション」に陥った。これに対して取られた経済対策も景気を上向かせるには至らず，ベトナム戦費の拡大とも相まって，財政赤字は恒常化，拡大していくこととなり，このこと自体がインフレの要因として問題視された。

　同時に，ニューディール体制を支えた民主党の政治的基盤もまた大きく揺らいだ。とりわけ，1964年の公民権法制定をはじめ，ジョンソン政権が南部諸州の人種隔離政策に対して明確な「ノー」を打ち出したことにより，これまで「ニューディール連合」の一角を占めてきた南部白人層は民主党から離反し，その弛緩が進んだ。

　こうした経済停滞と積極的経済対策の失敗，さらには「ニューディール連合」の弛緩という間隙を縫って登場したのがロナルド・レーガン政権であった。レーガンは，「ニューディール連合」から離反した南部白人層をも巻き込んで保守連合を形成し，1980年大統領選挙で圧勝した。レーガンは「政府こそが問題なのだ」と訴え，「**小さな政府**」への転換を志向した。**新自由主義**政策と呼

3

ばれたレーガン政権の一連の経済政策は，需要サイドを政府が刺激することにより経済成長をはかるというニューディール以来の政策を転換させ，既存の陳腐化した産業構造をより収益性の高い産業へと再編することにより経済成長を実現するという，供給サイドの構造改革という新たな政策方向を打ち出した（OECD［1984］，河音［2008］）。

　新自由主義政策への経済政策の転換は，現実には政府規模の縮小とはならず，財政赤字はむしろ拡大した。しかし，レーガン政権によって実施された減税，規制緩和といった経済政策は，アメリカの産業再編をドラスティックに進める画期となった。以降，経済政策をめぐる議論は，減税を中心に「小さな政府」を主張する共和党（保守）と，ニューディール体制の維持を求める民主党（リベラル）とに分極化していく。

　対外的には，1980年代末以降の東欧諸国の体制転換とソ連崩壊により，冷戦は終焉を迎えたが，ポスト冷戦においてもアメリカは唯一の軍事超大国として，地域紛争の防止，さらには対テロ戦争といった新たなミッションを掲げ，国際社会への積極的な関与を続けた。その結果，アメリカを中心とした世界経済のグローバル化が1990年代以降進行することとなった。世界経済のグローバル化は，対外貿易というモノのグローバル化のみならず，海外現地工場の建設という直接投資の進展とグローバル・サプライチェーンの形成，さらには金融部門における投資のグローバル化となって進行した。

　こうした産業再編とグローバル化の進展の結果，アメリカの産業・雇用構造は，国内製造業の衰退と金融を含む知識集約型ビジネスサービスの台頭をもたらした。第一に，実体経済の側面では，製造業からサービス業への産業再編がドラスティックに進行した。その結果，一方で製造業労働者を中心とした伝統的な中産階級の没落が進行した。他方，新たな雇用の受け皿となったのはサービス業であったが，ITやバイオなど知識集約型の新興産業で生み出される高賃金職種の雇用は相対的に多くはなく，製造業労働者の雇用を代替したのはもっぱら流通や医療・介護職といった低賃金の対人サービス業であり，雇用分極化と所得格差の拡大が進んだ。

　第二に，金融の規制緩和も相まって，実体経済から相対的に乖離した金融経済が発展した（バブル経済）。金融経済の独自的発展は，一方でリスク・マネーの供給を可能にし，アメリカ産業のイノベーションの原資となったが，他方で

4

住宅資産に代表されるとおり，資産を担保とした借入とその再投資という投機メカニズムを形成した。とりわけアメリカの場合，企業のみならず個人も金融投機に深く組み込まれていたところに特徴がある。すなわち，住宅資産などを担保に借り入れを行い，それが旺盛な個人消費につながるという「**資産効果**」をもたらし，アメリカ経済の成長源となってきた。こうした傾向は，21世紀に入り，住宅バブルがもたらされる中でいっそう強まった。その反動が，2008年世界金融危機による「**逆資産効果**」の顕在化であった（豊福［2016］）。

（3）世界金融危機を画期とした新自由主義体制の動揺

　世界金融危機により，アメリカ経済は1929年の世界大恐慌以来の大規模な景気後退に陥った。世界大恐慌時とは異なり，G・W・ブッシュ政権およびそれを引き継いだバラク・オバマ政権は，不良債権買い取りプログラム（TARP），アメリカ景気回復・再投資法（ARRA），さらには連邦制度準備理事会（FRB）による非伝統的な金融政策と，迅速な金融危機対策，大規模な経済対策を打ち出したものの，景気回復は遅々として進まなかった。再度図序 - 1 を見れば，2009年の GDP は - 2.5％と戦後最悪を記録したのみならず，失業率はその後数年にわたって10％近くの高い水準が続いた。とりわけ，住宅バブルによる「資産効果」に頼ってきた家計にとって，金融危機による「逆資産効果」は債務膨張と消費減退という甚大な影響を及ぼした。

　こうした経済の長期低迷を背景として，金融危機において大企業・金融機関の救済を優先して国民生活を置き去りにしてきた既存のエスタブリッシュメント政治を批判する草の根ポピュリズムが台頭した。保守の側での2009年以降の**ティーパーティー運動**，リベラル側での2011年の**オキュパイ・ウォールストリート運動**がそれである。前者は2016年大統領選挙でのトランプ現象とドナルド・トランプ政権誕生へ，後者はバーニー・サンダースをはじめとした民主党内でのプログレッシブ派の台頭につながっていった。

　さらに，アメリカの対外政策もまた，大きな転機を迎えている。イラク，アフガニスタンでの対テロ戦争が長期化・泥沼化する中，アメリカ国内では「**内向き**」**世論**が支配的となり，第二次世界大戦時以来堅持されてきた国際主義外交に対して孤立主義への動きが増している。同時に，21世紀以降の中国の台頭に対して，これまでの経済的相互依存を土台とした米中関係を見直し，厳しい

視線が中国に対して向けられるようになっている。

　こうした世界史的転換期とも言える今日のアメリカ政治経済，さらには対外政策の特徴について，以下ではトランプ政権の誕生と退陣，さらにはジョー・バイデン政権のゆくえに焦点を当てて検討してみたい。

2　今日のアメリカ政治経済の特徴——トランプ政権の誕生と退陣

（1）トランプ現象の経済的背景——伝統的中産階級の没落

　2016年大統領選挙において，当初アウトサイダーの泡沫候補とみられていたトランプが共和党候補者指名を勝ち取り，本選挙でも勝利したことはアメリカおよび世界に衝撃を与えた。

　トランプ政権誕生の経済的背景には，短期的には，前述のような世界金融危機以降の経済の長期停滞状況と国民生活の苦境がある。ティーパーティー運動が，こうした国民の経済苦境を政治的不満へと収斂させる支持母体として機能した。

　しかしながら，より中長期的な視野からみれば，レーガン以来の新自由主義的な経済政策によりドラスティックな産業再編とグローバル化が進められる下で，かつての「豊かな社会」アメリカの象徴であった製造業労働者たちを主軸とする**伝統的中産階級の没落**とその不満が，トランプ政権誕生の背景となっていた。とりわけ，かつての製造業の中心地であった中西部のラストベルトと呼ばれる諸州では，製造業の衰退とともに長期安定的な雇用が失われ，かつての安定した生活を取り戻せない人々の不満は鬱積した。その結果，将来の生活に明るい展望を見出せないことから薬物依存や自殺と言った事態が蔓延し，地方都市ではコミュニティの荒廃が進んだ（ケース／ディートン［2021］）。トランプ陣営は，こうした「忘れ去られた人々」に焦点を当て，ペンシルヴァニア，ミシガン，ウィスコンシンなどラストベルト諸州で僅差の勝利を得ることにより政権の座に就いた（Judis［2016］）。

　トランプ政権の成立により，レーガン以来の「小さな政府」を政策的支柱としてきた共和党は，トランプが掲げる「**アメリカ第一**」というナショナリズムとそれを支えるティーパーティー，ラストベルト地域をはじめとした白人労働者階級を支持基盤とした事実上の「トランプ党」へと大きく変質した（会田

6

[2017]）。また，対抗する民主党の側も，トランプが掘り起こした伝統的中産階級に対する対策を経済政策の中心に据えざるを得なくなっている。このことは，バイデン政権が打ち出している，インフラ投資の拡大を通じた「アメリカ雇用プラン」，学校入学前の児童や短大生への補助を掲げる「アメリカ家計救済プラン」，それを賄う財源確保のための企業や富裕層増税（「メイド・イン・アメリカ租税プラン」）などがいずれも中産階級の復権・支援策として打ち出されていることにも如実に表れている。

　この意味で，世界金融危機を契機として，レーガン以来の新自由主義的コンセンサスは解体し，アメリカの経済および経済政策は，新たなコンセンサスに向けた転換期にある。

（2）トランプ現象の文化的背景

　トランプ政権の誕生は，人種問題をはじめとした多様化するアメリカに対する対立と分断を顕在化させることとなった。1960年代の公民権法制定以降，特定の人種，宗教，性，出自などを根拠に差別することは禁止され，これらの多様性を認め合うことこそアメリカの目指す道であることが，コンセンサスとなってきた。これに対してトランプは，自身の支持基盤の一つをなす白人至上主義団体によるあからさまな人種差別的行動を容認したり，人種差別的な発言を禁句としてきた**ポリティカル・コレクトネス**こそが人々の自由な発言を奪っているとの発言を繰り返した。現実に人種多様化が進むアメリカでは，将来的（2040年代）に白人の人口が過半数を下回り，白人がマイノリティになると推計されている。トランプはこうした白人の「不安感」にも巧みに訴えかけ，自身の支持基盤の強化を目指した。

　こうしたトランプの言動や行動に白人至上主義者たちが活気づく一方で，マイノリティやそれを擁護する人々は，アンチ・トランプで結束し，反発を強めた。2014年のミズーリ州ファーガソン，2020年のミネソタ州ミネアポリス等で警官が黒人を射殺する事件が頻発したことも相まって，人種差別をはじめとした文化的多様性をめぐる問題は，アメリカ国民とアメリカ政治を分断する対立点として前面に押し出されている。バイデン政権の下でも文化の対立によるアメリカの分断は継続している。多様性が進む中でのアメリカの国民的統一をどうするのかという論点が，公民権法制定以来改めて激しい対立を伴いながら問

い直されている。

（3）アメリカ対外政策の変容——「内向き世論」と米中対立

トランプが掲げた「アメリカ第一」の外交政策は，反グローバリズム，反自由貿易，移民排斥など，「リベラルな国際秩序の維持・拡大」というアメリカの国際主義外交に真っ向から対立するものであった。その背景には，前述の通り，対テロ戦争の泥沼化を契機とした，2000年代後半以降のアメリカ国民の「内向き世論」の定着があった。

しかしながら，トランプ政権によって進められた外交政策に一貫性を見出すことは困難で，その場当たり主義的な政策は，国際社会に多くの混乱を招き，国際社会をリードしてきたアメリカの地位を大きく傷つける結果となった。

他方で，21世紀以降台頭著しい中国に対して，トランプ政権は，アメリカ中産階級の雇用を奪う対抗相手として，相次ぐ関税引上げや中国ハイテク企業に対する制裁措置など対立姿勢を鮮明にした。ただし，こうした対中強行策への転換も，トランプ政権以前に超党派で形成されていたコンセンサスに依拠したものであった。

バイデン政権は，引き続くアメリカ国民の「内向き世論」を前に「中産階級のための外交」を銘打っているが，トランプ政権によって毀損されたアメリカの国際的リーダーシップの回復に腐心している。国内の孤立主義的傾向に対応しつつ，それを国際主義への回帰とどのように両立させるのかがバイデン政権の課題となる。その一方で，国際主義者にとっても，トランプ政権を継承するナショナリストにとっても，中国脅威論はその対処の手法はともかく，コンセンサスの取りうる外交課題である。それゆえ，アメリカの強硬姿勢が続く下で米中関係がどのように展開していくのかを注視していく必要があるだろう。

参考文献

会田弘継［2017］『破綻するアメリカ』岩波書店。

OECD［1984］『積極的調整政策——先進国における産業構造調整への提言』社団法人日本経済調査協議会訳，社団法人金融財政事情研究会。

河音琢郎［2008］「現代アメリカ経済政策を分析する視角」河音琢郎・藤木剛康編著『G・W・ブッシュ政権の経済政策——アメリカ保守主義の理念と現実』ミネル

ヴァ書房。

アン・ケース／アンガス・ディートン［2021］『絶望死のアメリカ——資本主義がめ
　　ざすべきもの』松本裕訳，みすず書房。

渋谷博史［2018］「アメリカ経済社会の理念——自由主義とリベラルと保守」河﨑信
　　樹・吉田健三・田村太一・渋谷博史『現代アメリカの経済社会』東京大学出版会。

豊福裕二［2016］「金融危機後の住宅市場とアメリカ経済——住宅バブルは再燃する
　　か」河音琢郎・藤木剛康編著『オバマ政権の経済政策——リベラリズムとアメリ
　　カ再生のゆくえ』ミネルヴァ書房。

萩原伸次郎［1996］『アメリカ経済政策史——戦後「ケインズ連合」の興亡』有斐閣。

藤木剛康［2017］「決められない政治——政策形成プロセスの変容と経済政策」谷口
　　明丈・須藤功編『現代アメリカ経済史——「問題大国」の出現』有斐閣。

古矢旬［2002］『アメリカニズム——「普遍国家」のナショナリズム』東京大学出版
　　会。

Judis, John B.［2016］*The Populist Explosion : How the Great Recession Trans-
　　formed American and European Politics*, Columbia Global Reports.

（河音　琢郎）

第 I 部

経済を捉える

第 1 章

国内経済情勢
――アメリカ経済は復活したのか――

　1990年代を通じて，アメリカ経済は物価の安定と低い失業率とが並存し，好景気が持続するというかつてない良好なパフォーマンスを示した。もはやアメリカ経済は循環的な景気変動を克服した「ニューエコノミー」である，という評価がなされたのもこの時期のことである。しかし，「ニューエコノミー」は一方ではサブプライムローンという特異な住宅ローン商品の拡大とともに，株価や住宅価格などの資産価格の高騰，すなわち IT バブル，住宅バブルという２つのバブルを生み出した。そして，住宅バブルの崩壊が未曾有の金融危機へと発展すると，アメリカ経済は長期に渡る不況に陥り，景気回復後も経済成長率は低迷を続けることになる。その結果，「ニューエコノミー」論に代わり，いまやアメリカ経済は，バブルなくしては循環的な成長軌道に乗ることのできない構造的な停滞状況にあるのではないか，という「長期停滞」論がにわかに注目を集めることになった。はたして，アメリカ経済は金融危機を克服し，本格的な復活を遂げたのだろうか。本章では，住宅バブルの形成と崩壊がアメリカ経済に及ぼした影響に焦点を当てつつ，アメリカ経済の構造変化を巡る対照的な見方をもたらした，この30年あまりの国内経済の動向をたどることにしたい。

1　1990年代以降のアメリカ経済の概況

（1）マクロ経済動向――「ニューエコノミー」から「長期停滞」へ

　はじめに，代表的な経済指標をもとに，1990年代以降のアメリカ経済の特徴を確認しておこう。図１-１は，1975年以降のアメリカの実質 GDP（国内総生産）成長率，失業率，CPI（消費者物価指数）上昇率，および代表的な政策金利であるフェデラル・ファンド（FF）レートの推移を示したものである。それによると，物価と金利が乱高下し，しばしば高失業率とマイナス成長にみまわれ

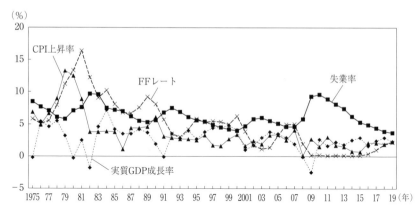

図1-1　アメリカの主要経済指標の推移

出所：CEA, *Economic Report of the President 2021*より筆者作成。

た1970年代や80年代と異なり，1992年から2000年にかけて，物価と金利は低位で安定し，また失業率と経済成長率も比較的良好な水準を維持したことがわかる。それまでのアメリカ経済は，好景気の持続による労働市場の逼迫が，賃金コストの上昇によってインフレをまねき，インフレ沈静化のための金融引き締め政策が景気後退をもたらす，という景気循環パターンを繰り返してきた。しかし，低インフレと低失業率が両立するということは，金融引き締め政策を不要とし，いつまでも景気拡大が持続することを意味する。アメリカ経済が景気循環を克服した「ニューエコノミー」に移行したといわれたのはこの時期のことである（坂井［2000］）。

　しかし，このような「ニューエコノミー」論は，2000年の株価の暴落と，それに続く景気後退によって破綻を余儀なくされる。FRBの政策金利の引き下げによって景気は早期に回復するものの，経済成長率は低位にとどまり，一方で歴史的な低金利は後述する「住宅バブル」の形成をもたらした。2007年から2008年にかけて住宅バブルが崩壊し，それが金融危機へと波及すると，アメリカ経済は深刻な不況に陥り，図1-1に示されるように，以後，政策金利が事実上のゼロ金利に据え置かれたにもかかわらず，失業率は高止まりし，経済成長率は2％程度で低迷を続けた。こうしたなか，アメリカ経済の成長の限界を指摘する議論が目立つようになり，とくに2013年に元財務長官として著名なローレンス・サマーズが，アメリカ経済はいまや循環的な成長軌道に乗れない構

コラム1

長期停滞論

　サマーズの長期停滞論の要点は，今日のアメリカでは，金融危機に伴う深刻な需要不足によって設備投資と労働という供給力が減退し，潜在 GDP（生産要素を平均的な水準まで投入した場合に実現可能な総供給量）成長率が押し下げられるとともに，潜在成長率と実質 GDP 成長率とのギャップ（需給ギャップ）が恒常的となっている，というものである。さらにサマーズは，需給ギャップはすでに金融危機前から存在していたが，資産バブルによって需要が埋め合わされていたとし，いまやアメリカ経済はバブルなくして成長できない状態にあるとした。これに対し，元 FRB 議長の B・バーナンキなどは，現在の停滞状況はあくまで循環的なものであり，構造的なものではないと主張した。また，同じく構造的な停滞状況を指摘しつつも，その要因を需要不足ではなく供給側に求める見解として，イノベーションの枯渇に原因を求める議論（R・ゴードン，T・コーエンなど）や逆にイノベーションの急速な進展（IT や AI などの技術革新）による雇用の代替に原因を求める議論（E・ブリニョルフソン，A・マカフィーなど）があり，論争は尽きない状況にある（河音［2016］，サマーズ他［2019］）。

造的な停滞状況にある，という「**長期停滞**」論を提示すると，にわかに論壇の注目を集めた。「ニューエコノミー」論がいわば構造的（恒常的）成長論であるとすれば，「長期停滞」論は構造的停滞論であり，こうした対照的な見方の登場は，この約30年間におけるアメリカのマクロ経済動向の変化を象徴するものといえる。

（2）資産価格の変動と「バブル」

　図1-1が示すように，一般物価の低位安定は1990年代以降の一貫した特徴であるが，それとは対照的に，株価や住宅価格などの資産価格は乱高下した。図1-2は，S&P の総合株価指数と連邦住宅金融庁（FHFA）の住宅価格指数の推移を示したものである。それによると，株価については，1995年以降に急激な上昇傾向を示し，その後急落と急騰を繰り返しつつ，近年はかつてない上昇基調が続いていること，一方，住宅価格については，2000年代に入って急騰傾向を示し，2007年をピークに急落に転じたものの，近年は再び上昇に転じ，

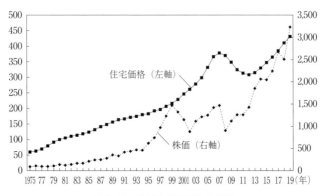

図1-2　株価と住宅価格の推移

注：株価はS&P総合指数，住宅価格はFHFA, House Price Index（各年1月時点の指数）。
出所：株価はCEA, *Economic Report of the President 2021*，住宅価格はFHFA（https://www.fhfa.gov/DataTools/Downloads/Pages/House-Price-Index.aspx）。

すでに2007年の水準を上回っていることが確認できる。

　それぞれの価格高騰の背景については後述するが，いずれも，価格上昇局面において企業収益，家計所得等の実需要因からの乖離，すなわちバブルの可能性が指摘されている点で共通している。1990年代後半の株高は，とりわけIT関連ベンチャー企業の株価の高騰によって牽引されたことから「ITバブル」と呼ばれ，また2000年代の物価上昇率を大幅に上回る住宅価格の高騰は「住宅バブル」と呼ばれた。それらが実際に「バブル」であったことは，価格反落後の調整過程の激しさによって実証されている。また，2000年代半ばおよび金融危機以降の株高においては，企業による自社株買いの拡大が，企業収益以上に株価を引き上げる役割を果たしている。新型コロナショックで経済活動が停滞を余儀なくされ，失業者が急増するもとで，株価だけが最高値を更新しつづける最近の状況は，まさに「バブル」と呼ぶにふさわしいといえる。

　しかしながら，このような資産価格の「バブル」を，たんに実体経済から乖離した空虚な経済現象としてのみとらえることはできない。後述するように，アメリカにおける資産保有の裾野は広く，資産価格の変動は広範な所得階層に影響を及ぼし，「バブル」の膨張がアメリカ経済の好調なパフォーマンスを支える一方で，その収縮は実体経済に深刻なダメージを与えるからである。以下，

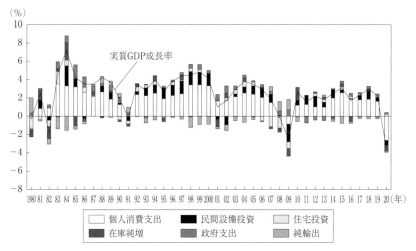

図1-3　実質GDP成長率の項目別寄与度の推移

出所：BEA, *National Income and Products Accounts Tables* より筆者作成。

この点に留意しつつ，1990年代以降のアメリカ経済の展開過程をみていくことにしよう。

2　「ニューエコノミー」と「IT バブル」——1990年代

（1）「ニューエコノミー」の成長要因

　図1-3は，1980年以降の実質GDPの成長率の推移と，その成長率が主にどのような需要項目によって担われたのか（寄与度）を示したものである。それによると，1990年代の特徴として以下の点を指摘することができる。

　一つは，他の時期に比べて民間設備投資の寄与度が高く，1992年から2000年まで一貫して高い寄与度を示していることである。民間設備投資の内訳は多様であるが，当時その中で高い比重を占めたのが情報処理機器，ソフトウェアなどの情報通信技術（ICT）関連投資である。いま一つは，個人消費支出が最大の寄与度を示していること，とりわけ1990年代後半にはきわめて高い寄与度を示していることである。

　「ニューエコノミー」論が強調したのは，このようなIT関連投資による技術進歩こそ，低インフレの持続をもたらした最大の要因であるということであ

る。すなわち，情報通信技術の革新により，経営資源の効率的な活用やアウト
ソーシングが可能となり，アメリカ企業の労働生産性が向上したこと，また，
その結果，人材派遣業の活用など常用雇用から臨時雇用への置き換えが進展し，
労働組合の組織率が低下したことが，賃金上昇の圧力を減殺し，低インフレを
もたらしたというのである。実際，労働コストについては，1992年から1997年
にかけて，非農業企業が生み出した付加価値のうち労働者に分配された部分の
比率（労働分配率）が4ポイント低下し，戦後最低の水準になるなど，顕著な
低下傾向がみられたことが確認されている（ブラインダー／イェレン［2002］）。

　しかしながら，だとすれば，この時期に個人消費支出の拡大がアメリカの経
済成長を牽引したことはどのように説明できるのだろうか。その要因の一つと
して指摘できるのが，資産価格の上昇に伴う消費の拡大，すなわち「**資産効
果**」である。

　図1-2に示したように，アメリカの株式市場では，1990年代後半に株価が
急激な上昇傾向を示した。その牽引役となったのがIT関連企業の株価である。
実績の乏しいベンチャー企業の新規公開株が，公開初日に数倍の値で取引され
るなど，株式相場は「バブル」的様相を呈した。IT関連投資の旺盛な拡大が
「ニューエコノミー」としてのアメリカ経済の成長を牽引しているという観測
が，こうした強気な相場を支えていたといえる。

　もっとも，投機的な価格の高騰は，市場に対して継続的に資金が流入するこ
とと，需要に対して供給が制限されるという条件なくしては成立しない。当時，
このような条件をもたらしたのは主に以下のような要因であった。

　まず，預金から株式への個人金融資産のシフトである。1990年代を通じた低
金利の持続は，貯蓄性の商品から市場性の商品への個人金融資産の転換を促進
し，主に投資信託等を通じた株式市場への資金流入をもたらした。また，この
ような「直接保有」に加えて，年金基金等を通じた個人による株式の「間接保
有」が増加した（中本［2000］，松田［2000］）。

　さらに，1990年代後半には，企業による**自社株買**いが増加した。自社株買い
は，流通株式数を減らして株式の供給を制限する一方，自己資本を減少させて
投下資本当たりの利益率を高めるため，企業評価の向上による株価の上昇をも
たらす。株価の上昇は株主にキャピタルゲインをもたらすことから，企業は株
主への利潤の「還元」策として自社株買いを積極的に行った（松田［2000］）。

また，企業のCEOや役員に対し，成功報酬として大量の**ストックオプション**（自社株を一定の行使価格で購入できる権利）を付与する傾向が強まったことも，経営陣がますます「株主利益の最大化」を追求するインセンティブとなった。

　株価の高騰による金融資産の増価は，キャピタルゲインの実現を通じて，あるいは資産をあてにした負債の増加によって，所得の伸び以上の消費支出を可能にする。1990年代の個人消費支出の拡大は，一つにはこのような株式の資産効果に基づく過剰消費を内実としていた（中本［2000］）。

（2）サブプライムローン市場の形成

　株式という金融資産の資産効果に加えて，1990年代後半には非金融資産の資産効果もまた個人消費支出を刺激した。すなわち，**サブプライムローン**に媒介された住宅の資産価値の活用である。

　サブプライムローンとは，信用力の乏しい個人向けの住宅ローンのことである。この種のローンそのものは1980年代以前から存在していたが，1990年代以降，「証券化」という手法を通じた貸付が増加し，住宅ローン市場において一定の規模を占めるようになった。証券化とは，多数のローン債権をひとまとめの束にし，それを担保に証券（債券）を発行して投資家に販売する仕組みである。これにより，貸し手はローン債権をすばやく現金化できるとともに，債権が貸し倒れとなるリスクの大半を投資家に転嫁することが可能となる。こうした手法は1980年代に高度に発達したものであるが，これにより，ノンバンクの金融会社のように，資金力の乏しい金融機関でも高リスク融資を提供することが可能となった。

　一方，需要側のニーズもまたサブプライムローン市場の形成を促した。当時のサブプライムローンは，住宅購入のためというよりも，大半は借り換え（refinance）を目的としたもので，とくに，**キャッシュアウト・リファイナンス**と呼ばれる借り換えに活用された。これは借り換えを行う際，既存の債務に相当する額に加えて，住宅の資産価値を担保に追加的な借入を行い，それを消費や借金の返済に活用するものである。当時，クレジットカードなどの消費者ローンの支払遅延によって信用力が下がり，プライムローンでの借入が困難になった人々が，サブプライムローンを活用して住宅の資産価値を引き出し，それを既存債務の返済に充当した。キャッシュアウト・リファイナンスは，同時期に

増加したホームエクイティ・ローン（住宅の純資産を担保に第二抵当で貸し付けられる消費者ローン）と並んで，住宅を保有したままその資産価値を現金化する手段として普及した。

　アメリカでは，低所得層でも比較的持ち家率が高く，これらの人々にとって住宅は唯一の資産である。サブプライムローンは，これらの資産を活用する手段を提供することで，負債に依存した消費支出，すなわち可処分所得を上回る「過剰消費」を促進する役割を果たした。株高が金融資産を「持てる者」に資産効果をもたらしたとすれば，サブプライムローンは「持たざる者」にも資産効果をもたらしたといえる。しかし一方で，サブプライムローンの貸付をめぐっては，金融知識の乏しい低所得層やマイノリティに対して高利の融資を貸し付ける「略奪的貸付」が社会問題化していた。こうした問題は，のちに住宅バブルとその崩壊とともにはるかに大きな規模で再燃することになる。

3　住宅バブルの形成──2000〜06年

（1）ITバブルから住宅バブルへ

　1990年代後半に生じた株高は，1990年代末にさらに加速し，2000年の初頭に頂点に達した。前述の要因に加えて，1997年に発生したアジア通貨危機と1998年のロシア財政危機により，新興国市場から流出した投資資金がアメリカの株式市場に流入したことが，株価の急騰に拍車をかけた。しかし，1999年の6月以降，FRBが6度にわたる利上げを実施したことや，マイクロソフトの独占禁止法訴訟の敗訴などを契機として株価は反転し，さらに資金不足によるIT関連企業の倒産が相次ぐと，株価は暴落の一途をたどった（飯島［2009］）。「ニューエコノミー」の幻想は失われ，長らく続いた好景気は終焉を迎えた。

　もっとも，この時期に生じた景気後退は，従来の景気後退局面に比べれば比較的軽微なものにとどまった。前掲の図1‐3によってこの時期のGDP成長率に対する項目別の寄与度をみると，民間設備投資と在庫純増が高いマイナスの寄与度を示しているのに対し，個人消費支出がプラスの寄与度を示し，それによって成長率の底上げがなされていることがわかる。1980年代や1990年代初頭の不況期と比べて，個人消費支出に大幅な落ち込みがみられなかったことが，2001年の景気後退局面の特徴であった。

　もとより，株価の暴落はその「資産効果」の消失とともに，むしろマイナスの「逆資産効果」をもたらす。しかし，2000年代初頭には，それを相殺し，かつ底堅い個人消費を支えるもう一つの資産効果が拡大した。のちに「住宅バブル」と形容される住宅価格の高騰である。図1-2に示した通り，2000年代に入って，住宅価格は物価上昇率を上回る急激な上昇傾向を示した。

　ITバブルから住宅バブルへの移行は，何よりもFRBによる金融緩和政策によって支えられていた。株価暴落を受けて，FRBは積極的な金融緩和を行い，政策金利の誘導目標の断続的な引き下げを実施した。2000年5月に6.5％であったFFレートは，2001年8月には3.5％まで引き下げられ，さらに9・11の同時多発テロ事件を受けて，2003年6月には1％という歴史的な低水準に達した。

　低金利政策に伴う住宅ローン金利の大幅な低下は，プライムやサブプライムの区別にかかわらず，借り換えの急増をもたらした。モーゲージ銀行協会の調査によると，住宅ローン全体に占める借り換えの割合は，断続的な利下げに伴って上昇し，2002年の第4四半期には実に74.1％に達した。このうち，キャッシュアウト・リファイナンスがどの程度の割合を占めていたのかは明らかではないが，これによって多くの住宅資産価値が現金化されたと推計されている。とはいえ，住宅ローンの借り換えそれ自体は，既存の債務の置き換えにすぎず，新規の住宅需要の増加に結びつくわけではない。バブル的な住宅価格の高騰をもたらした住宅市場への資金流入には，次のような背景が存在していた。

（2）サブプライムローン市場の膨張と住宅バブル

　2000年代には，住宅ローン市場における次のような変化が，はじめは投資家層を，つづいてサブプライム層を住宅投資へと引き寄せた。

　第一は，返済条件が多様な新種の住宅ローン商品の普及である。サブプライムローンも含め，それまでアメリカの住宅ローン市場で中心となっていたのは，借入期間30年の固定金利型のローンであった。しかし，この時期には，ハイブリッド型変動金利ローン，利子オンリー・ローン，支払オプションローンといった多様な住宅ローン商品が登場した。これらのローンに共通するのは，当初2～3年間は固定金利に基づく低い返済額や利子のみを支払えばよく，数年後に変動金利に基づくより高い返済額へと切り替わる点である。当初，こうした

ローンは主に投資家や富裕層向けであり，値上がり益を目的とした住宅の短期的取引に活用されていた。しかし，2004年6月にFRBが金融引き締めへと転じ，プライム層の住宅購入や投機目的での住宅ローン需要が減退すると，金融機関はこの種のローンを，当初の返済負担を抑えて住宅を取得できる低負担（affordable）商品としてサブプライム層に売り込み始めた。サブプライム層にとって，この種のローンは多くの場合所得に対して過大であり，また数年後に返済額が大幅に切り上がることから，返済不能に陥るリスクがきわめて高い。しかし，住宅価格が上昇し続ける限り，増加した住宅の資産価値を担保に新たなローンへの借り換えを繰り返せば，返済額を低く抑えつづけることが可能となる。このため，融資に際しては，借り手が当初数年間の返済額を負担できるか否かだけが問題とされ，最終的な返済能力は問題とされなかった。また次に見るように，貸し手はそのリスクを容易に投資家に転嫁することができた。

　第二は，これらの住宅ローンの多くが，証券化の手法を通じて供給されたことである。サブプライムローンのような高リスク債権は，通常，そのままではリスクが高すぎて証券化できない。そこで，当時積極的に活用されたのが「**優先劣後構造**」という仕組みである。優先劣後構造とは，同一の債権プールを担保に，「優先」，「中間」，「劣後」といった格付けや利率の異なる複数の債券を発行するもので，劣後部分に債権の貸し倒れリスクを集中させることで，優先債についてはトリプルAの高格付けの取得を可能にするものである。

　こうして，通常のローンに比べて高金利でかつ格付けの高い住宅ローン担保証券（MBS）が大量に生み出され，投資家に売りさばかれた。株価暴落と低金利によって有利な投資対象を模索していた機関投資家は，これらの証券に新たな資産運用先を見出し，また，劣後債のような高リスク債券は，高リターンの投資対象を求めるヘッジファンド等が好んで投資するところとなった。

　また，2004年以降にサブプライムローンを担保とするサブプライムMBSが急増すると，それらをさらに担保に組み込み，優先劣後構造を用いて再証券化した**債務担保証券**（CDO）など，複雑な証券化商品が相次いで開発されるようになった。商品の複雑化により，もはや投資家が債券の正確なリスクを把握することはきわめて困難となったが，債券が債務不履行となるリスクについては，それを保険のように肩代わりする**クレジット・デフォルト・スワップ**（CDS）と呼ばれる金融商品が登場し，その売り手である保険会社などに転嫁すること

が可能となった。こうして，サブプライムローンの貸付に伴うリスクは，貸し手からも，投資家からも消え失せたかのような幻想が生まれた。

　もっとも，新たな証券を継続的に発行するためには，その材料となる一定量のローン債権を集めなければならない。リーマン・ブラザーズなどの投資銀行は，金融会社等が発行した証券の販売を引き受けるだけでなく，自らローン債権を集めて証券を発行する業務に進出し，さらには金融会社を設立して住宅ローンの貸付までも行うことで，資本市場からの需要に応えようとした。このような，証券の材料としての住宅ローン債権への旺盛な需要は，住宅ローンの融資審査基準のなし崩し的な緩和をもたらし，もともとリスクが高いローンに幾重にもリスクが積み重なる「リスクの重層化（risk layering）」と呼ばれる事態を促進した（Immergluck［2009］）。

4　金融危機から新型コロナショックへ

（1）サブプライムローン問題と金融危機

　IT バブル崩壊後にアメリカ経済を支える役割を果たしてきた住宅バブルは，2006年をピークに終焉を迎える。その契機となったのは，サブプライムローンにおける債務不履行の急増であった。

　前述の通り，サブプライムローンの主流となったのは，短期固定型の変動金利ローンである。これらが2004年以降に急増した結果，2006年には，固定金利期間が終了して変動金利へと返済条件のリセットが行われるローンが増加した。既存の債務を新たな変動金利型ローンで借り換えることができれば，リセットによる返済額の大幅な増加は回避できるが，そのためには，担保となる住宅の資産価値が債務残高を十分に上回る必要がある。しかし，FRB による断続的な利上げの結果，住宅ローン金利の上昇によって住宅需要は減退し，住宅価格は頭打ちか一部の地域では下落に転じていた。その結果，既存債務を借り換えるのに必要な担保を確保できなかった借り手が，返済条件のリセットと同時に債務不履行に陥るケースが急増した。

　サブプライムローンにおける債務不履行の急増は，必然的に，それらを担保に発行されていた MBS 市場に波及した。2007年2月に，大手投資銀行ベア・スターンズ傘下のヘッジファンド2社がサブプライム関連商品で損失を出した

ことなどを契機に，サブプライム関連 MBS の価格下落が進行し，さらに同年7月に大手格付会社ムーディーズが住宅 MBS の大量格下げを発表すると，価格下落に拍車がかかった。その後，8月にはフランスの大手銀行 BNP パリバ傘下の投資ファンドや，ドイツの中堅銀行 IKB 産業銀行，10月にはアメリカのシティ・グループにおいてサブプライム関連商品の巨額の損失が明らかとなり，さらにサブプライム関連で CDS の売り手となっていた大手保険会社 AIG もシティ・グループに次ぐ損失を計上した。

　世界的な信用不安の拡がりに対し，欧米の金融当局は積極的な流動性の供給によって対応した。アメリカでは，ベア・スターンズの経営危機が表面化した際，その不良資産を買い取る特別目的会社に FRB が特別融資を行うことを条件に JP モルガン・チェースによる救済合併が成立するなど，事実上，政府と FRB が個別金融機関の救済に乗り出す姿勢を示した。それゆえ，市場では，大手金融機関が破綻するような事態は，最終的には公的介入によって回避されるであろうとの観測が支配的となった。

　2008年9月にリーマン・ブラザーズが連邦破産法第11条の適用を申請し，事実上経営破綻したことは，こうした市場の予想を裏切るものとなった。さらに，リーマンの破綻により，同社に対する CDS の売り手であった AIG が経営危機に陥り，結局は公的な救済を余儀なくされたことは，アメリカ政府と FRB に対する信頼を失墜させた。大量の損失の拡がりに対する疑心暗鬼と，大手金融機関でさえも破綻しかねないことへの不安は，銀行間の資金融通を担うインターバンク市場の金利高騰をもたらし，世界の金融市場は事実上の機能不全に陥った（滝川［2010］）。

（2）住宅バブルの崩壊と「長期停滞」

　世界金融危機の発端となったサブプライムローン問題は，アメリカ国内では住宅バブルの崩壊をもたらした。もともと，住宅価格が下落に転じたことがサブプライムローン問題の端緒であったが，サブプライムローンの債務不履行に伴う差し押さえが急増し，差し押さえ物件が中古住宅市場に大量に流入した結果，住宅価格が下落し，それがさらに借り換えを困難にさせることで差し押さえの増加をもたらすという悪循環が生まれた。

　バブルの崩壊による資産効果の消滅は，アメリカ経済の成長を支えてきた個

人消費支出の長期低迷をもたらした。過剰な債務を抱えることになった家計が債務の返済を優先した結果，消費支出が大きく減退し，貯蓄率は上昇した。前掲の図1-3が示すように，2010年から2013年にかけて，GDP成長率に対する個人消費の寄与度はかつてなく低い水準にとどまった。

　もっとも，景気循環という点でみれば，2009年の半ばには景気は底を打ち，企業収益も上昇基調に転じた。とくに製造業の業績回復は早く，一部にはアメリカ国内で生産拠点を新・増設する動きも見られた。同じく図1-3によると，この時期には民間設備投資の増加が経済成長を下支えしたことが確認できる。しかし，その内実をみると，製造拠点の新・増設は省力化投資が中心であり，一方で老朽化した工場の閉鎖や生産の縮小が進んだことから，雇用の増加にはつながらなかった。また労働分配率の抑制や低下傾向が続くもとで，労働者の所得への貢献も乏しかった（山縣[2016]）。この時期に増加した雇用の中心は，医療・社会扶助サービス，宿泊・飲食業など，比較的低賃金のサービス業であった。

　こうして，金融危機後のアメリカでは，景気は拡張局面にあるものの，GDP成長率は2％程度にとどまるという成長なき景気拡大が続いた。冒頭でふれたように，アメリカ経済は「長期停滞」の状態に陥っているのではないか，との見方が注目を集めたのはこのためである。サマーズが「長期停滞」の論拠の一つとしたのは，実質GDPが潜在GDP（生産要素を平均的な水準まで投入した場合に実現可能な総供給量）を恒常的に下回っていることであったが，実際，金融危機後の両者の乖離（需給ギャップ）は大きく，その状態は2017年まで続いた。

（3）資産価格の再上昇

　差し押さえ物件の大量流入によって長期に渡って低迷した住宅価格も，2012年にはようやく底をつき，2013年から上昇基調に転じた（前掲図1-2）。住宅価格の上昇を支えたのは，金融緩和政策のもとでの歴史的な住宅ローンの低金利による住宅需要の増加である。ただし，かつてのような証券化を活用したサブプライムローンが復活したわけではなく，その中心はプライムローンであり比較的高所得層が住宅購入の主体となっている。また，キャッシュアウト・リファイナンスやホームエクイティ・ローンも以前ほど拡大しておらず，住宅の

資産効果も限定的であり，かつての住宅バブルとの共通点は乏しい。しかし，すでにその価格が金融危機前の水準を上回るもとで，低所得層や若年層における住宅の取得難が顕著となっており，住宅資産価値の上昇を享受できる「持てる者」と「持たざる者」との格差が新たな問題となっている（豊福［2016］）。

　一方，住宅に比べて早期に回復を遂げた株式市場では，やはり2013年頃から株価が金融危機前の水準を上回り，以後，空前のペースで上昇を続けている（前掲図1‐2）。その背景には好調な企業業績があることは間違いないが，それ以上に株価を吊り上げているのが企業による自社株買いである。投資家からの株主還元への圧力を背景に，企業は手元の現金を積極的に配当の増加や自社株買いに充当するとともに，歴史的低金利下で社債を発行して資金を調達し，それを自社株買いに充当する動きを強めた。こうした傾向はとくにIT関連企業に顕著であり，なかでもアップルは積極的な自社株買いを繰り返し，その総額は2010年以降の10年間で3780億ドルにも達している。また，S&P500企業が実施した10年間の自社株買いの総額は5兆4715億ドルに及び，うち27.5％をIT関連企業が占めている（S&P［2020］）。企業収益の増加が新たな投資や雇用，賃金の引き上げへと回らず，株主への還元に優先的に充当される傾向は，低い経済成長率と歴史的な株高との併存をもたらしている要因の一つである。

　もとより，アメリカの個人金融資産に占める株式の比重は高く，株価の上昇はその資産効果を通じて個人消費の拡大をもたらす。前掲図1‐3が示す通り，2014年以降，GDP成長率に対する個人消費の寄与度が増しているのはこうした背景によるものと考えられる。しかし，株式の資産効果は所得階層の上位層に偏り，低所得層への恩恵は乏しい。また上位層のなかでも，上位1％あるいは0.1％といった最上位層ほど，所得に占める賃金の比重は小さく，金融資産からの利子・配当収入やストックオプションの行使を含むキャピタルゲインの比重は大きい。労働分配率が抑制されるもとでの株高の進展は，とりわけ1990年代以降，これら一握りの最上位層に偏在した所得の分配をもたらした（Saez［2020］）。

（4）アメリカ経済の復活と新型コロナショック

　2009年6月を底とする景気の拡張局面は，その後も長期に渡って持続し，2019年7月には「ニューエコノミー」期を上回って過去最長記録を更新した。

2016年にはようやく失業率も 5 ％を下回り，物価にも上昇傾向がみられるなど，金融危機からの本格的な復活の兆候が顕著となった。FRB も，金融危機後に展開していた大規模な金融緩和政策の見直しへと転じ，2015年末から2018年末にかけて政策金利の段階的な引き上げを行った（第 9 章参照）。2018年から2019年にかけては，トランプ政権による大規模な法人税減税に伴う自社株買いの急増などを背景に，株価も最高値を更新し続けた。

　しかし，2019年 7 月には，世界経済の減速や米中貿易戦争の悪化による先行きの不透明性を理由に政策金利は再び引き下げられ，金融政策の正常化に向けた動きも目論見通りには進まなかった。また，雇用と賃金について全般的な改善傾向がみられたものの，歴史的な株高のもとでむしろ所得格差は拡大した。こうしたもとで発生したのが新型コロナショックであった。

　新型コロナウイルス感染症の急速な拡大に伴い，トランプ政権は2020年 3 月10日に国家非常事態を宣言し，全米各州で厳しい移動制限（ロックダウン）が行われた。経済活動の急激な縮小により，4 月の失業者数は2000万人を超え，失業率も14.8％に達した。また，4 ～ 6 月期の GDP は前期比で−31.4％と大幅なマイナスを記録した。労働統計局によると，最も影響を受けたのが接触型の対人サービスであるレジャー・ホスピタリティ業であり，続いて小売業や建設業，輸送業等において雇用が大幅に減少した。これに対し，連邦政府は 3 月末に成立した「新型コロナウイルス対策法（CARES 法）」に基づき，個人への現金給付や失業給付の拡充，中小企業への金融支援，州・地方政府への支援など総額 2 兆ドルに及ぶ経済対策を行った。また，FRB も大規模な量的緩和政策を再開してそれを支援した。

　こうした所得の下支えもあり，ロックダウンの解除に伴って景気は上向きに転じた。しかし，その後も感染の再拡大が繰り返されるもとで，接触型の対人サービスを中心に雇用回復は鈍く，失業者の内訳では，一時解雇（レイオフ）が減少する一方で恒久的な失職者が増加した。10月には失業率は全体として 6 ％台にまで低下したものの，接触型の対人サービスに従事する割合の高いヒスパニックおよび黒人層の失業率は依然として高く，またテレワークの可能な職種に従事できる高学歴層とそれ以外の層との格差も拡大した。このため，CARES 法に基づく現金給付や失業保険の追加・延長が不可避となり，12月にはそのための法案が，さらに2021年 3 月にはバイデン政権のもとで，その再延

長を含む総額1.9兆ドルの経済対策法案が成立した。

　一方で，新型コロナショックのもとでも，株式市場はむしろ好調を維持した。株価は非常事態宣言後に一時急落したものの，手厚い財政・金融政策に支えられてⅤ字回復を果たし，さらにオンライン化の追い風を受けるIT関連企業や，ワクチン開発を主導する大手製薬企業などの好業績を背景に最高値を更新した。経済活動の停滞で投資機会が細るなか，緩和マネーが自社株買いを伴って株式市場に流入した結果，経済成長を伴わない株高傾向がさらに強まっている。

　今後，コロナ禍の完全な終息にどれほどの時間を要するのか，目下のところ見通すことは難しい。しかし，コロナ禍が長期化するもとで加速されたサービスや取引のオンライン化，リモート化の流れは，今後も勢いを増し，雇用の二極化を通じて国内の所得・資産格差を拡大せずにはおかないであろう。コロナ禍で毀損した経済を立て直しつつ，拡大する格差にどう対処するのか。バイデン政権に課せられた課題は大きい。

考えてみよう・調べてみよう

① 　アメリカ経済は「長期停滞」の状況にあるのだろうか。また，それはどのような要因によるのだろうか。長期停滞論争をふまえて考えてみよう。

　　⇨長期停滞論争の主要な論点を整理した上で，近年のアメリカの経済指標の推移をもとに考えてみよう。

② 　サブプライムローン問題が世界的な金融危機と大不況へと波及したのはなぜだろうか。その膨張と収縮のメカニズムを通して考えてみよう。

　　⇨サブプライムローンの証券化の特徴とその住宅バブルへの影響，住宅バブルと実体経済との関係に注目して考えてみよう。

③ 　新型コロナショックはアメリカ経済に何らかの構造変化をもたらすだろうか。コロナ以前のアメリカ経済の構造をふまえて考えてみよう。

　　⇨新型コロナショックが産業構造や労働市場に及ぼした影響が一時的なものか，構造的なものかという点に注目して考えてみよう。

おすすめの本・ホームページ

R・サマーズ／B・バーナンキ／P・クルーグマン／A・ハンセン［2019］『景気の回復が感じられないのはなぜか──長期停滞論争』山形浩生訳，世界思想社。

　　⇨長期停滞論争のきっかけとなったサマーズの講演をはじめ，バーナンキやクルー

グマンら，主要な論客のブログや記事等を翻訳した論文集。訳者の解説もあり，長期停滞論の内容や論争の対立点がよくわかる。

小林正宏・大類雄司［2008］『世界金融危機はなぜ起こったか——サブプライム問題から金融資本主義の崩壊へ』東洋経済新報社。

⇨サブプライムローンの実態について，類書に比べて情報が正確。世界的な金融危機の波及過程についても，時系列的に整理されていてわかりやすい。

山口義行編［2009］『バブル・リレー——21世紀型世界恐慌をもたらしたもの』岩波書店。

⇨近年の世界各地でのバブル現象を国際過剰資本の運動という観点から論じたもの。本章で論じたアメリカにおけるバブルの内実について詳しい。

参考文献

飯島寛之［2009］「バブル・リレーで走り続ける世界経済」山口義行編『バブル・リレー——21世紀型世界恐慌をもたらしたもの』岩波書店。

河音琢郎［2016］「オバマ政権期のアメリカ経済と経済政策」河音琢郎・藤木剛康編著『オバマ政権の経済政策——リベラリズムとアメリカ再生のゆくえ』ミネルヴァ書房。

T・コーエン［2011］『大停滞』池村千秋訳，NTT出版。

坂井昭夫［2000］「ニューエコノミー論の虚実」関下稔・坂井昭夫編著『アメリカ経済の変貌——ニューエコノミー論を検証する』同文舘。

滝川好夫［2010］『サブプライム危機——市場と政府はなぜ誤ったか』ミネルヴァ書房。

豊福裕二［2016］「金融危機後の住宅市場とアメリカ経済」河音琢郎・藤木剛康編著『オバマ政権の経済政策——リベラリズムとアメリカ再生のゆくえ』ミネルヴァ書房。

中本悟［2000］「1990年代アメリカ経済と株式市場」大阪市立大学証券研究センター『大阪市立大学証券研究年報』第15号。

A・ブラインダー／J・イェレン［2002］『良い政策悪い政策——1990年代アメリカの教訓』山岡洋一訳，日経BP社。

E・ブリニョルフソン／A・マカフィー［2013］『機械との競争』村井章子訳，日経BP社。

松山岳［2000］「アメリカ「株価急騰」の金融メカニズム」『立教経済学研究』第54巻第2号。

山縣宏之［2016］「産業構造と産業政策」河音琢郎・藤木剛康編著『オバマ政権の経

済政策──リベラリズムとアメリカ再生のゆくえ』ミネルヴァ書房。

Immergluck, D. [2009] *Foreclosed : high-risk lending, deregulation, and the undermining of America's mortgage market,* Cornell University Press.

S&P [2020] *S&P500 Stock Buybacks* (https://www.spglobal.com/spdji/en/search/?query=buyback).

Saez, E. [2020] "Striking it Richer: The Evolution of Top Incomes in the United States (Updated with 2018 estimates)" (https://eml.berkeley.edu/~saez/saez-UStopincomes-2018.pdf).

（豊 福 裕 二）

第2章

対外経済関係

―― 経常収支赤字の持続と通商政策のゆくえ ――

　1990年代以降におけるアメリカの対外経済構造の最大の特徴は，経常収支赤字が継続している点にある。この経常収支赤字は大規模な財貿易収支の赤字に起因している。これはアメリカが，世界各国から数多くの商品を輸入していることを意味しており，多くの新興国はアメリカ市場への輸出を拡大することで経済成長を実現してきた。一方，大規模な経常収支赤字の継続は，赤字の規模を上回る多額の資本輸入によって可能となっている。アメリカは経常収支赤字を超える規模の資金を海外から受け入れることによって，財輸入に対する支払いを行うとともに，活発に海外へと投資を行い，巨額の収益を上げている。

　しかし大規模な財貿易収支の赤字は，製造業を中心に輸入品と競合する産業にとっては大きな不満の種であった。そうした産業は度々，輸入規制を要求し，大きな政治問題となってきた。ゆえにクリントン政権以降の各政権は，財貿易収支の赤字を中心とする経常収支赤字の問題に対して，その削減を目指すにせよ，無視するにせよ，対外経済政策上の対応を迫られてきた。

　以下では，まず第1節において，国際収支を構成する基本要素について解説しつつ，アメリカの対外経済構造の特徴を浮き彫りにする。そして第2節で対外経済政策の主な政策手段について確認した後，第3節にてクリントン政権からトランプ政権までの対外経済政策の特徴について概観していきたい。

1　アメリカの国際収支

（1）経常収支とは何か

　それぞれの国の対外経済関係は，国際収支表によって概観することができる。国際収支表は，財とサービスの流れを表す**経常収支**と，資金（資本）の流れを表す**金融収支**の2つに大きくは分けることができる。ここではまず，モノとサービスの流れを表す経常収支からみていこう。

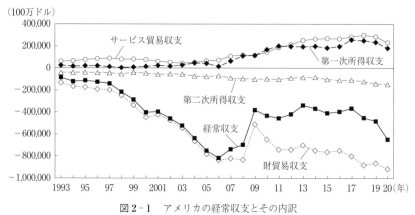

図2‑1　アメリカの経常収支とその内訳

出所：Bureau of Economic Analysis, Website, International Transactions のデータより筆者作成。

　経常収支は，次の4つの項目からなっている。財の貿易を示す**財貿易収支**，サービスの貿易を示すサービス貿易収支，海外との利子・配当の受取りと支払いを示す第一次所得収支，海外への援助など無償資金供与の受取りと支払いを示す第二次所得収支である。

　図2‑1は，1990年代以降のアメリカの経常収支の動向を示している。クリントン政権期以降のアメリカの経常収支の特徴は，財貿易収支の赤字，サービス貿易収支の黒字，第一次所得収支の黒字，第二次所得収支の赤字，経常収支の赤字である。この特徴は，1993年のクリントン政権発足から2020年のトランプ政権最終年まで一貫してあてはまっている。

　経常収支の各項目を関連づけてアメリカの経常収支の特徴をあらためて示すと，次のようになるだろう。まず，財貿易の巨額の赤字がある。サービス貿易と第一次所得収支は黒字で，それらが財貿易収支の赤字の一部を相殺している。他方で，第二次所得収支は赤字になっている。これらをすべて合算した経常収支も，主に財貿易収支の赤字の大きさによって，巨額なものになっている。アメリカの第一次所得収支の黒字は，アメリカの資本輸出の規模の大きさと効率性の高さから生じている。この点は，次に述べる金融収支と関連がある。第二次所得収支の赤字は，主に，アメリカが大規模な対外援助供与国であることから生じている。

　次に，このアメリカの経常収支の特徴が，アメリカと世界に対して持ってい

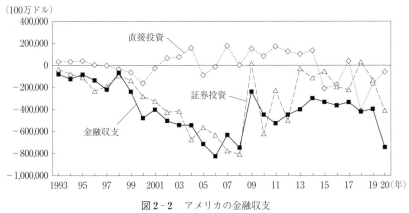

図2-2　アメリカの金融収支

出所：Bureau of Economic Analysis, Website, International Transactions のデータより筆者作成。

る意味について考えてみる。先に述べたように，アメリカの経常収支赤字は主に財貿易収支赤字から生まれている。アメリカの観点からすると，財貿易収支赤字・経常収支赤字は「悪いこと」のようにも「見える」。しかし，世界経済全体からすると，アメリカの巨額の財輸入は，新興国からの輸出の受け皿となっており，新興国の経済成長を支えてきた。また，経済学の理論では，貿易収支赤字や経常収支赤字は「悪いこと」では「ない」とされる。ただし，近年はこの点でも理論の修正が図られ始めている。財貿易収支赤字は，トランプ大統領（当時）の保護主義的な通商政策の背景になっていた（竹森［2020］）。

（2）金融収支とは何か

金融収支は，国際収支表の中で，「対外金融資産の増加」と「対外金融負債の増加」を差し引きした結果を表す項目である。対外金融資産の増加は資本輸出と言い換えることができ，対外金融負債の増加は資本輸入と言い換えることができるため，本章ではこの後，資本輸出，資本輸入という言葉を使う場合もある。金融収支は，さらに次にあげる5つの項目からなっている。直接投資，証券投資，金融派生商品（デリバティブ），その他投資，外貨準備増減である。

アメリカの金融収支の特徴をみるために，金融収支を簡略化したデータを図2-2で示した。図2-2は，金融収支と，金融収支のなかでも金額の大きい，直接投資の収支と証券投資の収支のみを示している。図2-2の金融収支では，

巨額のマイナスの値が多い。金融収支のマイナスは負債の増加を示し，これは
アメリカによる海外各国からの巨額の借入を意味している。図2-2の証券投
資の大きなマイナスは，アメリカの海外からの借入のうちのかなりの部分が海
外からアメリカへの証券投資の形で行われたということを示している。他方で，
直接投資はプラスの値を示している年も多い。このプラスの値が示しているの
は，直接投資におけるアメリカの金融資産の増加である。金融資産の増加とは，
言い換えると，アメリカが資金の貸出や投資を行っているということである。
直接投資の収支の値がマイナスの年には，アメリカが直接投資の形で海外各国
から資金を受け入れている。

　なお，図2-2では，グラフを見やすくするため，アメリカの対外資産の増
加とアメリカの対外負債の増加を差し引きした金融収支，直接投資，証券投資
の数字のみを示した。ところで，経常収支の説明のところで取り上げたアメリ
カの第一次所得収支の黒字は，「アメリカの対外資産から得られる利子・配当
＞アメリカが対外負債に対して支払う利子・配当」という関係を示していた。
さらに，図2-2で，アメリカの金融収支，直接投資，証券投資がいずれも赤
字（負債が多い）ことを考えると，アメリカは規模では対外負債よりも小さい
対外資産から，対外負債に支払うよりも多額の利子・配当を生み出している，
ということが分かる。この点を指して，経常収支の説明の項で，「アメリカの
資本輸出は効率性が高い」と述べたわけである。

（3）経常収支と金融収支の関係

　経常収支と金融収支には重要な関係がある。それは，一国全体でみた場合に
は，「経常収支≒金融収支」という関係が成り立つことである。より正確には，
「経常収支＋資本移転等収支＋誤差脱漏＝金融収支」であるが，資本移転等収
支は通常金額が比較的小さく，誤差脱漏は内容が分からないため，以下では，
「経常収支≒金融収支」という関係に基づいて説明を進めていく。

　「経常収支≒金融収支」という関係は，次のような重要な意味を持っている。
まず，経常収支黒字国は金融収支黒字国でもあるということになる。金融収支
黒字とは対外金融資産が増加しているということなので，経常収支黒字国は，
金融収支黒字という形で海外に対して資金を貸付けている。他方で，経常収支
赤字国は金融収支赤字国でもあり，金融収支赤字とは対外金融負債が増加して

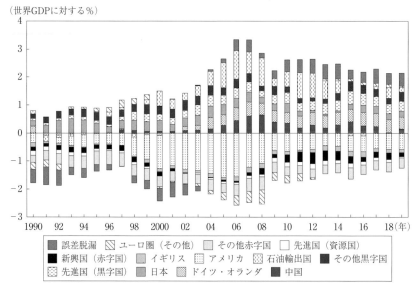

（世界GDPに対する％）

図2-3　グローバル・インバランス

出所：IMF, *2020 External Sector Report : Global Imbalances and the COVID-19 Crisis,* August 2020 のデータより筆者作成。

いるということなので，経常収支赤字国は海外から資金を借入れている。

　「経常収支≒金融収支」の関係から，大規模な経常収支赤字となっているアメリカは，海外に対して大規模な金融負債を負っている，言い換えると，海外から大規模な借入を行っている，ということが分かる。次に，このアメリカの経常収支赤字と金融収支赤字が世界に対してもっている影響について考えてみよう。図2-3は，世界の主要な経常収支黒字国と経常収支赤字国の黒字額と赤字額をまとめたグラフである。

　図2-3からまず分かることは，1997年以降，アメリカが世界の中で突出した大きさの経常収支赤字の計上を続けているということである。とくに図2-4より，1997年から2007年には，アメリカの経常収支赤字は世界全体の経常収支赤字の約50％以上を占め，2003年から2005年には65％以上もの比率に至っていたことが分かる。2008年の**世界金融危機**以降，アメリカの比率は30％台へと低下したが，それでもアメリカは世界では最大の経常収支赤字国のままであった。さらに，2016年以降は，アメリカの比率は再び約45％まで増加している。

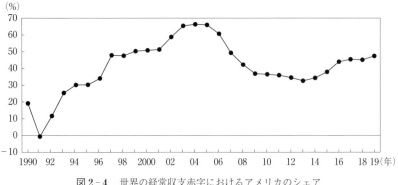

図2-4　世界の経常収支赤字におけるアメリカのシェア

出所：IMF, *2020 External Sector Report : Global Imbalances and the COVID-19 Crisis*, August 2020のデータより筆者作成。

図2-3の状態，とくに2008年までの状態は，経常収支赤字だけでなく経常収支黒字も特定国に偏った状態が継続していたということで，「**グローバル・インバランス**」と呼ばれている。

　これらが意味していることは，アメリカ国民が低価格で品質にも満足している海外製品やサービスを大量にかつ多様に消費しているということである。これは，目立たないことではあるが，経済グローバル化の大きなメリットとされていることである。他方で，図2-3で経常収支黒字側にある諸国からみると，対米輸出を自国の経済成長の原動力とすることができた，ということが重要な点である。

　次に金融収支であるが，金融収支については図2-3のようなデータはない。しかし，「経常収支≒金融収支」の関係を使えば，図2-3から，経常収支黒字側の国々が対外金融資産を有する資金貸付国であり，経常収支赤字側の国々が資金借入国であるということが分かる。したがって，アメリカは，とくに1997年以降，世界で最大の資金借入国でもあり続けたということである。このアメリカの金融収支赤字が，アメリカと世界にとって持つ意味については項を改めてみていくことにしよう。

（4）アメリカの金融収支赤字が持つ意味

　ではまず，アメリカの金融収支赤字がアメリカにとって持つ意味について考えてみよう。金融収支が赤字ということは海外から資金を借入れているという

ことであった。ではこの資金は何に使われているのだろうか。前項でみた通り，海外からの借入資金は第一にはアメリカの経常収支赤字への金融に利用されている。しかし，アメリカの借入資金の第二の使途として，アメリカの対外金融資産増加，すなわちアメリカの資本輸出への金融もある。

　実は，アメリカの借入資金の第二の使途は，金融収支だけをみていても分からない。この第二の使途を明確にするための簡単な式は，「経常収支赤字額＋対外金融資産増加額≒対外金融負債増加額」（式 1）である。この式を言い換えると，「経常収支赤字額＋資本輸出額≒資本輸入額」（式 2）となる。

　ここで今度は，前項で述べた，アメリカの第一次所得収支の内容を思い出してみよう。アメリカの資本輸出から生まれる利子・配当は，アメリカの資本輸入へ支払われる利子・配当よりも金額が大きかった。このことを踏まえて，先ほどの式 2 の意味を考えると，得られる結論は次のようになる。アメリカは低利の資金を海外から大量に借入れることで，自国民の海外からの財・サービスの大量で多様な消費を可能にしているだけではなく，自国民，自国企業，自国金融機関が海外に対して高利回りの投資（資本輸出）を行うことも同時に可能にしている。

　金融収支赤字は，一国の対外金融負債の増加，すなわち借金の増加を意味するので，国を個人のように見立てた類推（アナロジー）で考えると，「悪いこと」のようにみえる。また，現実に，発展途上国や新興国の対外債務不履行問題（累積債務問題と呼ばれる）が発生する場合があるので，この類推があながち的外れであるというわけでもない。しかしアメリカは，長年にわたって，多額の対外債務を累積させながら，債務不履行問題に陥ったことはない。さらに，累積した債務の資金の一部は，高利回りの資本輸出に使用されている。アメリカの場合は，個人と国の類推は当てはまらないようである。それはなぜだろうか。

（5）基軸通貨特権

　アメリカが累積債務問題を起こしていない理由について結論から述べると，「ドルが世界の**基軸通貨**だから」ということになる。基軸通貨とは，複数ある国際通貨のなかでも利用される度合いが最も高い通貨である（飯島ほか［2017］）。各国の外貨準備ではドルが約60％という突出した比率を占めている（図 2-5）。

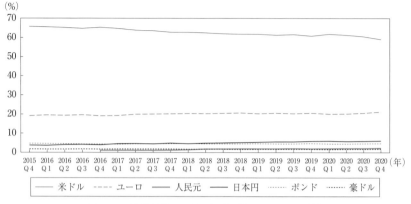

図 2 - 5　準備通貨における主要通貨のシェア：四半期
出所：IMF, Website, Cofer のデータより筆者作成。

第 2 位のユーロの比率でさえ約20％であり，ドルの地位は他通貨を大きく引き離している。

　では，なぜ基軸通貨国であるアメリカは累積債務問題を起こさないのかというと，それはアメリカ以外の国々が，アメリカに対する経常収支黒字で得たドルを自国通貨などドル以外の通貨に交換せず，ドルのままでアメリカに資産として保有しているからである。それらの黒字国が，ドルをアメリカに保有している理由は，基軸通貨であるドルは，アメリカだけではなく，それ以外の国々への支払いにも利用できる便利な通貨だからである。このように，基軸通貨という魅力によって，アメリカ以外の各国は，ドルを自発的に保有するようになっている。各国がドル売りをせずにドルを保有し続ければ，アメリカに債務不履行問題が起こることはない（菅原［2008］）。

　アメリカ以外の国々がドル建て資産をアメリカに保有する際の中心的な手段は，短期・長期双方の米国債の購入である。とくに各国の中央銀行は資産の安全性を重視して米国債を外貨準備の中心にする場合が多いと言われる。

　先ほど，アメリカの金融収支赤字の意味として，アメリカ国民の消費への金融と，アメリカ国民や企業・金融機関の資本輸出への金融という 2 つを挙げた。アメリカに対する経常収支黒字国は，こうしたアメリカのメリットの実現に対して，自発的に資金を貸付けている。そして，この 2 つのメリットのうちの前者を指して，「**基軸通貨特権**」と呼ぶことがある。基軸通貨特権とは，言い換

経済安全保障政策と金融制裁

近年，経済安全保障政策が注目を集めている。経済安全保障政策とは，自国の安全保障の確保を目的とし，経済的な手段を活用する政策のことを指す。アメリカも経済安全保障政策として，さまざまな経済制裁を実行するケースが増えている。経済制裁には，貿易の規制，国際援助の停止，人の移動の規制などさまざまな手段が存在するが，とくに「同時多発テロ」事件以降，増大しているのが金融制裁である。金融制裁とは，アメリカ政府が指定する個人や組織，政府との金融取引を禁止する措置であり，それに違反した企業や金融機関に対しては罰金やアメリカにおける金融取引の禁止などの制裁が科される。アメリカはテロ組織や核開発を進める北朝鮮やイランなどに対して金融制裁を多用している。この金融制裁はアメリカだけではなく，世界中の企業や金融機関に対して大きな影響を与える。なぜならば国際的な金融取引の多くは，基軸通貨であるドルで決済されているためである。ドルは基軸通貨であると同時にアメリカの通貨でもある。ゆえにドル決済はアメリカに所在する金融機関を経由して行われる。もしもアメリカの科す金融制裁に違反した企業や金融機関が，ドルを中心とした金融取引から締め出された場合，そのビジネスは著しい困難に直面する。そのため世界中の金融機関が，アメリカの金融制裁に従わざるをえなくなっている。一方，こうしたアメリカの金融制裁に不満を持つ諸国は，ドルを使用しない金融取引網の形成に動いている。この動きがドル体制自体を揺るがすものになるのかどうか，注目していく必要がある（杉田［2020］）。

えると，「自国からの輸出なしに他国の財・サービスを買うことができる状態」ということである。このことから，基軸通貨特権は，「とてつもない特権」と呼ばれることもある（アイケングリーン［2012］）。

しかし，基軸通貨特権は限度なしに機能し続けるわけでもない。そのことを事実で示したのが2008年の世界金融危機であった。アメリカの経常収支赤字は2008年から2009年にかけて大幅に縮小し，その後2017年までは安定することとなった。2010年には，オバマ大統領（当時）が，「アメリカが借金で世界からモノを買い続けることはできない」と明言している（『日本経済新聞』2010年6月6日，2010年6月29日）。

表 2-1　対外経済政策の分類

①為替レート政策		
②国際収支対策	経常収支 金融収支	財・サービス輸出 財・サービス輸入 資本輸出 資本輸入
③マクロ経済政策	財政政策 金融政策	※①②④に関連 がある場合。
④マクロ経済政策協調	景気同時回復型 不均衡是正型	
⑤国際通貨制度改革		

出所：筆者作成。

2　対外経済政策とは何か

　第1節においてアメリカの対外経済構造について見てきた。その最大の特徴は，巨大な経常収支赤字の存在である。第3節において概観するように，ポスト冷戦期におけるアメリカの政権は，こうした経常収支赤字問題に対して，さまざまな対外経済政策を駆使し，対応を試みてきた。

　では対外経済政策とは何だろうか。この点に関する一般的な合意や定義はないように思われる。「対外経済政策」という言葉からまず思い浮かぶ政策は，輸出促進のための**自由貿易協定**や，輸入を減らすための**保護貿易政策**といった通商政策，為替市場へ介入する為替政策などであろう。また，「主要国間の政策協調が必要だ」という主張を目にすることもある。この場合の政策協調とは，「マクロ経済政策協調」を意味している場合もあれば，為替市場への各国の協調介入を意味している場合もある。これらも国際的な政策である以上，対外経済政策に含まれるであろう。しかし，それらの政策は何を目的とし，どのような手段によってその目的を達成しようとしているのだろうか。

　表2-1は，対外経済政策として取り上げられる政策を一覧表としてまとめたものである。しかし表2-1の要素の中には，政策の目的になるものと，その目的を実現するための手段となるものがある。たとえば，輸出増加は政策目的であり，そのために為替レートを低下させることは政策手段である。

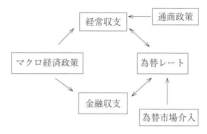

図 2 - 6　対外経済政策の相互連関
出所：筆者作成。

　対外経済政策とは，基本的には，自国の国際収支の各構成要素を変化させることを目的とした政策である。例外としては，2008年の世界金融危機後に見られたような，各国の景気を同時に回復させることを目的としたマクロ経済政策協調が試みられる場合もある。しかし各国の利害が対立するため，破綻することも多い。たとえば，不況時には各国とも貿易の停滞を阻止することを目指し，自由貿易体制の維持のため協調しようとする。しかし実際には，国内産業の保護を目指し，保護貿易政策を実行し，輸入の減少を図る国も多く，協調はうまくいかない。

　経常収支と金融収支という国際収支の構成要素を変化させるための手段がマクロ経済政策と為替レート政策である。しかし，経常収支と為替レート，また金融収支と為替レートは双方向に影響を与えあうし，マクロ経済政策が経常収支や金融収支を介して為替レートに影響を与えることもあるため，話が複雑になる（滝田［2013］）。それらの関係をまとめたものが図 2 - 6 である。経常収支には通商政策を手段として，為替レートには市場介入を手段として働きかける方法もある。

　また，国際収支の構成要素を変化させるための例外的に大きな政策手段として国際通貨制度を変えるという方法もある。ただし，国際通貨制度の変更は極端に大きな問題であるため，1944年のブレトンウッズ会議や1970年代の先進各国の固定レート制から変動レート制への移行といったように，数十年に 1 度しか生じない。しかし，世界金融危機の後には，その国際通貨制度の変更までもが論じられるようになった。

3　ポスト冷戦期の対外経済政策

　冷戦期のアメリカは，覇権国として安全保障上の考慮を経済的な利益よりも
重視する場合があった。たとえば，1950～60年代にかけて，日本や西ヨーロッ
パといった西側諸国がアメリカに対して市場を閉ざしているにもかかわらず，
アメリカは自国市場を開放し，西側諸国からの輸出を受け入れた。これはソ連
に対抗するために，西側諸国の経済成長と結束を重視するという安全保障上の
考慮から行われたものであった。

　しかし冷戦が終焉を迎え，アメリカが日本や西ヨーロッパ諸国からキャッチ
アップされていく中，安全保障上の考慮は後景へと退き，アメリカも自国の経
済的利益の獲得を追求するようになっていく。ゆえにそのための政策手段とし
て，対外経済政策も重要な位置を占めるようになっている。以下ではポスト冷
戦期の各政権について，その対外経済政策の概要と特徴を見ていこう。

（1）クリントン政権

　クリントン政権の対外経済政策は，第1期と第2期で大きく異なっていた。
第1期においては通商政策が重視された。クリントン政権は，拡大する経常収
支赤字の削減を目的とし，赤字の主要な要因であった財貿易収支の改善のため
に通商政策を活用した。クリントン政権は交渉戦略として，多国間・地域・二
国間における交渉を並行して進めていくマルチトラック・アプローチを重視し
た。まず多国間レベル（WTO）や地域レベル（NAFTA や APEC）において貿
易自由化を進めることを通じて，輸出の拡大を目指した。さらに WTO では，
知的所有権保護の強化や金融・サービス貿易の自由化を推進し，アメリカ企業
にとって有利な競争環境の整備を進めた（第11章）。

　二国間レベルでは，とくに最大の財貿易収支赤字相手国であった日本をター
ゲットとした。日米包括経済協議（1993～95年）などを通じて，個別製品のア
メリカからの輸入量に数値目標の導入を迫るなど，保護主義的な貿易政策を推
進することで，対日財貿易収支の赤字削減を目指した。また為替レートに関し
ては，ドル安政策を取ることで，輸出の促進と輸入の減少を目指した（図2-
7）。

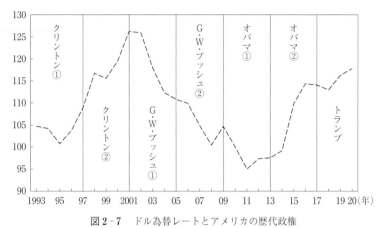

図2-7　ドル為替レートとアメリカの歴代政権

注：単位は2010年＝100とする指数。実質実効為替レート。数値が大きいほどドル高。数値が小さいほどドル安。

出所：IMF, Website, International Financial Statistics のデータより筆者作成。

　これに対して第2期クリントン政権は，通商政策を通じた経常収支赤字の削減を放棄し，経常収支赤字の拡大を放置する方針へと転換した。連邦議会と対立を深めるクリントン政権が第2期にファストトラック（コラム11）を獲得できなかったことも貿易政策を活用できなかった理由の一つであるが，より積極的な政策転換の理由も存在した。クリントン政権は，経常収支赤字の拡大は，アメリカに存在する豊富な投資機会を目指し，資金が流入していることの反映であり，逆にアメリカ経済の強さを示しているという認識を示した。ゆえにアメリカへの継続的な資本の流入を確保することが，経常収支赤字の削減よりも重要であると考えた。そうした考えの下，第2期クリントン政権は，第1期のドル安政策から転換した（図2-7）。またドル安の進行は，基軸通貨としてのドルの地位を不安定化させ，アメリカへの資金流入を減少させる可能性があった。ロバート・ルービン財務長官は，1995年に為替介入を実施するとともに，「強いドル」がアメリカの国益であると繰り返し強調することで，ドル高への転換を実現した。またドルを準備通貨として保有する諸国からアメリカに対して，ドルの価値を維持するよう圧力が高まり，クリントン政権がドル高政策を追求せざるをえなくなった面も存在した。

（2）G・W・ブッシュ政権

　発足当初に「同時多発テロ」事件に直面したG・W・ブッシュ政権にとって，最も重要であったのはアメリカの安全保障の確保であった。冷戦期と同様，対外経済政策は安全保障政策に従属するようになった。たとえば通商政策も安全保障政策に従属させられた。ブッシュ政権は自由貿易協定（FTA）等の締結をめぐる二国間交渉を通じて，市場経済システムを締結国に導入させることを目指した。そのことを通じて，経済の安定化を実現し，貧困を削減することで，「テロとの戦い」に勝利することが政策目標として掲げられた。しかし，こうした安全保障政策を優先した取り組みは，目立った成果を生み出すことはできず，ブッシュ政権期に貿易自由化交渉は停滞した（藤木［2017］）。

　またブッシュ政権は，経常収支赤字の拡大などの主要な国際経済問題は放置した。好調な国内経済を背景に輸入は増大し，経常収支赤字は過去最大規模にまで拡大した。住宅価格の上昇を背景としたサブプライムローンの拡大により，金融市場も活況を呈しており，西ヨーロッパを中心とした諸国からの資金流入も増大を続けた。一方で経常収支赤字の拡大は，その持続可能性への疑問を生み出し，為替レートはドル安の方向へと動くことになった（菅原［2008］）。また1990年代のITバブル崩壊後のFRBによる金融緩和政策もドル安傾向に拍車をかけた（第1章）（図2-7）。

　ブッシュ政権は，こうした状況を放置していたが，2007年に住宅バブルが崩壊し，**サブプライムローン危機**が発生したことで，国内金融市場が崩壊し，財政・金融政策による対応を迫られることになった（第1章）。そしてサブプライムローン危機が深刻化していく中，2008年9月に大手投資銀行リーマン・ブラザーズが倒産するに及び，アメリカの金融危機の悪影響はグローバルに拡大していった（世界金融危機）。しかし，すでに任期の終わりを迎えていたブッシュ政権が，積極的な対外経済政策を実行する余地はなかった。

（3）オバマ政権

　第1期オバマ政権の対外経済政策の課題は，世界金融危機への対応であった。まずオバマ政権は，G7，G20等における国際協調を通じて，アメリカの経常収支赤字の削減を目指した。オバマ政権は経常収支黒字国に対して，財政支出を増大することを通じて内需を拡大し，アメリカへの輸出を削減することを求

めた。しかし経常収支赤字の削減のためにはアメリカ自身が財政引き締め政策を取り，輸入を減らす必要があったが，高い失業率に直面していたオバマ政権にその気はなかった。ゆえにオバマ政権の提案は経常収支黒字国の反発を呼んだだけであった。しかし世界金融危機に伴うアメリカ経済の停滞が続くことで輸入は減少し，経常収支の赤字は一気に縮小した。

　またオバマ政権は，輸出を拡大するための各種補助金の充実や自由貿易協定（FTA）交渉を積極的に進めていった。たとえば，2016年に合意が成立したTPPもその一環であった。またFRBによる量的緩和政策は，あくまでも国内の経済状況に対応するために実行されたものであるが，為替レートの水準をドル安傾向にする効果を持ち，輸出の促進を側面から支えた（図2‐7）。

　こうした輸出拡大を目指す姿勢は，第2期オバマ政権においても変化しなかった。ただし中国との関係が悪化したことに伴い，TPPには新たな意味が与えられた。TPPは，貿易自由化による輸出の拡大だけではなく，アジア太平洋地域における貿易ルールの策定を主導し，中国を経済的に牽制する手段としても位置づけられるようになった（第11章）。

　第1期と第2期の違いは，為替レートの水準に見られた。2014年に入り，ドル安傾向からドル高傾向へと為替レートの水準は大きく変化した（図2‐7）。その変化をもたらした最も重要な要因は，FRBによる金融政策の転換であった。FRBは，アメリカが景気回復傾向にあることを理由とし，2013年以降，量的緩和政策からの脱却と金融政策の正常化を目指し，金利を徐々に引き上げていった。その結果，ドル高への転換が生じた。ドルを準備通貨として大量に保有する中国から，ドル安批判が行われたことも，オバマ政権の政策転換に影響を与えたと考えられる。オバマ政権もクリントン政権と同様に基軸通貨としてのドルの価値を維持することを重視していた（菅原・河﨑［2016］）。

（4）トランプ政権

　トランプ政権は対外経済政策を大きく転換させた。ここまで見てきた各政権は，基本的に自由貿易や資本移動の自由といったグローバル化の進展を重視する立場を取ってきた。これに対してトランプ政権は，グローバル化，とくに貿易自由化に対して否定的な態度をとった。トランプ政権は，貿易自由化の結果，輸入が増大し，企業も倒産，雇用も失われてしまったと考え，保護貿易政策を

活用することによって雇用の復活を目指す方針を示した。ゆえに対外経済政策は，ほぼ通商政策のみに絞られた。

　通商政策においては，財貿易収支赤字の削減が政策目標として重視された。中国，メキシコ，日本，ドイツ，韓国等，主要なアメリカの財貿易収支赤字相手国は，同盟国であろうとなかろうと，すべての国がトランプ政権のターゲットになった。トランプ政権は，積極的に保護貿易措置を発動し，二国間交渉に持ち込み，アメリカからの輸入拡大や関税の引き下げといった相手国からの譲歩を引き出すことによって，財貿易収支の赤字を削減しようと試みた。とくに最大の財貿易収支赤字相手国である中国が最重要のターゲットであった（第12章）。

　たとえばトランプ政権は，2018年3月に鉄鋼とアルミ製品に対する関税を引き上げた。これらの製品の輸入はアメリカの安全保障上の脅威であるというのがトランプ政権の主張であったが，事実上，貿易相手国からの譲歩を引き出すための戦術であった。ゆえにカナダやメキシコ，韓国など二国間交渉に応じた相手国に対しては適用を免除するという措置を取った。また日本との間でも二国間交渉を行い，日本車に対する関税の引き上げの脅しをテコにして，日米貿易協定（2019年）を締結し，日本の農業関連製品に対する関税引き下げを実現した（藤木［2020］）。

　このようにトランプ政権は二国間交渉を重視する一方，多国間の交渉やルールを軽視した。既存の貿易をめぐる多国間ルールはアメリカが一方的に損をする内容になっていると主張し，NAFTAの再交渉，TPPからの離脱を公約として掲げ，TPPからは就任直後に離脱した。NAFTAについても，離脱をちらつかせることによって，カナダとメキシコを再交渉へと引き込み，2018年9月にアメリカ・メキシコ・カナダ協定（USMCA）を成立させた。そこでは原産地規制の強化，中国などの非市場経済国とのFTA交渉の規制といった保護主義的な措置が盛り込まれた。またWTOに対しても否定的な態度を取り，一切協力姿勢を示さなかった。たとえば，WTOにおいて貿易紛争の処理を担う上級委員会の委員の新たな任命にまったく同意する姿勢を見せず，すべての上級委員を任期切れへと追い込んだ。その結果，WTOの紛争処理システムは機能不全の状態へと陥った。

　一方，FRBによる「出口政策」は継続しており，為替レートはオバマ政権

期から引き続き，ドル高傾向が続いていた（図2-7）。トランプ政権はアメリカ株式市場における株高を重視しており，さらなる株高を目指して量的緩和政策への転換を要求したものの，為替レートの水準についてはほぼ無関心であった。FRBは景気の加熱やインフレ傾向を懸念し，量的緩和政策への転換を否定したため，ドル高傾向は維持された。

（5）バイデン政権の展望

　2021年に発足したバイデン政権の対外経済政策はどうなるのだろうか。貿易面から見ていこう。まずバイデン政権は，多国間主義の重視を掲げ，WTOにおいて積極的な役割を果たすと主張している。こうした姿勢はトランプ政権と大きく異なるが，よりアメリカの利益に沿う形でのWTO改革を追求する可能性も高い。アメリカに不利な判決を下すこともある上級委員会の機能不全が，すぐに解消されるかどうかは不透明である。また製造業の利益を重視する点では，バイデン政権もトランプ政権と変わらず，自由貿易政策へと急激に転換するとは考えにくい状況である。

　次に国際金融面では為替レートの水準を注視する必要がある。新型コロナ感染症の拡大以降，アメリカの財政赤字は急激に増大し，FRBの金融政策も量的緩和政策へと逆戻りしている。バイデン政権の下でも，この傾向は継続している。こうした状況が，どのように為替レートの水準に影響を与えるのか，それにバイデン政権の国際金融政策はいかに対応するのか。注目する必要があるだろう。

考えてみよう・調べてみよう

①　クリントン政権からトランプ政権までの対外経済政策の特徴をまとめてみよう。
　　⇨経常収支や金融収支の推移と関連付けながら，各政権の通商政策や為替政策を中心に特徴をまとめていこう。

②　バイデン政権の対外経済政策について調べてみよう。
　　⇨トランプ政権の対外経済政策は，バイデン政権の下でどのように変化したのか，また変化しなかったのか。この点を踏まえつつ，バイデン政権の対外経済政策の特徴について考えてみよう。

③　本章における対外経済政策の説明を参考にして，アメリカ以外の国の対外経済政

策の特徴を調べてみよう。

　⇨他の国の対外経済政策とアメリカの対外経済政策を比較することで，その特徴を
　より明確に知ることができる。

　おすすめの本・ホームページ

U. S. Bureau of Economic Analysis（https://www.bea.gov）.

　⇨アメリカ商務省によって運営されている統計情報サイト。経常収支などアメリカ
　の対外経済構造を知るための基本的なデータが提供されている。国際収支に関す
　るデータは，International Transactions のところにある。過去に遡ったデータ
　を見たい場合は，Interactive Data に行ってから，Modify で年次を選択するこ
　とができる。

藤木剛康［2017］『ポスト冷戦期アメリカの通商政策――自由貿易論と公正貿易論を
　めぐる対立』ミネルヴァ書房。

　⇨クリントン政権からオバマ政権までの通商政策について，より詳細に分析したも
　の。トランプ政権については，藤木［2020］を参照。

飯島寛之・五百旗頭真吾・佐藤秀樹・菅原歩［2017］『身近に感じる国際金融』有斐
　閣。

　⇨国際収支表の見方について第2章に分かりやすい説明がある。デリバティブにつ
　いては第3章に，基軸通貨については第5章に平易な説明がある。

　参考文献

バリー・アイケングリーン［2012］『とてつもない特権――君臨する基軸通貨ドルの
　不安』小浜裕久監訳，勁草書房。

坂井昭夫［1991］『日米経済摩擦と政策協調――揺らぐ国家主権』有斐閣。

菅原歩［2008］「対外金融政策――資本流入の持続可能性」河音琢郎・藤木剛康編著
　『G・W・ブッシュ政権の経済政策――アメリカ保守主義の理念と現実』ミネル
　ヴァ書房。

菅原歩・河﨑信樹［2016］「対外経済構造と国際金融政策――基軸通貨としてのドル
　の安定化」河音琢郎・藤木剛康編著『オバマ政権の経済政策――リベラリズムと
　アメリカ再生のゆくえ』ミネルヴァ書房。

杉田弘毅［2020］『アメリカの制裁外交』岩波新書。

滝田洋一［2013］『通貨を読む（第4版）』日本経済新聞出版社。

竹森俊平［2020］『WEAK LINK ――コロナが明らかにしたグローバル経済の悪夢の
　ような脆さ』日本経済新聞出版社。

藤木剛康［2020］「トランプ政権の通商政策──コンセンサスの破壊と無秩序状態の政策プロセス」『国際経済』71号。

（河﨑信樹・菅原　歩）

第3章

産業構造の変化

──続く産業構造高度化，加速する雇用と地域の分極化──

　この章では，1960年代以降のアメリカ産業構造の変化を研究する。それは，製造業の相対的地位低下とサービス業，金融業の成長であるが，海外製造業の競争力強化と対米輸出によるアメリカ製造業の苦境，それに対応するためのアメリカ製造業企業の海外生産による。他方でサービス業と金融・不動産業が著しく成長したが，知識集約型ビジネスサービス業，個人消費関連サービス業の拡大，製造業企業のサービス業，金融業など成長分野へのシフト，それに伴う企業の事業再編支援の投資銀行業など金融業の成長，都市部での経済成長と緩和的な金融政策による不動産業の成長による。

　アメリカ政府は，近年イノベーション能力を高める競争力政策により産業構造高度化を進めてきたが，白人労働者階級など一部のアメリカ国民の不満は解消されなかった。そのためトランプ政権が誕生，保護主義的通商政策を追求し米中貿易戦争が激化した。このような傾向は，環境政策重視という変化を伴いつつ，バイデン政権にも引き継がれている。

1　産業大国アメリカの変貌──製造業の衰退と経常収支の赤字化

（1）製造業大国アメリカと豊かな社会

　はじめに図3-1，図3-2を検討していこう。図より1960年時点の産業別付加価値，従業者の25％程度が製造業であり，ともにトップである。1960年代までのアメリカは，製造業を基幹産業とする工業大国であったといって間違いないだろう。そして工業の担い手が，ビッグビジネスと言われる巨大企業であった。自動車産業ではGM，フォード，クライスラーのビッグスリー，電気機械ではGE，電子工業ではIBM，製鉄ではU. S. スティールといった巨大企業が経済の主役であり，これらの企業においては，企業トップの最高経営責任者（CEO），事業部長，課長，現場責任者に至るまで多数の管理職からなるピラミ

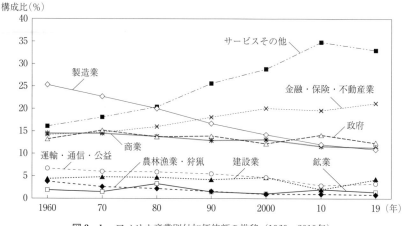

図3-1　アメリカ産業別付加価値値額の推移（1960〜2019年）

出所：*Suevey of Current Business, Industry Economic Accounts, Gross Domestic Products by Industy Accounts* より筆者作成。

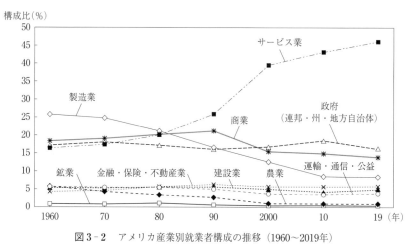

図3-2　アメリカ産業別就業者構成の推移（1960〜2019年）

出所：1960〜69年は US Dept. of Commerce, *Historical Statistics of the United States*, USGPO, 以後は図3-1と同じ資料により筆者作成。

ッド型の企業組織が形作られており，経営者の他にも多数の労働者が比較的高い賃金で雇用されていた。郊外の一戸建て住宅に住み，豊かな消費生活を営む中産階級が多く存在する，豊かな社会が実現していた時代であった（河村[2003]）。

（2）1970年代以降のアメリカ製造業の苦境

　序章にあるアメリカの経常収支の動向を検討していこう。経常収支とは，モノやサービスの毎年の取引を指しており，アメリカ産業の輸出が多いのか，逆に輸入が多いのかが現れている。図序 - 1 にあるとおり，アメリカの経常収支は1971年にはじめて赤字となり，1970年代後半に赤字に再転落し，その後は赤字幅が拡大している。これには，とりわけ財の貿易収支が赤字となったことが影響しているが，製造業が貿易黒字を稼げなくなったためである。1970年代になると，日本，ヨーロッパの産業が復活し競争相手になったことに加え，アメリカ企業がヨーロッパ，東南アジア，南米などに進出し，海外支社から原材料，部品などを輸入すること（企業内貿易）により貿易黒字が縮小した。

　国内製造業後退が影響して，1970年代以降，図3 - 1，図3 - 2 にあるようなアメリカ産業構造における製造業の相対的地位の低下が起きている。2つの図からは，1970年代以降，製造業の付加価値額，従業者ウェイトが低下していき，かわりにサービス業が製造業に迫っていることが読みとれる。ただし1980年までは，産業別付加価値額，就業者数のウェイトで見て，第1位は製造業であり，アメリカは製造業を基幹産業とする国であることは間違いない。

　1970年代にサービス業のウェイトが拡大している。なぜこのような動きが見られるかであるが，かつてイギリスの経済学者コーリン・クラークは，経済社会・産業社会の発展に伴い，第一次産業から第二次産業へ，第二次産業から第三次産業へと産業構成のウェイトがシフトしていくことを指摘した。

　このように一般に指摘されるサービス業成長のメカニズムに加えて，他国に先駆けてこの時期のアメリカでは，法律・会計・コンサルティング，情報サービス，科学工学サービス等の企業などに専門知識を投入する**知識集約型ビジネスサービス**の成長が見られた。

2　製造業大国からサービス業・金融業大国へ——1980年代

（1）経常収支赤字の拡大とアメリカ産業の変化

　引き続き図序 - 1 により経常収支の動向を概観していこう。1980年代半ばに経常収支赤字が急増しており，1987年には1541億ドルを超える巨額の赤字になっている。製造業の貿易赤字が主たる原因であり，なかでも対日貿易赤字額が突出して多かった。なぜ貿易赤字がこれほど拡大したのだろうか。1980年代前半のアメリカでは，インフレーション抑制を図り，政策金利を20％程度にまで引き上げた。加えて大規模な減税と軍拡により，財政赤字を急増させたため，民間のドル資金を政府が吸収してしまい，国内金利が非常に高くなった。さらにこのような高金利を目当てに，アメリカに投資が殺到してドルが買われたため，ドル高となった。利益率のそれほど高くない製造業の場合，高い金利水準を上回る利益率が確保できず，国内で事業を行うのが苦しくなっていたうえに，ドル高のためアメリカ国内から輸出することが不利であるという，二重の苦境に陥っていた。

　加えて第二次世界大戦期に確立した少品種大量生産を基本原理とするアメリカ製造業の生産方式では，品質管理に非常に優れ，多品種生産にも柔軟に対応できる日本企業に勝てなくなったという，より深刻な事情もあった。日本からの自動車の大量輸出により，ビッグスリーの一つクライスラーは倒産の危機に瀕してアメリカ政府に救済されるに至り，**日米貿易摩擦**が深刻化した。このような日本からの大量輸出に対して，アメリカ政府は当初日本に対して自動車，カラーテレビの輸出自主規制を要求し，日本からの輸入量のコントロールを図った。さらにアメリカから日本が輸入を増やすべきであるとして，日本の経済構造を変革することを求める日米構造協議も行ったが，製造業の苦境は続いた。

　他方，このように厳しい環境の中，情報化投資，ビジネス慣行の転換，海外展開を通じて，アメリカ製造業企業は変化していった。たとえば GE 社は事業構成を収益性の高いサービス業や金融業にシフトしていった。このように有力製造業企業の内部では，工場は海外に展開し，国内はより収益性の高いサービス・金融部門に事業構成を転換していくという動きが進んだ。投資銀行は，企業の合併・買収（M&A）を積極的にサポートし，これらの企業が事業構成を

サービス・金融にシフトしていく動きを促進し，産業再編を実現した。

　加えて1970年代から続くサービス業，金融業の成長はいっそう加速した。金融業の規制緩和や技術革新により商業銀行以外にも投資銀行などの多様な金融業が急成長したこと，都市部における経済成長の加速と1980年代以降続く緩和的金融政策が，都市部を中心に不動産価格を高騰させたためである。図3‒1を検討すると，1990年時点でサービス業の付加価値額は全体の25％を超え，金融・保険・不動産業も18.1％を占めており，いずれも製造業の16.7％を上回っている。図3‒2より就業者でみても，1990年時点で製造業は全体の16.6％にウェイトを落としている一方，サービス業は25.9％と全産業トップになっている。1980年代に製造業中心からサービス業・金融業中心へと産業構造が変化したのである。

（2）産業政策と通商政策の活用によるアメリカの巻き返し

　先に述べたような1980年代の製造業の苦境は，アメリカ産業界と政府に対策をせまることとなった。この時期アメリカでは活発な**産業政策論争**が行われ，製造業復活のための政策ビジョン（President's Commission on Industrial Competitiveness［1985］，通称『ヤングレポート』）がまとめられた。その際，仮想敵となったのが日本であった。ヤングレポートは1988年包括通商・競争力法の成立につながったが，そこでダンピング認定と報復関税のような攻撃的な通商政策のほか，製品品質，製造技術で日本勢に容易に勝てなくなった製造業にテコ入れするため，製造工程管理，製造技術高度化のための技術開発支援，教育訓練プログラムと知的財産権を重視し，イノベーションとその利益を確保する戦略を確立した。アメリカはその後知的所有権保護のためのルール整備を日本などに強く要求し実現した。輸出自主規制，1988年包括通商法，日米半導体協定などといった一連の攻撃的な通商政策は日本の対米輸出攻勢を直接制限する効果があり，アメリカ産業界に立ち直る時間を与えるものであったとする評価もある（宮田［2001］）。

3　IT 投資による復活と新産業の創出──1990年代

（1）IT 投資とアメリカ産業の復活

　1990年代のアメリカは歴史上まれにみる好景気であった。この好調な経済の背景には，第一に IT 産業が急成長したことがある。また他の産業でも IT 投資が急速に拡大し，経済成長を牽引することとなった。企業レベルの動向に注目すると，インテル，マイクロソフト，アップル，グーグル，ヤフーなど IT 関係の企業が多数成長あるいは登場し，新たな主役となっていった。またさまざまな産業における IT 投資は企業内の効率的な情報ネットワーク構築を可能にし，結果として中間管理職を大幅に削減して企業幹部と一般社員のみからなるフラットな企業組織を実現した。つまり企業組織が一気にスリム化して企業経営が効率化し，アメリカ企業の収益性を高めたのである。

　1990年代を通じてアメリカ企業の業績は好調で，雇用も国民所得も増加した。しかし図序-1にあるように，経常収支の赤字も1999年には対 GDP 比5％弱へと急速に拡大した。冷戦終結により東欧やアジアへのアメリカ企業の海外展開や製品購入がいっそう加速し，貿易を通じてアメリカ本国の貿易赤字を急拡大させたからである。加えて産業構造の変化が1980年代にも増して急ピッチで進んだ。図3-1からは，2000年時点でサービス業の付加価値ウェイトが28.8％と製造業14.2％の2倍になっており，金融・保険・不動産業のウェイトも20.1％と製造業を5ポイント以上，上回っていることが確認できる。産業の生み出す「富」の指標である付加価値額でみて，製造業のウェイト縮小とサービス業・金融業がアメリカ産業の主役になったことが確認できる。1990年代にはソフトウェア業などの IT サービス業と所得増加に伴う多様な消費サービス業が急成長した。投資銀行などのアメリカ金融業は世界中から投資資金を集めて運用し，活況を呈するようになった。なお図3-2にある通り，2000年には総従業者のうち39.5％がサービス業で働いており，就業者に注目すると主力産業が完全にサービス業となっているといえる。

　続いて貿易収支の推移にも触れていこう。財（製造業・農林漁業・鉱業）の貿易赤字は，1990年の1155億ドルから1999年には3505億ドルへと，3倍以上に拡大している。これは先に検討した通り，旺盛な設備投資や個人消費が行われた

ため，財貿易の輸入が急増していることを反映している。新たに伸びてきたサービス貿易の黒字は，1990年の338億ドルから1999年の884億ドルに至るまで順調に黒字を拡大している。しかし財貿易の赤字額がそれをはるかに上回って増加しているため，貿易赤字全体の縮小をもたらすには至っていない。1990年代の段階では，製造業中心からサービス業中心への産業の構造転換は，サービス貿易の規模が限られることから，貿易収支を改善することにはつながらなかったのである。

（2）ハイテク産業地域の活況とベンチャー企業の登場

1990年代のアメリカ経済が好調であった要因として，ベンチャー企業の叢生と急速な成長，その結果として産業構造が変化していったことが指摘できる。この時期にそれまでには見られなかった新業態のベンチャー企業が多数登場し，IT関連のサービス業などの新産業が急速に拡大していった。またこのようなベンチャー企業を生み出すシリコンバレーなどのハイテク産業地域が活況を呈した。

アメリカ企業の海外展開がいっそう加速する中，アメリカ国内で新たに産業をつくるためには，活発に新しいビジネスを起こす必要がある。そのためには新しいアイデア，新製品，ビジネスモデルを創り出すイノベーションが必要不可欠である。1990年代のハイテク産業地域では，まさにこのような動きが起きていたのである。

4　企業のグローバル展開の加速と国内産業の停滞──2000年代

（1）グローバル化のなかのアメリカ製造業

2000年代に入ると，BRICs諸国が世界経済の新しい主役として登場してきた。とくに中国とインドは，アメリカ企業の進出先，業務の委託先となり，急速に経済成長を遂げることとなった。アメリカ側から見ると，事業全般の海外展開・委託，加えてオフショアリング（管理機能やサービス機能の海外展開），そして中国からの輸入が急速に進んだことになる。

このような動きはとりわけ製造業で顕著に見られた。はじめに，図3-3により1990年代・2000年代のアメリカ製造業の動向について検討していこう。ま

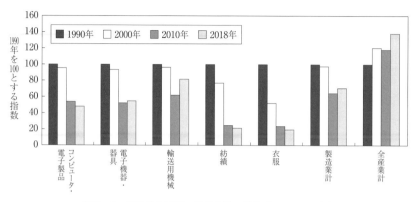

図3-3　製造業各業種の従業者数の推移（1990〜2018年）
出所：U.S. Department of Commerce, Bureau of the Census, *County Business Patterns* 各年版より筆
者作成。

ず製造業全般であるが，1990年を100とする指数で見て，2000年は97.6と1990
年代は微減に止まっている。ところが2010年は64.3へと2000年代に33.3ポイン
トも数値が減少しており，この時期にアメリカ国内の製造業雇用が急減したこ
とが確認できる。とくに国際競争力の弱い紡績，衣服は1990年を100とする指
数で見て2000年にはそれぞれ76.8，52.1へ，2010年には23.7，21.4へと従業者
を大幅に減らしている。他方，国際分業が進んでおり海外展開が進みやすいコ
ンピュータ・電子製品，電子機器・器具は，2000年の指数でそれぞれ95.6，
93.4と1990年代は微減に止まっていたものの，2010年にはそれぞれ指数で53.9，
52.2へと大幅に減少していることが確認できる。輸送用機械も，2000年代を通
じて海外勢との競合，メキシコへの生産移転により自動車産業が雇用を減らし
たことから，2010年には指数で61.9へと従業者がかなり減少している。たしか
に2010年は大景気後退後のボトムにあたり，次節で述べる通りその後回復する
業種もあるが，このように2000年代のアメリカでは，電子デバイス，繊維関連
業種を中心として製造業が海外展開を進めたうえに，海外勢との競合，中国か
らの輸入の急増により国内から大幅に製造業雇用が失われたのである。

　加えてアメリカ国内製造業の縮小が起きた原因として，この時期，世界の製
造業の構図が大きく変化したことを説明しておこう。2000年代に入ると，とり
わけエレクトロニクス分野において韓国，台湾といった NIEs 諸国，中国をは
じめとする新興国の企業が，欧米企業から製品製造を**受託生産**，あるいは独自

ブランドで世界シェアを拡大するなど力を付けてきた。アメリカ企業はこのような製造業の変化のなかで有利なポジションを確立した。たとえばアメリカ企業はパソコンの基幹部品，規格，ソフトウェア，スマートフォンの開発を行い，利益率の高いCPU等は生産を続ける一方，その他の汎用部品は台湾メーカーに**生産委託**した。スマートフォンを例に取ると，ほぼ企画デザインに特化し収益性の低い製造分野はかなりの部分を海外委託した。このようなアメリカ企業を中核とする国際分業体制により，すばやい製品開発と製造コストのダウン，製品の大量供給が可能になり，アメリカ企業を中心とする提携企業群は世界シェアを拡大した（妹尾［2009］）。アメリカ企業は国内に製造機能を維持しなくとも，高収益が可能となったのである。

（2）産業構造の変化と経常収支赤字の動向

　続いて2000年代のアメリカ産業全体の動向であるが，大景気後退後のボトムになる2010年を見ると，図3-3にある通り雇用は指数で120.4から118.2へと2000年より減少した。たしかに2000年から2008年までは総従業者は増加したのであるが，1990年代ほどは増加していない。産業別にみると，図3-2から確認できるが，2010年には製造業従業者数は1割を切るまでに縮小した。もはや製造業大国としての性格は希薄になっているといえるだろう。かわりにサービス業従業者のウェイトは42.3％へと増加しているが，しかし1990年代ほど大幅にウェイトを増してはいない。先に述べたとおり，全産業従業者はあまり増加しなかった。データから浮かび上がるのは，製造業雇用が急減し，結果として産業全般がやや停滞していた2000年代という姿である。製造業が踏みとどまる中，経済全体が好調でありサービス業中心の経済構造への転換がダイナミックに進んでいた1990年代とは大きく異なる停滞状態が見て取れるのである。

　なお2000年代には製造業だけでなくソフトウェア開発，ビジネスサービス，顧客サポート業など多様なサービス業でも，先に述べた事業の海外展開や事業委託が進行したことが特徴となっている。アメリカ産業の新たな主役となったサービス業においても国際展開が進行している。しかしサービス業が貿易黒字を稼ぎ国内で雇用を生み出す力は，ある程度はある。図序-1にある経常収支の推移に注目すると，2000年時点で対GDP比4％強から2006年には5％強へと赤字額は倍近くにまで拡大している。この原因は，財貿易の赤字が巨額にの

ぼっていること、そして黒字ではあるものの、まだ財貿易赤字を相殺するほど
リービス貿易の黒字が拡大していないためである。なお2000年代に財貿易赤字
がこれほど拡大した理由の一因は、個人消費の拡大にあると考えられる。

（3）産業政策論争再び——イノベーション能力向上を目指して

　先述のとおり、2000年代のアメリカでは製造業雇用が急減し、総従業者もそ
れほど増加しなかった。2000年代、東アジア諸国、BRICs にアメリカ企業の
研究開発拠点が進出し、進出国での生産委託も広がった。新技術の開発や新製
品の開発の基礎となる**研究開発能力**においても、東アジア、中国、インドが力
を増しつつあることが指摘された。ここでアメリカ本国について評価すると、
残されている強みは、世界トップレベルの研究開発能力、新製品開発能力、新
しいビジネスの創出能力であるとされた。製造業大国時代と同様にそれなりの
賃金が得られる雇用を国内に維持しようとするならば、このような能力を生か
してたえず高技能、高賃金の職を生み出し続ける必要があることが指摘された。

　研究開発能力強化を求める産業界の要求、そしてこれ以上良質な雇用が失わ
れることに対する国民の不安を背景に、新しいアイデア、新製品、新ビジネス
モデルを生み出す源泉、イノベーション能力を高めつづける仕組みを創出し高
めることを目指す『イノベートアメリカ』というイノベーション重視の産業政
策が公表された（Council on Competitiveness [2005]）。なおイノベーションとは
ものごとの新しい軸点、理解の仕方、活用法を見出し、社会全体に影響を与え
変革していくということである。新技術や新製品の開発、新ビジネスの創造は
当然、イノベーションの一種であるし、既存技術の見直しや結合による変革も、
イノベーションである。

　『イノベートアメリカ』は**基礎研究**投資の抜本的増額、イノベーションを担
う人材の育成、先端技術の開発と利用を提言していた。新時代のイノベーショ
ン重視の産業政策は、「強まる嵐を超える」など全米科学アカデミーの政策提
言を経て、アポロ計画以来とされる巨額の科学技術投資計画とともに「アメリ
カ競争力法」として成立した（山縣 [2008]）。

　先に述べた1980年代前半の『ヤングレポート』においては、製造技術の向上
や生産システムの刷新という製造業のリバイバル戦略が中軸をなしていた。今
回はイノベーション能力の鍵となる基礎研究投資の拡充、教育システム改革に

よる科学数学教育の強化を通じた**人的資本**開発の抜本的強化，**イノベーション**のための生態系（複雑なシステムのこと）の構築と拡充を打ち出している。世界最高水準の科学技術研究の水準をより向上させること，理工系人材を中心とした人的資本開発，それがイノベーションにつながる仕組みの構築を重視した。製造技術・生産システム刷新から人的資本開発へ，国内製造業の再生から知識やイノベーションを経済成長の源泉として重視する段階へ，産業政策に関する活発な議論とビジョンが示され，連邦政府の政策として採用されたといえる。

　アメリカ企業にとっても，ビジネス活動をサポートする高水準のサービス業と情報通信インフラが整備されており，科学技術研究においても高水準にあるアメリカ本国は，依然として事業戦略を立案する本社機能の所在地，研究開発拠点として最も望ましい国である。ここに述べたイノベーション環境整備政策は，製造部門など利益率の低い事業を海外に展開あるいは海外企業に業務委託するこれまでの企業の行動パターンを前提としつつ，本社機能，企業戦略の立案機能，研究開発機能を国内に維持したいという産業界の意向に適合的な政策であるとともに，新しいビジネス，つまり所得水準の高い雇用をたえず生み出す環境を国内に維持し続けることにより，アメリカ国民の雇用不安や不満に対応しようとする政策であった。

5　イノベーション・富裕層依存の産業構造高度化とその問題点——2010年代

（1）金融危機からの回復・産業構造高度化とグローバル化の進展

　図3-1，図3-2をもとに，2010年代の動向を検討していこう。図3-1からは，2010年から2019年にかけてサービス業の付加価値ウェイトがごくわずかに低下していることがわかるが，これは金融危機に伴い2010年に金融・保険・不動産業の付加価値ウェイトが大幅に下がり，サービス業の付加価値ウェイトが2010年に特異的に高かったためであり，趨勢的には拡大傾向が続いていることが確認できる。これは情報と専門・ビジネスサービス，なかでも知識集約型ビジネスサービスの拡大によるところが大きい。情報産業には新聞，TV等も入るが，なかでもソフトウェア出版やインターネット関連情報サービス（SNSなど）の付加価値が大きく伸びている。とくに大規模企業の伸びが著しく，近年 GAFA 規制論が生じる原因となっている。

> ### コラム 3
>
> ## GAFA 規制論とそのゆくえ
>
> 　最近，GAFA（グーグル，アップル，フェイスブック，アマゾン）という情報技術を活用する巨大企業，その他スーパースター企業に対する規制論が盛んである。本来個人に権利が属する膨大な個人情報を収集活用しビジネスを拡大していること，各企業が自社の生態系における優位性を利用して他社に不利な競争条件を強いていること，新規創業の妨げになっていること，労働者や地域社会への貢献が不足していること，当該企業への事業集中により経済全体の労働分配率や雇用創出効果が低下していることなどが批判されている。各国にほぼ共通する独占禁止の観点にとどまらず，個人情報保護の観点から国家規制を実施しているEU，規制を試みている日本，外国からの選挙干渉の防止，イノベーションと創業促進の観点も重視するアメリカなど，各国により事情は異なる。アメリカではグーグルに対する反トラスト法訴訟が始まった。GAFA 等に対する規制が本格化するのか，注視が必要である。

　図 3 - 2 からは，就業者構成ではサービス業は2010年から2019年にかけてさらにウェイトを増していることが確認できるが，これには専門・ビジネスサービスの伸びがかなり寄与している。産業中分類レベルまで立ち入ると，2018年には専門・ビジネスサービスが全産業分類中，首位となった。あまり注目されていないが，同業種は賃金水準も比較的高く，製造業に代わる雇用の主軸になりつつあると考えられる。

　併せて図序 - 1 から経常収支の動向を検討しておこう。図からは2006年以降，経常収支赤字対 GDP 比が大幅に改善し，2012年以降も 2 〜 3 ％程度と比較的低水準にあることがわかる。これは財貿易赤字が2008年水準よりも抑制されていること，2000年代以降のサービス貿易黒字の拡大が寄与しており，史上初めてサービス貿易黒字が経常収支を改善する水準に達したことによる。あまり注目されていないが，実は2010年代は，2000年代に危惧されてきた経常収支赤字の拡大も縮小に向かい，直接投資交流（海外直接投資，対内直接投資）も拡大するなどの好循環ができた時期である。

　さらに図 3 - 3 からは，リーマン・ショック後の大景気後退のボトムとなる2010年以降，繊維，製鉄，コンピュータ・電子製品以外の製造業従業者，総従

業者がすべて増加に転じていることがわかる。産業用ロボット導入，新鋭工場への切り替えにより生産性が上昇し，期待ほどは増えなかったものの，2000年代に対中貿易や海外への生産委託で大幅に減少した製造業雇用が，企業のサプライチェーンの再編，アメリカへの製造業拠点回帰（リショアリング）により，かなり回復したのである。このように，アメリカ発金融危機と大景気後退という試練を経て，2010年代アメリカ国内産業はやや強化方向に向かったと考えられるのである（山縣［2016］）。

（2）進む雇用と地域の分極化

　しかしそこにさまざまな問題が生じていることも見過ごせない。先にみた専門・ビジネスサービスの付加価値と従業者ウェイトの増加は，主に知識集約型ビジネスサービスの拡大が主導している。知識集約型ビジネスサービスは専門知識を投入する。産業全般にわたる専門知識・サービスの需要拡大というイノベーションの重要性の高まりが表れているといえる。たしかに，先述したアメリカ競争法などのイノベーションを重視する政策が目指したものであるが，同サービスは主に大卒以上のハイスキル労働力を雇用する。かつてのアメリカ産業の主役，製造業で多く雇用される非大卒労働者の需要を直接拡大するものではないのである。産業分類ではなく職業・職種分類に注目すると，2010年代にはより低技能低賃金の職業・職種が増える形で，高技能高賃金，低技能低賃金の職業・職種が増加し，製造業などの中程度技能・賃金雇用はあまり増えない，という**雇用分極化**（Job Polarization）が進行したことが知られている。低技能・低賃金の職業・職種は，図3-2ではサービス業に含まれる宿泊・飲食，その他の対人サービス業であり，富裕層の個人消費拡大が従業者増に寄与したことが知られている。つまりサービス業従業者のウェイト拡大は，その内部に雇用分極化を直接内包しているうえに，格差拡大により引き起こされてきた面がある（Yamagata［2017］）。

　さらに，雇用分極化が空間的な分極化と深く関連しているという見解がある。大都市圏やテクノロジー産業地域にはイノベーション活動が集積し，産業構造高度化が著しく進展しているが，郡部は製造業や農業に依存しており，産業構造高度化もそれほど進んでいない。このような経済的条件の相違が他の複雑な要因と組み合わさり，大都市圏はリベラル，郡部は保守という政治的分極化の

背景にあり，そのなかで保守的な地域と製造業を基盤としたラストベルトが（4）で述べるトランプ大統領を生み出したというわけである（山縣［2020]）。

（3）オバマ政権（2009〜16年）──金融危機からの回復・未完のリベラル理念政策

民主党オバマ政権には，アメリカ発金融危機後の大景気後退からの経済回復が課題として課せられた。グーグル，アマゾン，フェイスブック，アップル（GAFA）など有力テクノロジー企業は自力で復活し，かつての工業大国アメリカを代表した自動車企業 GM，クライスラーは自力では復活できず，連邦政府に救済された。金融危機後の不況からの脱出，製造業雇用の増加，中産階級復活を志向して，オバマ政権は第1期に国家輸出戦略を，第2期には製造業雇用100万人増計画を策定した。国内産業基盤の再生，貿易赤字の縮小，製造業企業とりわけ中小企業の輸出増加と雇用創出を目指したが，大企業は BRICs をはじめ有望な新興国に積極的に進出し，海外生産や海外企業への生産委託を続けた。しかし国内需要の回復による国内製造業の増産や先述した製造拠点回帰（リショアリング）が進んだため，2016年末までに製造業従業者は約70万人回復した。失業率は2009年10月の10.0％から2016年12月には4.7％へと大幅に改善した。しかし雇用増加の約7割は低技能・低賃金職業であり，リショアリングの代償として製造業労働者の賃金・福利厚生がカットされるなど，多くの従業者の待遇はあまり改善しなかった（Yamagata［2017]）。

オバマ政権は，1990年代の歴史的好景気の起爆剤となった IT 投資と同じ役割を環境エネルギー投資に期待し，環境エネルギー政策（グリーン・ニューディール）を推進しようとした。再生可能エネルギー開発などにより環境関連の雇用を生み出し，同時に産業構造を変革するという民主党リベラル派の重視する産業政策であるが，連邦議会における党派対立，産業界と選挙区の意向もあり，リベラル派よりの政策の大半が実現困難となった。第8章で述べられるとおり，州ごとに政策や再生可能エネルギー生産が進んでいる状況である。オバマ政権の掲げたリベラル理念はあまり実現できず，政権末期に締結した輸出増のための環太平洋パートナーシップ協定（TPP）は製造業労働者に不評であり，トランプ大統領誕生の遠因となった。

（4）トランプ政権（2017〜20年）――経済ナショナリズムへの傾斜

　共和党ドナルド・トランプ大統領の誕生は，世界とアメリカに衝撃を与えた。事前予想を覆す異形の大統領の誕生は，雇用と地域の分極化の中で必ずしも待遇が改善されず将来に希望が持てない人々の存在（非大卒白人労働者）が影響したという見解もある。トランプ政権はアメリカ第一を掲げ，多国間の自由貿易ルールを改変し，製造業労働者に有利と想定された保護主義的通商政策を展開しようとした。さらに巨額の対中貿易赤字の解消，半導体技術や通信技術を軸とする技術覇権をかけて，関税率引き上げ，中国の通信企業への制裁により対中貿易戦争と米中覇権抗争に突入した。詳細は第12章で述べられているが，製造拠点の誘致や労働者の保護，二国間の貿易不均衡是正を目的に，USMCA（NAFTA 北米自由貿易協定の改定版）などの自国に有利な二国間貿易協定の締結やWTO（世界貿易機関）のルール形骸化を図るなど，第二次世界大戦後長らく続いた自由貿易体制を改変しようとした。本章では確報データの得られる2018年までの動向を分析したが，2019年には製造業雇用も停滞傾向に転じたことを，慎重に検討する必要がある。

（5）バイデン政権（2021年〜）

　トランプ大統領は新型コロナウイルス感染症の流行対策に成功せず，対人サービス業などの低技能・低賃金就業者の多くが失業し，失業率は14.8%にまで悪化した。2021年に民主党ジョー・バイデン大統領が誕生し，直近のアメリカ経済は新型コロナウイルス感染症流行に伴う苦境から，巨額財政支出やワクチンの急速な普及により急速に立ち直りつつある。バイデン政権は，研究開発費の抜本的増額などの競争力政策，さらに電気自動車（EV）の急速な普及などオバマ政権期に未完に終わったリベラル理念に基づく環境エネルギー政策の推進を大規模に行う予定であるが，就業構造分極化問題などの構造的問題にいかに取り組むのか，問われる可能性がある。

　考えてみよう・調べてみよう

① 電気自動車（EV）推進などの環境エネルギー政策に賛成か，反対か。
　⇨進める場合は，どのような政策が必要か。反対の場合，その論拠は？
② 雇用分極化に対してどのような政策が必要か。

⇨議論しよう。

③　大景気後退（2008～10年）やCOVID-19危機に対して採用されたゼロ金利政策・量的緩和政策は，株式や住宅価格などの資産価格を上昇させ，格差を拡大させるという指摘もある。

⇨あなたは賛成か，反対か？

おすすめの本・ホームページ

坂出健・秋元英一・加藤一誠編［2019］『入門 アメリカ経済 Q&A100』中央経済社。
　⇨アメリカ経済の重要トピックを網羅しており，産業政策，競争力政策，アメリカのイノベーション政策，製薬バイオ産業，アマゾンの動向など，産業構造と産業政策に関する最新動向もフォロー。

山縣宏之［2016］「産業構造と産業政策」河音琢郎・藤木剛康編『オバマ政権の経済政策』ミネルヴァ書房。
　⇨オバマ政権期の経済構造と経済政策を詳しく解明。この論文で解明された構造とトランプ政権期の情報を比較すると，トランプ政権期のアメリカ経済・政策がより理解できる。

アメリカ商務省経済分析局 WEBPAGE（http://www.bea.gov/index.htm）。
　⇨GDP（国内総生産），個人所得，消費支出データを全国，州別，地域別にダウンロード可能で，貿易統計などの国際データ，産業別の投入産出データも入手可能である。

参考文献

河村哲二［2003］『現代アメリカ経済』有斐閣。

妹尾堅一郎［2009］『技術力で勝る日本が，なぜ事業で負けるのか』ダイヤモンド社。

宮田由起夫［2001］『アメリカの産業政策——論争と実践』八千代出版。

山縣宏之［2008］「産業政策」河音琢郎・藤木剛康編著『G・W・ブッシュ政権の経済政策』ミネルヴァ書房。

山縣宏之［2020］「ラストベルトの経済状態分析——産業構造動態・就業構造分極化・製造業労働者・州産業政策」『国際経済』71。

Council on Competitiveness［2005］Innovate America: Thriving in a World of Challenges, Council on Competitiveness.

Miles, I.［2012］, "KIBS and Knowledge Dynamics in Client-Supplier Interactions", in Di Maria, R. Grandinetti, and B. Di Bernardo（eds.）, *Exploring Knowledge-Intensive Business Services*, Palgrave MacMillan.

President's Commission on Industrial Competitiveness [1985] *Global Competition The New Reality, President's Commission on Industrial Competitiveness* (通称『ヤングレポート』).

Yamagata, Hiroyuki [2017] Dynamics of the U. S. Industrial Structure after Lehman Brothers' Bankruptcy: Innovation, Globalization, the Social Division of Labor, and Income Polarization, *Rikkyo Economic Review,* 71-1.

（山 縣 宏 之）

第4章

雇用構造の変化
──経済の再編と格差社会──

　アメリカは世界最大の経済大国であるとともに「貧困大国」でもある。世界長者ランキングの上位の大半をアメリカ人が占め，また「GAFA」と呼ばれる巨大プラットフォーム企業が世界を席巻する一方，ホームレスをはじめ多くの人々が日々の生活にも事欠く状況に追いやられている。近年では白人男性の自殺・薬物中毒・アルコール中毒による「絶望死」の増加が注目されている。こうした格差や停滞感は2016年の大統領選挙でトランプ政権を生み出す大きな原動力ともなった。

　この章では，経済・雇用構造を中心に経済格差の要因を考えていく。金融市場の発展は「スーパーリッチ」への富の集中をもたらしたが，これを推進力とするグローバリゼーションや技術革新は，製造業を基盤とする伝統的な「中産階級」を急速に縮小させた。一方で，高賃金を稼得する「クリエイティブ・クラス」と呼ばれる人々が一部の大都市を中心に増大しつつある。今日，アメリカ経済社会の格差と分断はより複雑で解決困難な様相を呈している。

1　所得格差の実態

（1）統計でみる所得格差

　20世紀終盤より，アメリカでは一握りの富裕層がますます豊かになる一方，大多数の国民の所得は伸び悩み，その結果，経済格差が拡大している。図4-1は，2019年の国勢調査局のデータをもとに総所得に占める各五分位の所得シェアの推計を示したものである。所得五分位とは，調査対象を所得の低い順に並べ，それを5等分したグループのことである。所得の低いグループから順に，第1五分位，第2五分位と続き，最も所得の高い20%のグループが第5五分位となる。ここでは，アメリカ家計の総所得の51.9%が上位20%の高所得家計に，74.6%が上位40%の家計に占められ，逆に第1五分位，第2五分位を併せた下

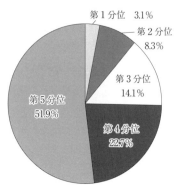

図4-1　アメリカ所得五分位別家計
所得のシェア（2019年）

出所：米国国勢調査局の資料より筆者作
成。

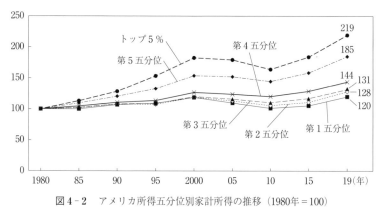

図4-2　アメリカ所得五分位別家計所得の推移（1980年＝100）

出所：米国国勢調査局の資料より筆者作成。

位40％の家計は，合計でも全体の11.4％しか得ていない。さらに同図では示さ
れていないが，上位 5 ％だけで総所得の23.0％を占めている。このような経済
格差は，所得よりも資産保有額に鮮明に現れる。FRB の統計によれば，2019
年における純資産はトップの 1 ％の世帯によって31.0％が，トップ10％に69.4
％が所有されていた。

　このような経済格差はまた，過去40年にわたり拡大を続けている。図 4-2
は，1980年の各所得区分の中央値を100として，その実質所得の相対的な変化

表 4 - 1　世界の長者番付（2020年）

順位	名　前	年齢	資産額	会社・業種など	国　籍
1	ジェフ・ベゾス	56	1130億ドル	アマゾン	アメリカ
2	ビル・ゲイツ	64	980億ドル	マイクロソフト	アメリカ
3	ベルナール・アルノー	71	760億ドル	ルイ・ヴィトン	フランス
4	ウォーレン・バフェット	89	675億ドル	投資家	アメリカ
5	ラリー・エリソン	75	590億ドル	オラクルなど	アメリカ
6	アマンシオ・オルテガ	84	551億ドル	Zara	スペイン
7	マーク・ザッカーバーグ	35	547億ドル	フェイスブック	アメリカ
8	ジム・ウォルトン	71	546億ドル	ウォルマート	アメリカ
9	アリス・ウォルトン	70	544億ドル	ウォルマート	アメリカ
10	ロブソン・ウォルトン	75	541億ドル	ウォルマート	アメリカ
41	柳井正	71	197億ドル	ユニクロ	日本
47	滝崎 武光	74	174億ドル	キーエンス	日本
56	孫正義	62	116億ドル	ソフトバンク	日本

出所："The World Billionaires 2020,"『フォーブズ』誌より筆者作成。

を示したものである。ここでは第 1 五分位，第 2 五分位の所得水準が緩やかに
しか成長していない一方で，トップ 5 ％や第 5 五分位の所得が急激に上昇して
いる。1980年から2019年までの40年の間，第 1 五分位の実質所得は1.20倍，第
2 五分位では1.28倍しか成長していないのに対して，第 5 五分位は1.85倍，上
位 5 ％で2.19倍とより大きく増大し，その格差は拡大している。

（2）「スーパーリッチ」と「スーパープア」

　アメリカの経済格差の上方の極は，「スーパーリッチ」と呼ばれる超富裕層
である。日本でも，TV や映画などを通じて自家用ジェット，広大な庭園，専
用のビーチやプール付き別荘，高額な美術品や豪勢な料理やワインなど，いわ
ゆるアメリカ人「セレブ」の生活風景を目にする機会は多い。実際，アメリカ
の成功者が手にする富は日本よりも大きい。表 4 - 1 は『フォーブズ』誌によ
る2020年の世界長者番付を抜粋したものであるが，そこではアマゾン社のジェ
フ・ベゾス，マイクロソフト社ビル・ゲイツなど上位10位のうち 8 人までがア
メリカ人によって占められている。その多くが，遺産相続によってではなく一
代で富を築いている。上位100位以内にアメリカ人は35人ランクインしている。
世界 3 位の経済大国である日本からは 3 人のみであった。
　アメリカの格差社会の他方の極は，「スーパープア」と呼ばれる貧困層であ

る。アメリカの低所得者層の生活苦は，現地アメリカだけではなく，日本でも
たびたび書籍や記事，ニュースを通じて報じられてきた。2019年 9 月の『ワシ
ントン・ポスト』紙の報道によれば，アメリカには住居を持たない「ホームレ
ス」が一晩につき約55万人以上も存在し，年間では140万人以上がホームレス
を経験するという。調査や推計の手法の相違もあるとはいえ，これは2019年厚
生労働省調査における日本のホームレスの数4555人の100倍以上に相当する。

　アメリカにおける経済格差はまた貧困率の高さにも表れている。2016年の
OECD の集計によれば，アメリカの相対的貧困率は17.8％と，OECD 加盟37
カ国の中では最も高い。なお OECD 平均値は11.7％，日本は15.7％（2015年）
で 9 位であった。2019年にはアメリカの全人口の10.5％が連邦政府の定める
「貧困」の基準以下の所得水準，たとえば2019年では現役の一人世帯であれば
年収 1 万3300ドル， 3 人世帯であれば 2 万335ドル以下で生活している。近年
では就労しているにもかかわらず，生活に十分な所得を得られていない「ワー
キングプア」の存在が注目されている。労働統計局によれば，2018年に週27時
間以上働く労働者のうち4.5％にあたる696.4万人が貧困状態にあった。

　アメリカの貧困問題は，所得統計以上に深刻である。なぜなら，この社会で
は「貧乏でいるのにも金がかかる」からである。たとえば，銀行口座を持たな
いためにかかる給与小切手換金の手数料，自動車を持たないことによる食費の
高騰，家具レンタルの利用料，返済不能に陥るリスクが高いと見なされるため
上乗せされる自動車ローンや住宅ローンの利率などである。2008年に世界経済
を麻痺させたサブプライムローンも，こうした割高なローンの一種であった。
ブルッキングス研究所は，これら貧困者に余分にかかる生活費を「ゲットー
税」と名付けている（エーレンライク[2009]）。彼らの多くは年金プランなど退
職後の備えもない。またアメリカには貧困者を対象とした公的医療保険があり，
またオバマ政権期の医療改革により無保険者は大きく減少したものの，今日な
お医療保険に加入していないものも多い。保険のないまま病院に行けば，治療
費や薬剤費なども全額自己負担となるうえ，保険診療の場合に受けられる診療
費割引も適用されない。たとえば，割引率50％で自己負担率10％の保険加入者
と単純に比較するならば，その診療費は20倍となる。

2　株式市場における富の創出

（1）株式上場と創業者利得

　アメリカにおける極端な富の集中とその拡大は，1980年代以降に進展した経済構造の転換と密接に結びついている。それを代表する存在の一人が，フェイスブック社のマーク・ザッカーバーグである。2010年，彼は史上最年少25歳の若さで『フォーブズ』誌の長者番付にランクインしている。この年の順位は，212位（資産額40億ドル）であるが，翌年には52位（138億ドル）へ，そして2020年には7位（547億ドル）と上昇している。短期間でこれほど途方もない富はどのように生まれたのだろうか。

　今日フェイスブック社はアメリカを代表する巨大プラットフォーム企業群，いわゆるGAFAの一角である。しかし創業当初，同社はほとんど利益を上げていない。彼の成功を題材とした2010年公開の映画『ソーシャル・ネットワーク』では，フェイスブック利用者が飛躍的に拡大していく様は描かれていても，収入を得る様はほとんど描かれていない。2009年時点で同社の売上高は6.65億ドルと推測されている。1ドル90円なら約600億円の売上高であるが，この数字は日本企業の2010年度売上ランキングの上位1000社にさえ届いていない。それは同年トヨタの300分の1，ソフトバンクの4分の1以下であり，松屋や大分銀行以下である。仮に同社の収益率を20％とし，このすべてを社長が取得しても2011年時点の資産に届くには100年以上必要である。

　ザッカーバーグに巨額の富をもたらしているものは，彼の持つフェイスブック社株である。ベンチャー企業の創業者は多くの場合，自分の事業の株式の大部分を保有している。たとえば，同じソーシャルネットワークサービスであった日本のミクシィ社の場合，社長の笠原健治が2008年の段階で約60％以上の自社株を保有しているとされる。これら自社の株式にはもともとは何の価値もない。しかし，会社の事業が将来に配当を生み出すだろうという「期待」さえあれば，その「期待」に基づいて同社の株式が評価され，価格が形成される。経済学において株価総額の理論値は　将来の利益の現存価値の総和であると考えられている。つまり，彼の株式はそれまでの事業が生み出した収入ではなく，彼の事業が将来生み出すと「期待」される収入によって価格がつき，巨大な富

表 4-2　日米上場企業の役員報酬ランキング（2019年）

国	順位	会　社	名　前	報酬（億円）
アメリカ	1	Alphabet（Google）	サンダー・ピチャイ	280.6
	2	Intel	ロバート・スワン	66.9
	3	Advanced Micro Devices	リサ・スー	58.5
	4	Howmet Aerospace	ジョン・プラント	51.7
	5	Disney	ロバート・アイガー	47.5
	6	Discovery	デイヴィッド・ザスラフ	45.8
	7	Adobe Systems	シャンタヌ・ナラヤン	39.1
	8	Netflix	リード・ヘイスティング	38.6
	9	CVS Health	ラリー・J・メルロ	36.5
	10	Comcast	ブライアン・L・ロバーツ	36.4
日本	1	ソフトバンクG	ロナルド・フィッシャー	32.7
	2	セブン＆アイ HLD	ジョゼフ・マイケル・デピント	29.1
	3	新日本建設	金綱一男	23.4
	4	ソフトバンクG	マルセロ・クラウレ	18.0
	5	武田薬品工業	クリストフ・ウェバー	17.6

注：1ドル＝100円で算出。
出所：The Wall Street Jounral Survey of CEO Compensation および東洋経済オンライン（「年収1億円超」の上場企業役員，上位500人リスト」（2019年9月3日）より筆者作成。

となる。

　20世紀終盤から，「IT革命」がしきりに唱えられたアメリカでは，株式市場を梃子とした富の創出によって多くの富裕者が生み出された。一代で世界最大の大富豪となったマイクロソフト社のビル・ゲイツを筆頭に，アップル社のスティーブ・ジョブズ，グーグル社のラリー・ペイジ，テスラ社のイーロン・マスクなどの創業者もこの方法で巨万の富を獲得している。他方，投資家の側も，この創業者利得の取り分を獲得すべく，ベンチャー企業の未公開株への投資を行い，また「エンジェル」として有望な創業者を見出し，彼らへの事業や上場活動の支援を盛んに行ってきた。

（2）企業役員の報酬

　アメリカにおける巨大な富の獲得方法は，ベンチャー企業の成功だけではない。それは大企業の役員報酬を通じても分配されている。表4-2は，日米における役員報酬のランキングを示したものである。アメリカでは1位はグーグル社の親企業であるアルファベット社のサンダー・ピチャイが280.6億円の役

員報酬を得ており，以下30億円以上の報酬が続いている。『ウォールストリート・ジャーナル』紙の調査によれば，株価指数 S&P に数えられる500社の役員報酬の中央値は13.1億円（1ドル＝100円で算出）であるという。日本の役員報酬もここ10年，最高額が2010年の約8.9億円から2019年の32.7億円となるなど高額化しているが，なおアメリカの上位10社にも届いていない。

　アメリカでは，1970年代より企業統治の在り方として「**株主資本主義**」が浸透してきた。それは，企業の経営者は従業員を含む「企業」総体ではなく「株主」に奉仕すべきであること，「事業の存続」や「拡大」ではなく，より具体的な「株主価値の増大」，つまりは「株価の上昇」を目標に経営を行うべきだとする観念である。そのために，企業の経営者には単なる固定給だけでなく，株価と連動した報酬体系，つまり事業収入ではなく株価上昇の分け前を与えられるべきという観念が発達した。将来のある時点での一定の価格での株式の買い付け権利を与え，報酬を株価上昇に連動させるストックオプションはその代表例である。上記のアメリカの役員報酬のうち，およそ70〜80％程度がストックオプションや株式の付与など株式に関連する形態で支払われている。その結果，経営者市場の賃金相場はそれ以前と比べかなり高い水準に定着した。

　アメリカにおける格差社会の一方の極である「スーパーリッチ」の富は，株式市場によって生み出されてきた。もちろん，株式市場の存在や，それを梃子とした創業者利得の存在は何ら目新しいものではない。現代のアメリカの特徴として顕著であったのは，こうした富の拡大を支える株価の上昇傾向である。1980年代以降，アメリカの株価は1990年代の「ニューエコノミー」期を中心に2001年の IT バブルの崩壊や2008年のサブプライムローン危機による断絶を挟みながらも長期的な上昇傾向が継続している。FRB の統計ではアメリカで発行された株式総額の対 GDP 比は1990年末には58.9％であったものが2005年末には153.9％，2019年末には254.9％にまで上昇している。活況な株式市場とそれを梃子としたビジネスの発展は，製造業の生産性の向上を軸に発展してきたかつてのアメリカ経済が，「サービス化」や「フラット化」によって成長条件を失う中，新しく得た成長の牽引力であった。そこで生まれた富は創業者，企業役員，また株主などの資産家へ分配されていく。「スーパーリッチ」の登場はこのような20世紀末の成長構造の転換の帰結であった。

3　「中産階級」の崩壊

　「格差社会」のもう一方の極である貧困の増大もまた，近年の経済構造の転換によってもたらされた。それは，**経済のグローバル化**や ICT の発展を背景とした産業構造の再編である。かつてアメリカ経済を支えた製造業は縮小し，雇用や労働環境は劇的に変化した。ここでは，その過程を，かつての大企業の工場労働者に代表される「**中産階級**」とその崩壊を通じて見ていきたい。

（1）「黄金時代」の「中産階級」

　まず，伝統的な中産階級の一つの「理想像」として，2008年にいったん破綻したアメリカ最大の自動車メーカー，**ゼネラル・モーターズ社**（以下，GM 社）の組立工の生活について考えてみよう。全米自動車労働組合の発表によれば，破綻以前の2006年時点において組合に加入する組立工の典型的な賃金は，時給27.8ドル，熟練工の場合は32.3ドルである。彼らは，こうした基本的な賃金に加え，雇用主全額負担で家族までを対象とする充実した医療保険，30年勤務で年間1.5万ドル程度，早期退職であれば年間３万ドル程度の年金給付をはじめ，各種の付加給付を得ることができる。彼らの生活は飛び抜けて豊かではないが，十分に恵まれたものだといえる。

　注目すべき点は，この GM 社の組立工には高い学歴も抜きん出た才覚もとくに必要ではなかった，ということである。彼らは，高額の学費を支払える豊かな家庭に生まれる必要はなかった。また，1980年以前なら彼らの地位を守るために，日々強い競争圧力のもとで自己投資を繰り返す必要もなかった。彼らに求められていたのは，勤務を怠らず，勤続に応じて技能を習得し，組立工として熟練していくことである。勤勉によって，十分な所得と雇用の安定を得ることができる，これがかつての中産階級の典型的な姿であった。

　「勤勉だが平凡な労働者」の豊かで安定した生活水準を支えた社会的経済的条件は次のようなものである。その第一は，彼らが大企業の労働組合員だということである。彼らの賃金は労働統計局が算出する同じ組立工の平均的な賃金の約1.5倍である。同様に，図４-３が示すように，2006年時点では同じ生産部門に従事する労働者の平均的な賃金水準と比べても彼らは1.5倍ほどの賃金を

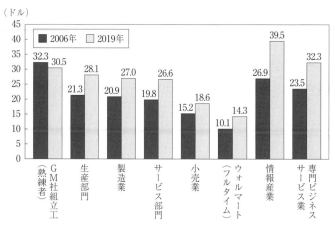

図4-3　各部門・産業・企業の賃金水準（時給）

出所：アメリカ労働省統計局資料より筆者作成。

得ている。これらは GM 社という巨大企業および全米自動車労働組合という強力な組合の組合員の特権的地位を反映したものだと考えられる。第二は，彼らが生産部門のフルタイム労働者であるということである。同図が示すように，生産部門の賃金は時給21.3ドルとサービス部門の19.8ドルより高い。このことは，サービス部門から高い教育を必要とする専門職や金融業を除けばより顕著となる。たとえば，2006年時点の小売業の労働者の平均時給は15.2ドルと組合員組立工の半分以下である。

　かつてのアメリカ社会においては，GM 社の組立工に代表される中産階級が厚い層として存在していた。上記の例からその成立条件は，製造業の大企業を中心に構成される経済構造，労働組合の一定の組織率であった。また，今日との対比を念頭に置くならば，安定的な構造を脅かさない国際競争環境，極端な株主至上主義が唱えられる以前のガバナンスなども挙げることができる。もちろん，かつてのアメリカ経済であってもこれらの部門の労働者は一部のものであった。しかし，こうした工場労働者の安定した賃金は，賃金決定メカニズムの中核として賃金水準に影響力を与えていた。当時はまた，工場現場ではなくオフィスなどで働くホワイトカラーもまた，比較的安定した雇用構造を持っていたとされる（オスターマン［2003］）。こうした条件が揃えられた中産階級社会

対民間被用者
（％）

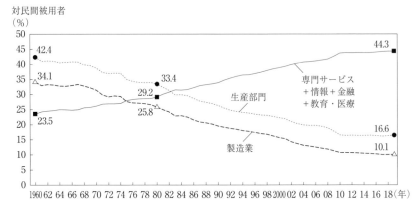

図4-4　主な産業におけるアメリカ被用者
出所：アメリカ労働省統計局資料より筆者作成。

は，今日では「**黄金時代**」とも呼ばれている。

（2）「中産階級」の解体

　アメリカにおける経済格差の拡大は，中産階級を支える条件の崩壊によって
進行した。アメリカ経済における製造業の地位は低下する一方であった。図4
-4が示すように，生産部門の労働者が民間被用者に占める割合は1960年から
2019年までの間に42.4％から16.6％まで低下し，製造業の割合は34.1％から
10.1％と3分の1にまで低下している。製造業を主たる基盤としていた労働組
合もまた衰退した。民間労働者に対する労働組合の加入率は1973年には24.2％
あったものが，2019年には6.2％にまで減少している。

　こうした変化は，生産効率の向上，日本や中国などとの国際競争の激化，そ
れを通じた国際的分業の進展など，社会的な技術水準の変化と経済のグローバ
ル化の一環であった。ただ，アメリカ経済の急速な構造転換は，先進各国に共
通する「自然的」な変化の受動的な帰結ではない。それは，環境変化に対する
アメリカ企業の能動的な適応過程であった。アメリカの製造業の急速な縮小は，
多くの企業の淘汰とともに積極的な事業のリストラクチャリング，いわゆる
「ダウンサイジング」によって押し進められた。1980年代以降のアメリカでは，
大企業による数千，数万の規模での人員整理は日常的なニュースとなっていた。
1979年から1996年までの間に4300万以上の仕事が失われた。1996年の『ニュー

ヨークタイムズ』紙の調査によれば，全世帯の 3 分の 1 で1980年以降，家族の
だれかが失業を経験していたという（ニューヨークタイムズ［1996］）。かつてア
メリカ最大の雇用主の一つであった GM 社の従業員数も，1975年で61万人，
1985年でも56万人であったが，退職による自然減に加え，あいつぐリストラや
工場閉鎖の結果，2005年には14万人まで激減している。また，彼らは国際環境
の変化に適応して，生産拠点を労働規制の弱い南部諸州，さらには国境を越え
てメキシコその他の海外へと積極的に移転させている。わが国では，「産業空
洞化」として注目されたこの現象は，アメリカでは「オフショアリング」と呼
ばれている。また，この過程において被用者の労働条件も再編成されている。
とくに GM 社は2008年に経営破綻し，政府の支援と管理の下で再建が進めら
れ，その過程で従来の高い賃金や手厚い待遇は急速に失われていった。図 4 -
3 の最左列が示すように，GM 社熟練工の賃金は2006年の32.3ドルから2019年
に30.5ドルと，他の製造業と同程度の水準まで低下している。さらに，2010年
頃より自動車産業における新規雇用は「第二層」（Second tire workers）という
枠組みで採用が行われている。彼らの初期賃金は，時給15.8ドルと小売業の平
均賃金よりも低い水準に抑えられている。

　企業の急速なリストラクチャリングの推進力となったのは，やはり株式市場
であった。1970年代以降，企業統治において「株主価値」が著しく重視される
ようになっていた。その結果，経営者はかつての「黄金時代」とは異なり，自
社の事業規模や雇用の安定ではなく，短期的な収益性をより重視するようにな
った。急速な人員削減やリストラクチャリングは，単なる企業の生き残り策で
はなく不採算部門の整理，売却による収益性の向上策の一環であり，その実行
が経営者にとって多額の報酬に結びついた。そこで生み出された株価の持続的
な上昇傾向が，アメリカ経済の新しい成長の牽引力となっていたことはすでに
見た通りである。中産階級の崩壊は，経済の国際化やポスト工業化経済の到来
という変化，さらにこの変化への企業のドラスティックな対応過程，金融部門
での収益を軸とする経済構造の転換を背景としている点で，同時代の「スーパ
ーリッチ」の登場と軌を一にするものであった。

　現代アメリカにおける経済構造の転換と中産階級の崩壊の一つの象徴が，ウ
ォルマート社である。郊外型の大規模スーパーを展開する同社は，経済格差と
の関係では劣悪な労働環境で著名であった。図 4 - 3 が示すように，2006年で

の同社のフルタイム従業員の平均時給は10.1ドル，2019年でも14.3ドルであった。それはかつての GM 社の組立工の 3 分の 1 の水準であり，さらに彼らにはかつての GM 社員に与えられていた手厚い付加給付もほとんど，あるいはわずかしか与えられない。また同社は，労働条件の改善要求を封じ込めるため積極的な反組合政策も展開している。その結果，同業種の小売業の平均賃金よりもかなり抑制されていた。この低コスト戦略ほか，積極的な店舗戦略や流通網を武器に同社は2006年には130万人の従業員を抱えるアメリカ最大の雇用主にまで成長した。その創業者一族は表 4 - 1 が示すように，世界長者ランキング上位10名のうち 3 名を占めている。

　伝統的な中産階級の消失は，多くの地方都市やそのコミュニティの衰退と荒廃をもたらした。その代表がミシガン州・オハイオ州など，かつて製造業の中心の一つであった「ラストベルト」（錆びついた地帯）と呼ばれる中西部諸州である。これらの地域は2016年におけるトランプ政権の誕生の鍵となったとされる。労働組合の影響力の強いこの地域では長く民主党が優位であったが，この選挙では，一転して共和党を支持する「トランプ王国」へと変貌したからである（金成［2017］）。それは単なる経済的貧困だけの問題ではなく，勤労による豊かさの獲得を信じた彼らの失意の過程でもあった。近年では自殺・薬物中毒，アルコール中毒など「絶望死」が壮年期の高卒白人の間で増加したという調査結果が注目を集めている（ケース／ディートン［2021］）。しかし，アメリカでは中産階級の喪失とともに，誰もがより貧しい立場に追いやられたわけではない。

4　クリエイティブ・クラスと社会の分断

（1）拡大するクリエイティブ・クラス

　中産階級の崩壊にもかかわらず，アメリカ社会は緩やかではあるが全体としても豊かになっている。図 4 - 2 で見たように，たしかに1980年以降の実質所得の拡大は上位 5 ％に集中し，格差は拡大しているが，中央値に当たる第 3 五分位の実質所得も1.31倍となっている。上位20％の第 5 五分位は1.85倍，上位40％までの第 4 分位は1.44倍であった。このような所得上昇を牽引したのが「クリエイティブ・クラス」と呼ばれる階層の拡大であった。

　現代では，ライン生産や事務作業における定型的な作業ではなく，マニュア

ルで対応できない「専門的思考」や「複雑なコミュニケーション」を必要とする非定型な業務が増大している。都市社会学者のリチャード・フロリダはこのような業務で稼得するものを「クリエイティブ・クラス」と名付けている（フロリダ [2008]）。具体的には，科学者，技術者，芸術家，音楽家，デザイナー，上級管理職，プランナー，アナリスト，医師，金融・法律の専門家などである。彼によれば，1900年にはクリエイティブ・クラスは約300万人，労働力人口の10％程度であったが，1980年代以降には急増し，1999年には3860万人，2017年には5600万人，労働力人口の35％まで増大した。この傾向は，上記図4 - 4の産業部門別の雇用数の変動にも表れている。そこでは，民間被用者に占める生産部門や製造業の被用者の割合が長期的に低下していく一方で，専門ビジネスサービス業，情報，金融，教育，医療産業の被用者の割合は1980年の29.2％から44.3％まで増大している。また，情報産業や専門ビジネスサービス業の給与水準は図4 - 3が示すように2006年，2019年いずれをとっても製造業のそれより高い。より具体的にはコンサルタント，アナリストなどの経営・金融職や医師，またコンピュータや数学者などいくつかの高賃金職種の雇用が2000年以降も大きく増大している。

　クリエイティブな業務の拡大は，それ自体の雇用に留まらず，さまざまなサービスの雇用を生み出している。クリエイティブ・クラスは「十分な報酬を得て不規則な長時間労働」をしているため，「自分たちの世話をし，雑用をこなしてくれる」，「**サービス・クラス**」を必要とするからである（フロリダ [2008]）。それは，医師にとっての看護師をはじめ，種々の事務職など彼らの業務を直接支援するもの，また彼らが嗜好する都市生活を支える飲食店，用務員，公園管理，警備員など多岐にわたる。ハイテク関連の雇用は，長期的にはその都市に5倍の雇用をもたらすという試算もある（モレッティ [2014]）。2018年，アマゾンが第2本社の拠点として発表したアーリントン郡をはじめ，いくつかの都市ではクリエイティブ・クラスの必要や嗜好に応じた空間やサービスの整備を進め，ハイテク産業の誘致を図る都市政策が展開されている（河崎他 [2018]）。

（2）格差社会の新しい様相

　クリエイティブ・クラスの増加は，しかしながら旧来の中産階級の崩壊による社会の「痛み」を十分に埋め合わせるものではない。

　第一に，この産業によって生まれる高賃金の雇用は必ずしも多くはない。図4-3が示すように，専門ビジネスサービスや情報産業の平均賃金はたしかに高いが，図4-4で雇用が増加している産業全体の賃金水準は一様ではない。医師と看護師に見るように，むしろ産業内での職種間や個人間の格差は大きい。そもそもクリエイティブ・クラスとともに増加したサービス・クラスの多くは低賃金である。また地理的に見れば，彼らの多くはサンフランシスコ，シアトル，ニューヨークやダラスなど一部の大都市に偏在している。

　第二に，創造性や知識が求められるクリエイティブ・クラスの生活や将来は，かつての組合員のブルーカラー労働者と比べて不安定である。一定の労働時間で定型化された成果が得られない知識労働は労働時間の管理が困難である。近年ではホワイトカラー層の過剰な労働もしばしば注目されている。賃金は勤務年数や熟練に応じて増加せず，退職後の年金給付も約束されていない。専門ビジネス業では勤務先の企業自体の再編淘汰も激しく，また離職率も高い。「アウトソーシング」や「オフショアリング」といった海外への雇用の流出は，今日では製造業に限らない。インターネットの普及により，プログラムや設計その他の知識労働にも波及しつつある。彼らもまた，インドや中国等の海外との競争を強いられている（エーレンライク［2007］）。雇用の維持や労働条件の改善について経営者と交渉する組合もない。

　クリエイティブ・クラスの台頭によって，今日のアメリカの経済格差と社会的分断は新たな様相を呈している。伝統的な中産階級は，誰もが出自によらず才覚や勤勉さによって豊かさが享受できるというアメリカン・ドリームの象徴であった。一方でクリエイティブ・クラスとして成功するには，才覚や勤勉のほかに「学歴」が，絶対ではないにせよ重要な要素となっている。図4-5が示すように，2000年時点において高卒の時給中央値は742ドル，大学院卒は1471ドルと，両者の間には約2倍の開きがある。2019年には大学院卒の時給が7％と緩やかに上昇する一方，大卒以下のものの時給は全般的に低下し，格差は拡大している。21世紀の社会的な所得上昇は，全体的な賃金の底上げによってではなく，主に高学歴者の緩やかな賃金上昇と労働者の高学歴化によってもたらされている。被用者のうち四年制の大卒の割合は2000年の20.5％から26.7％，大学院卒は10.5％から16.4％へ上昇している。

　進学による稼得上昇は，本人の能力と努力によって性別や人種差を乗り越え

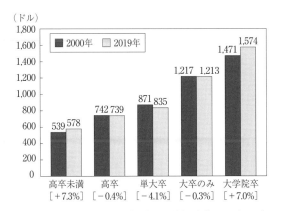

図4-5 学歴別フルタイム被用者の週給（中央値；2019年ドル）
注：［ ］は成長率。
出所：アメリカ労働省統計より筆者作成。

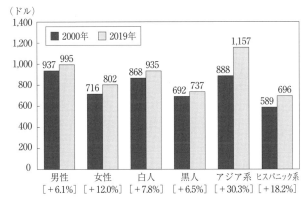

図4-6 性別・人種別フルタイム被用者の週給（中央値；2019年ドル）
注：［ ］は成長率。
出所：アメリカ労働省統計より筆者作成。

る重要な機会である。実際，図4-6が示すように，2000年以降，賃金水準は女性で12.0％，アジア系30.3％，ヒスパニック系18.2％と顕著に上昇し，男性と性差や白人との人種差は縮小している。しかし，その改善効果は限定的である。同図内でも白人と黒人との賃金差はむしろ拡大している。

　学歴に基づく経済格差は，むしろ家庭単位での経済格差を固定し，再生産する効果もある。アメリカにおける高等教育の学費は非常に高額であり，また高

騰を続けているからである。アメリカの四年制大学の平均学費の実質価値（2018年ドル）は，1985年時点の年間1.25万ドルから2017年の2.74万ドルまで上昇している。アメリカでは教育ローンが盛んに利用されているが，この学費の全額をローンで賄った場合，金利を度外視しても大学卒業時に10万ドル以上の負債を抱えることとなる。もちろん卒業後に返済可能な高給のジョブを獲得する保証などない。進学に経済的負担やリスクを受容できるのは主として富裕な家庭の子弟である。ペル研究所とペンシルヴァニア大学の「高等教育と民主主義連合」による合同研究の推計では，被扶養者が24歳以下までに学士号を取得する家庭は，所得の下位25％のグループで11％，上位25％のグループでは58％と推計されている（PennAHEAD［2018］）。成人の経済的上昇はさらに絶望的である。長年低賃金労働に従事し，あるいは失業して蓄えもない状況から，就労機会を4年以上放棄し，高額の学費を払って進学し，再出発を図ることは現実的な選択だろうか。

　教育を通じて形成される格差はまた，類似の境遇の異性との婚姻を通じてさらに再生産・強化され，「スーパージップ」（特級郵便番号）と呼ばれる富裕層地域の形成をはじめ，アメリカの地理的・文化的な分裂をもたらしている（マレー［2013］）。近年では，能力，とりわけ学力をもとにした格差の形成の是非に関して，政治哲学者の間でも議論されている（サンデル［2021］）。

　アメリカの経済格差は，一方での金融市場における富の膨張と，それとともに進むグローバリゼーション，技術革新による雇用構造の変化によって拡大した。だが，それは1％の「スーパーリッチ」への富の集中と99％の貧困化といった単純なものではない。アメリカでは高度で専門的なサービス業に従事し，高賃金を稼得するクリエイティブ・クラスと呼ばれる人々が増大し，これが今日の経済社会を牽引している。ただし，この階層の規模や，そこへの移動可能性は限られている。今日のアメリカの雇用構造は，一部の大都市に集中する高学歴のクリエイティブ・クラスと彼らの業務や生活を支える低賃金のサービス・クラスとで，そしてこれら大都市と「ラストベルト」に代表される衰退地域の住民とで救いがたく分化している。今日アメリカで進む文化的，道徳的，そして政治的な分裂もまた，こうした経済構造の変化の上にある。

コラム4

新型コロナウイルス感染症とアメリカの格差社会

　2020年にはじまる新型コロナウイルス感染症の世界的流行は，経済および健康の両面でアメリカの低所得者やマイノリティにとくに大きなダメージを与えた。シカゴ大学の研究グループの調査では，賃金別に見て下位20％のグループの雇用は2020年2月から4月までの間に37％減少したのに対し，上位20％のグループでは10％しか減少しなかった（Cajner et al.［2020］）。またアメリカの疾病予防センター（CDC）によれば，2021年3月時点でこのウイルスによる入院者の対人口比は黒人とヒスパニック系それぞれで白人の2.9倍と3.1倍，死亡率は1.9倍と2.9倍であった。

　このような格差の一因は，アメリカの低賃金の労働者やマイノリティの多くが景気の影響を受けやすい不安定な立場にあり，同時に運輸や看護，介護など人間と直接に接触する現場で働いていることにあると考えられる。彼らはまた人間生活に不可欠な業務の担い手（essential workers）でもある。新型コロナウイルス感染症の被害は，アメリカの格差社会の歪みを浮き彫りにするものであった。

考えてみよう・調べてみよう

① アメリカにおける中産階級の復活の可能性を考えてみよう。

　⇨トランプ政権やバイデン政権が中産階級の復活を目指して行ってきた政策を調べてみよう。そして，それらの成功に必要な条件を考えてみよう。

② 伝統的な中産階級とクリエイティブ・クラスの違いを考えてみよう。

　⇨それぞれが従事する主要な産業，雇用の形態，アメリカ経済全体に与える影響から考えてみよう。

③ 新型コロナウイルス感染症による失業者数とその要因をアメリカと日本とで比較してみよう。

　⇨流行直後の短期的変動と長期的傾向，また経済・生活の安定のためにそれぞれの政府が行った政策を調べてみよう。

おすすめの本・ホームページ

河﨑信樹・吉田健三・田村太一・渋谷博史［2018］『現代アメリカの経済社会──理念とダイナミズム』東京大学出版会。

　⇨アメリカの経済社会とその変化が，アメリカ独自の社会的理念や産業や雇用構造，

国際経済，各種産業など幅広い視点から論じられている。「クリエイティブ産業」の誘致を図るアーリントン郡の都市政策も考察されている。

B・エーレンライク［2009］『スーパーリッチとスーパープアの国，アメリカ』中嶋由華訳，河出書房新社。

⇨『ニューヨークタイムズ』紙のコラムニストであった著者がアメリカ格差に関して書いたエッセイ集。アメリカの格差の具体的実態やそれにまつわる政策，言説への批判が短く軽快に整理され，気楽な「読み物」として勉強できる。

E・モレッティ［2014］『年収は「住むところ」で決まる――雇用とイノベーションの都市経済学』池村千秋訳，プレジデント社。

⇨製造業が衰退し，イノベーション産業が隆盛するアメリカ社会における都市経済の変貌を描く書物。「クリエイティブ・クラス」の台頭がどのような恩恵をもたらし，どのような分断を招いたかを考える材料となる。

参考文献

B・エーレンライク［2007］『捨てられるホワイトカラー』曽田和子訳，東洋経済新報社。

P・オスターマン［2003］『アメリカ・新たなる繁栄へのシナリオ』伊藤健市ほか訳，ミネルヴァ書房。

金成隆一［2017］『ルポ　トランプ王国――もう一つのアメリカ』岩波新書。

A・ケース／A・ディートン［2021］『絶望死のアメリカ――資本主義が目指すべきもの』松本裕訳，みすず書房。

M・サンデル［2021］『実力も運のうち――能力主義は正義か？』鬼沢忍訳，早川書房。

西山隆行［2020］『格差と分断のアメリカ』東京堂出版。

ニューヨークタイムズ編［1996］『ダウンサイジングオブアメリカ――大量失業に引き裂かれる社会』矢作弘訳，日本経済新聞社。

R・フロリダ［2008］『クリエイティブ資本論』井口典夫訳，東洋経済新報社。

C・マレー［2013］『階級「断絶」社会アメリカ――新上流と新下流の出現』橘明美訳，草思社。

R・ライシュ［2011］『余震――そして中間層がいなくなる』雨宮寛・今井章子訳，東洋経済新報社。

Cajner, Tomaz, Leland D. Crane, Ryan A. Decker, John Grigsby, Adrian Hamins-Puertolas, Erik Hurst, Christopher Kurz, and Ahu Yildirmaz［2020］"The U. S. Labor Market During the Beginning of the Pandemic Recession", Becker Friedman Institute for Economics at University of Chicago, *Working Paper*, NO. 2020-58.

The Pell Institute and Alliance for Higher Education and Democracy, University of Pennsylvania (PennAHEAD) [2018] *Indicators of Higher Education Equity in the United States : 2018 Historical Trend Report.*

（吉 田 健 三）

第 II 部

政治・政策を捉える

第5章

政治システム

──分断されたアメリカの構図──

　近年日本のニュースでもアメリカの政治について報道される機会が増えたが，その内容はもっぱら大統領の動向に焦点を当てたものが多い。しかしながら，権力分立の徹底したアメリカでは，実際の政策は大統領の意向のみで決まるものではなく，連邦議会という立法府，さらには司法や州・地方政府をも巻き込んだ複雑な政策形成を経る。また，近年のアメリカ政治は保守とリベラルという政策対立軸で語られることが多いが，その定義は語る論者によって多様で，その内容も，また 2 つのイデオロギーと政党との関係も，歴史的に大きく変化している。

　それゆえ本章では，第一に，大統領制と連邦議会との関係を中心に，アメリカ政治システムの特徴について明らかにし，両者によって営まれる政策形成について解説する。第二に，アメリカにおける保守主義とリベラリズムとは何かを明らかにし，これら 2 つのイデオロギーと民主党，共和党という二大政党との関係の歴史的展開を辿る。その中で，保守とリベラルとの党派的分極化の進行という特徴を指摘する。さらに，近年のアメリカ政治のもう一つの特徴として，政治権力を有するエスタブリッシュメントと草の根運動との対立について，トランプ政権成立の背景とともに検討し，「分断したアメリカ」と言われる今日のアメリカ政治のゆくえとバイデン政権の課題について考える。

1　アメリカ政治システムの特徴──大統領制と連邦議会

（1）権力分立制としての大統領制

　アメリカ政治システムの最大の特徴は**権力分立**を徹底させた大統領制を敷いていることである。政策形成に関わる立法府の連邦議員と執行府の代表である大統領とは，それぞれ別々の選挙によって国民から選出され，独立した政治的地位を保つ。すなわち，日本などの議院内閣制とは異なり，議会の解散や内閣

総辞職などはなく，議会と大統領はそれぞれ国民の代表として，定められた任期を全うする。

　元来アメリカには，連邦政府の成立以前から13の植民地が存在していた。1787年にこれらの植民地＝州の代表が集まって合衆国憲法を制定したが，その際に問題となったのは，いかにして州の自立性を確保しつつ，統一国家として統合するのかであった。こうしてアメリカは，連邦政府と州政府が，また連邦政府内でも立法，行政，司法とが政治権力を分割する連邦共和制（複合的共和制）国家として成立した。連邦政府に対する州・地方政府の独立性の度合いは，日本の地方自治体よりもはるかに高い。これがアメリカ政治の歴史的特質である。また，建国当時の人々は，分権的な政治システムのなかで，それぞれの権力機構が相互に牽制し合って単一の政治勢力が全体の権力を握って独走するのを防止しようとした（抑制均衡の理論）（ハミルトン／ジェイ／マディソン［1999］）。

　それゆえ，アメリカ政治や政策形成の動向を見定めるためには，大統領，連邦議会，さらには司法や州・地方政府がそれぞれどのような権限をもって，どのような相互関係の下で政策形成に関わっているのかという視野を持つ必要がある。ただし，本章では連邦政府の政策過程を中心に検討するため，立法府と行政府の関係を取り上げる。

（2）大統領の役割と権限

　大統領の任期は4年（最大2期8年まで）で，国民の直接選挙によって選出される。ただし，直接選挙といっても大統領選挙は全米の総得票数によって争われるのではない。大統領選挙では，州（およびワシントンD.C.）を単位として，それぞれの州に割り当てられた大統領選挙人（上下両院議員の各州の議席数＋ワシントンD.C.の3人，総計538人）を最も多く獲得した候補者が大統領となる。各州の大統領選挙人は，ほとんどの州で「**ウィナー・テイクス・オール**」と呼ばれる勝者が選挙人を総取りする方式で選出される（ただし，メイン州，ネブラスカ州では下院分の選挙人は下院選挙区単位で選ばれる）。すなわち，国民が大統領候補者に投票し，各州で得票数の多い候補者が州に配分された大統領選挙人のすべてを総取りする（表5-1を参照）。

　さらに，二大政党（共和党と民主党）が支配的なアメリカでは，二大政党以外の候補者が大統領候補として出馬すること自体が制度面，資金面において困難

表5-1　大統領，連邦議会選挙制度の概要

	大統領選挙	連邦議会選挙	
		下院	上院
任　期	4年 （最大2期8年）	2年	6年 （2年ごとに3分の1ずつ改選）
議席数		435	100
選挙の概略	民主，共和両党での大統領候補者の一本化（予備選挙）。 上下両院議会の議席数分（ワシントンD.C.は3人）大統領選挙人を各州に割り当て。 州単位で最も得票数の多い候補者が大統領選挙人すべてを総取り（ウィナー・テイクス・オール）。 最も多くの大統領選挙人を確保した候補者を選出。	各州に人口比例で議席配分。選挙区は州内の人口変動にしたがって，州が区割り。	各州から2名ずつ選出。

出所：筆者作成。

であり，大統領選挙は二大政党の候補者の争いが基本となる。それゆえ，大統領候補者は，11月に行われる大統領選挙（本選挙）に先だってそれぞれの政党内において行われる，候補者を一本化する予備選挙を勝ち抜かなければならない。

　2020年の大統領選挙では，現職大統領であったドナルド・トランプが早々に共和党候補者となったが，民主党では20名近くの候補者が乱立し，バーニー・サンダースとの接戦を経てジョー・バイデンが予備選挙を勝ち抜いて，民主党の大統領候補者として本選挙に臨んだ。本選挙の総得票数では，バイデンが8123万票（得票率52.9％），トランプが7422万票（得票率45.7％）と，ともに史上最高の得票を得て，ペンシルヴァニア，ミシガン，ウィスコンシンという前回2016年選挙でトランプ勝利のカギとなった中西部ラストベルト3州と，ジョージア州，アリゾナ州を民主党バイデンが奪還し，獲得選挙人ではバイデン306人，トランプ232人となりバイデン民主党の勝利となった（図5-1）。

　大統領の役割は，第一に国家統合の象徴，国家元首としての役割，第二に執行府の長として連邦行政機関を統制する役割，第三にアメリカ軍の最高司令官

2016年：トランプ（共和党）：306　クリントン（民主党）：232

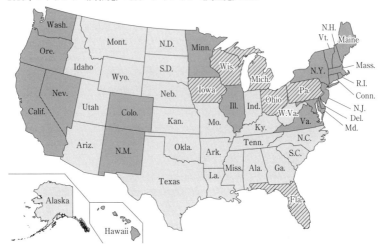

2020年：バイデン（民主党）：306　トランプ（共和党）：232

■ 民主党　□ 共和党

図5‐1　2016年，2020年大統領選挙の結果

注：斜線の入った州は，前回の大統領選挙から勝利候補者の政党が覆った州。
出所：The New York Times［2017］"2016 Presidential Election Results," *The New York Times*, Aug.
　　　9（https://www.nytimes.com/elections/2016/results/president），The New York Times［2020］
　　　"Presidential Election Results: Biden Wins," *The New York Times*, Nov. 24（https://www.ny
　　　times.com/interactive/2020/11/03/us/elections/results-president.html）より筆者作成。

としての役割に大別される（砂田［2004］）。

　なかでも，行政府における大統領の権限の強さは，アメリカ固有の官僚機構の大きな要素となっている。第一に，行政府を統括するのは内閣ではなく大統領であり，大統領は，個々の行政機関（日本の省庁にあたる）とは独立し，行政機関を統轄する大統領直属の組織（総称して大統領府と呼ぶ）や補佐官を有する。個々の行政機関に対して大統領府が強い権限を有するため，大統領は，政策課題の設定（アジェンダ・セッティング）に関して強いイニシアティブを採り得る。これが大統領の政策形成への関与の力の源泉となっている。

　第二に，大統領は行政府の長として絶大な人事権を持っている。全行政機関の高官（日本で言えば各省庁の局長クラスまで）約3000人は，すべて大統領が任命する（政治任命制度）。すなわち，政権交代や大統領の意向により官僚機構上層部の大幅な入れ替えが生じる。それゆえ，省庁縦割りで閉鎖的な人事システムからなる日本の官僚機構とは異なり，アメリカの政治システムは行政機関の人的流動性が極めて高く，政策転換が比較的容易なシステムとなっている（小池［1999］）。

　大統領は行政府内で強い権力を有する一方で，議会が策定した法案に対しては拒否権以外に一切の立法権を持っておらず，議会の意向を踏まえることなしに政策を遂行することはできない。逆に言えば，連邦議会は，予算編成権限を含む立法措置を独占しているのであって，このことが議会の政策形成への関与の本質的源泉となっている。

（3）連邦議会の役割と権限

　アメリカ連邦議会は，上院と下院との二院から構成される。下院は上院に対して歳出予算法案の先議権を有する。対して上院のみが大統領指名人事（政治任命者）の承認権と条約の批准権を有する。このような違いを除けば，両院議会の立法に関する権限は対等である。

　再び表5-1を見ると，下院と上院の違いは主に選挙制度の違いに由来する。すなわち，下院では人口に基づいて州ごとに議席数が配分される。各州は，配分された議席数に応じて州内の選挙区割りを設定し，1選挙区から1人を選出する。このため，下院議員は自分の狭い選挙区に密着した地元利益を2年間という短期で追求していくことになる。

　他方，上院議員は各州の代表との位置づけを与えられており，人口規模に関係なく各州から2名選出される。任期は6年と長く，2年ごとに3分の1が改選されていく。したがって，上院議員は相対的に地元の利益に縛られず，長期的な視点から立法活動に向かうことができる。

　また，議事運営上の相違も存在する。下院の議事運営は会期ごとに定められるため多数党優位となりやすい。これに対して，上院では，60％の賛成票が集まらなければ審議を打ち切ることができず，少数派に有利な制度となっている。

2　政策形成プロセス

（1）アメリカ議会における立法過程

　アメリカ連邦議会は「世界最強の議会」と呼ばれる。連邦議会は日本の国会とは異なり，議会が豊富なスタッフを抱え，官僚に頼らずに活発な立法活動を行う。表5-2によれば，下院議員は平均14名，上院議員になると39名もの個人スタッフを抱えており，さらに，個々の委員会スタッフや会計検査院，議会調査局，議会予算局といった議会の調査機関に所属するスタッフなどを合計すると1万7000人を超える人的資源によって，議会の立法活動が支えられている。他方，大統領には法案提出権が認められておらず，間接的・限定的にしか立法過程に関与できない。

　次に議会の立法過程を説明しよう。まず，法案は議員が作成して提出する。提出された法案は関連する委員会に付託され，委員会での審議にかけられる。その際，関係議員や関係省庁の官僚，研究者や利害関係者が招かれて公聴会が開催されることもある。審議の結果，委員会で法案が採択されると，法案は本会議での審議と採決に付される。本会議でも採決されれば，今度はもう一方の院に法案が送付される。両院で採択された法案に違いがある場合，両院協議会で法案の一本化が行われる。両院協議会での調整後，統一法案が上下両院において再度本会議での審議と採決にかけられる。上下両院を通過した法案は，大統領の署名後，法律となる。ただし，提出された法案に対して大統領が拒否権を発動した場合，両院で3分の2以上の再可決がなければ廃案となる。

表 5 - 2　アメリカ連邦議会のスタッフ（2015年）

機関・種別		スタッフ数（人）
下院	議員スタッフ	6,030
	（議員 1 人あたり平均）	14
	委員会スタッフ	1,164
	その他	509
	小　計	7,703
上院	議員スタッフ	3,917
	（議員 1 人あたり平均）	39
	委員会スタッフ	951
	その他	1,019
	小　計	5,887
上下両院合同委員会スタッフ		99
議会調査機関	会計検査院（GAO）	2,989
	議会調査局（CRS）	609
	議会予算局（CBO）	235
	小　計	3,833
合　計		17,522

注：スタッフ数は正規フルタイム雇用のみ。両院の「その他」は，立法カウンセラー，書記官，パーラメンタリアン，警備局長，上下両院議長および会派院内総務の秘書。
出所：Brookings Institution［2021］*Vital Statistics on Congress : Data on the U. S. Congress, Updated*, Feb. 8 より筆者作成。

（2）政策形成プロセスと主要なアクター

　アメリカ政府の政策形成には，議会を中心にした立法過程に対し，大統領や利益団体，シンクタンク，メディアと世論など多様なアクターが関与する。まず大統領は，演説や記者会見，教書の発表，さらに近年では SNS などを通じて自らの望む法案の成立を訴え，立法過程における議題設定を試みる。また，個々の議員と交渉し，多数派を形成して法案の成立を目指す。さらに近年では，既存の法律に抵触しない範囲で大統領令を発表することにより大統領自身が政策を遂行することも多い。このように，公式・非公式の政治的影響力を活用して，立法過程に大きな影響力を行使する大統領のあり方を，**現代大統領制**という。ただし，議会多数派政党と大統領の所属政党が異なる分割政府の場合，双方の基本的な政策志向が異なる場合が多く，大統領府と議会とのせめぎ合いは熾烈になる。ただし，日本などと比べ，アメリカの政党は組織としてのまとま

りが弱く，党議拘束も存在しないため，個別議員の行動の裁量度が高い。このため，分割政府のもとでも大統領の指導力次第では，大統領の望む政策が実現することもある。他方，統一政府であっても，上院では先の60票ルールがあるため，多数派政党が少数派を無視して法案採択を強行することは困難である。

　大統領府と議会に加え，政策形成に対し利益団体やシンクタンク，メディアや世論も影響力を行使する。財界団体や労働組合，人権・環境保護団体や宗教団体などの各種の利益集団は，それぞれの利害を政策に反映させるため，議会や大統領に直接働きかけたり（ロビイング），メディアを通じて世論に訴える。また，アメリカでは民間のシンクタンクが発達しており，具体的な政策提案を大量に発する。政治任命制度により政府高官の移動が活発なアメリカでは，シンクタンクが官僚の人材プールともなっていて，政府外にも政策に関する専門知識や経験が蓄積されていく。こうしたシンクタンクの存在によって，アメリカでは活発で質の高い政策議論が行われている。ただし，ロナルド・レーガン政権以降イデオロギー色の強いシンクタンクが作られるようになり，近年ではシンクタンクの党派性が高まっている。

3　保守とリベラルの政策対立の構図

（1）アメリカにおける保守とリベラル

　現代アメリカにおける主要な政治イデオロギーは，**保守主義**と**リベラリズム**に大別される。ただし，その意味内容は，日本やヨーロッパなど他の資本主義諸国とは異なっている。通常，保守主義とは，近代に先立つ伝統的な考え方や制度，習慣を重視する立場である。しかし，近代以前の歴史がないアメリカには封建的な社会制度，すなわち「守るべき伝統」が存在しない。アメリカは自由や民主主義といった近代的理念に依拠して建国された国家であり，アメリカの保守主義とリベラリズムはこれらの理念を大前提とした上で，その分派として存在している。すなわち，アメリカにおける保守主義とは，個人の自由や競争を重視し，これらに対する連邦政府の介入を嫌う立場であり，リベラリズムとは，個人の自由や民主主義の実現を保障するためにこそ政府の介入が必要とする立場である（佐々木［1993］）。

　同時に，アメリカにおける保守とリベラルは，抽象的な理念の領域にとどま

らず，日常生活での趣味や嗜好をも意味する。一般に地方の農民や工場で働く
ブルーカラーは保守であり，都市で働くホワイトカラーはリベラルだと見られ
る。また，共和党支持者は保守であり，民主党支持者はリベラルだと見なされ
る。しかし，こうした文化や日常生活上のイデオロギー的区別は曖昧なもので，
実際に保守とリベラルどちらの潮流に属するのかという理由は，個々人でバラ
バラだとも言われる（渡辺［2008］）。

　こうした曖昧さと多様性を反映して，保守主義とリベラリズムのイデオロギ
ーと二大政党との関係は一枚岩ではない。両党内部に多様な分派が存在してい
るのが現状である。たとえば，共和党内部には，「強いアメリカ」を誇示する
外交タカ派，自由放任を求めるリバタリアン，宗教的な道徳や価値観を重視す
るキリスト教右派らがしのぎあってきた。また，民主党の側も大きな政府を目
指すリベラルと，市場経済の活力を肯定的に見る中道派，さらには人種，ジェ
ンダー，労働問題，環境問題といった個別的な政策を追求する利益団体などが，
民主党の分派を構成してきた。このように，保守主義とリベラリズムはその内
部に多様な集団を抱えつつ，各集団を緩やかに統合するイデオロギーとなって
きた。

（2）保守とリベラルと二大政党の歴史的展開

　20世紀後半以降の政治的イデオロギーの流れは，リベラリズムに依拠した民
主党優位の時代から保守主義の台頭と両者の拮抗の時代へと特徴づけられる。
表5-3にあるとおり，民主党は長らく議会で多数派を占め，1980年までは上
下両院で，下院では1994年まで多数派の地位を保ってきた。こうしたリベラリ
ズム＝民主党優位の時代は，1930年代のニューディール連合の形成までさかの
ぼる。

　世界大恐慌のまっただ中にあった当時のアメリカでは，フランクリン・ルー
ズベルトによって大規模な公共事業や社会保障の拡充を柱とするニューディー
ル政策が推し進められ，その後の第二次世界大戦への参戦も相まって，アメリ
カは「大きな政府」へと舵を切った。ルーズベルトは，都市の移民や黒人，労
働者層から南部の保守的な白人までをも包含したニューディール連合を作りあ
げた。ニューディール連合によって推進された「大きな政府」は1960年代のリ
ンドン・ジョンソン政権で頂点に達した。ジョンソンは貧困対策を強化し，黒

表5-3　歴代大統領と議会の政党別議席数の推移（1965～2021年）

議会会期（年）	大統領（所属政党）	上　院			下　院		
		民主党	共和党	その他	民主党	共和党	その他
89（1965～67）	ジョンソン（民主党）	68	32	0	295	140	0
90（1967～69）	1963～69	64	36	0	247	187	0
91（1969～71）	ニクソン（共和党）	57	43	0	243	192	0
92（1971～73）		54	44	2	255	180	0
93（1973～75）	1969～74	56	42	2	242	192	1
94（1975～77）	フォード（共和党） 1974～77	61	37	2	291	144	0
95（1977～79）	カーター（民主党）	61	38	1	292	143	0
96（1979～81）	1977～81	58	41	1	277	158	0
97（1981～83）		46	53	1	242	192	1
98（1983～85）	レーガン（共和党）	45	55	0	269	166	0
99（1985～87）	1981～89	47	53	0	253	182	0
100（1987～89）		55	45	0	258	177	0
101（1989～91）	G・H・W・ブッシュ	55	45	0	260	175	0
102（1991～93）	（共和党）1989～93	56	44	0	267	167	1
103（1993～95）		57	43	0	258	176	1
104（1995～97）	クリントン（民主党）	48	52	0	204	230	1
105（1997～99）	1993～2001	45	55	0	206	228	1
106（1999～2001）		45	55	0	211	223	1
107（2001～03）		50	50	0	212	221	2
108（2003～05）	G・W・ブッシュ	48	51	1	205	229	1
109（2005～07）	（共和党）2001～09	44	55	1	202	232	1
110（2007～09）		49	49	2	233	202	0
111（2009～11）		57	41	2	257	178	0
112（2011～13）	オバマ（民主党）	51	47	2	193	242	0
113（2013～15）	2009～17	53	45	2	201	234	0
114（2015～17）		44	54	2	188	247	0
115（2017～19）	トランプ（共和党）	47	51	2	194	241	0
116（2019～21）	2017～21	45	53	2	235	199	0
117（2021～）	バイデン（民主党） 2021～	48	50	2	222	212	0

注：1．各政党の議席数はいずれも，各会期直前の通常選挙結果の数値である。時々の政党議席数は，議員の死去や辞任，補欠選挙の実施，議員の所属政党の変更，により会期中に変化する。
　　2．網かけ部分は各院内において多数派であった政党を示す。
　　3．第93議会（1973～75年）においては，1974年7月にニクソン大統領が辞任したため，それ以降はフォード副大統領（当時）が大統領となっている。
　　4．第107議会（2001～03年）の上院においては，2001年5月までは政権与党であった共和党が多数派であったが，同月に共和党議員1名が独立系（民主党会派所属）に転じて共和党議席数が49となったため，それ以降は民主党が多数派となった。
　　5．第117議会（2021～23年）の上院においては，独立党派議員2名が民主党会派に属しているため，民主党50，共和党50となり，民主党のカマラ・ハリス副大統領が上院議長を務めるため，民主党が多数派となっている。
出所：U. S. House［2021］*Party Divisions of the House of Representatives: 1789 to Present*（https://history.house.gov/Institution/Party-Divisions/Party-Divisions/），U. S. Senate［2011］*Party Division*（http://www.senate.gov/pagelayout/history/one_item_and_teasers/partydiv.htm）より筆者作成。

人差別撤廃のための公民権法に署名した。しかし，公民権法は，奴隷制以来人種差別主義が根強く残存していた南部白人層を民主党から共和党支持へと鞍替えさせるきっかけとなった。

　こうしたニューディール連合の弛緩の間隙を縫って保守主義台頭のきっかけとなったのが，1980年大統領選挙でのレーガンの勝利である。レーガンは，1970年代以降のアメリカ経済の停滞を前に，リベラリズムによる連邦政府による積極対応策を批判し，「政府こそが問題なのだ」として減税や規制緩和など「小さな政府」を目指す保守主義の経済政策を進めた。レーガンは，それまでバラバラであった外交タカ派，リバタリアン，宗教右派といった保守主義分派を共和党のもとに糾合し，保守連合形成の画期となった。

　しかし，共和党は議会，とりわけ下院での民主党多数派の牙城を崩せなかった。下院民主党は，多数派の権限を利用して，利益団体や選挙区に対する利益分配により，強固な支持基盤を形成していた。これに対し，ニュート・ギングリッチ率いる下院共和党指導部は，均衡財政，減税，福祉の削減等を盛り込んだ公約「アメリカとの契約」を作成して保守主義のさらなる糾合を目指し，1994年の中間選挙で大勝し，50年ぶりに下院多数派を奪還した（吉原［2005］）。上下両院で多数派となった共和党は，「アメリカとの契約」でもってビル・クリントン民主党政権と激しく対立した。クリントン政権は，議会共和党のみならず議会民主党からも一定の距離を置き，独自のポジションを確立するという「トライアンギュレーション」戦略で対抗したものの，民主・共和両党の保守主義とリベラリズムとへのイデオロギー的分極化がさらに進行した。

　共和党が政権と議会の双方を抑えて統一政府を実現したのが，2001年以降のG・W・ブッシュ政権期である。ブッシュ政権は，アメリカ国民の世論の分極化を前提に，これまで選挙の定石とされた中道層重視を捨て，保守の基盤を固めて勝利を得るという「支持基盤強化戦略（The Base Strategy）」を採り，党派的な政治運営を進めた。こうして，これまで多様な諸分派の連合体であった二大政党は，保守主義（共和党）とリベラリズム（民主党）へのイデオロギー的純化と党派間対立が進展し，超党派間の合意や妥協による政策形成は困難になっていった。

4　ポピュリズムの台頭と分極政治

（1）ティーパーティー，オキュパイWSからトランプ現象へ

　2000年代後半には，経済的には2008年の世界金融危機とそれ以降の大不況，対外的にはイラク，アフガニスタンでの対テロ戦争の泥沼化と世論の内向き化という時代状況を背景として，エスタブリッシュメントに対する不信が高まり，保守，リベラル双方において草の根ポピュリズムの影響力が高まった（ポピュリズムについて，詳しくは次項で述べる）。

　世界金融危機を契機とした所得格差のさらなる拡大に対して，民主党左派では，少数の富裕層によってアメリカの富と政治が独占されているとして，我々99％対富裕層1％という対立構図を示したオキュパイ・ウォールストリート運動が台頭した。他方で共和党保守の側でもまた，巨大企業救済を優先するワシントン政治に対する批判に端を発し，腐敗したエリート政治からの権力奪還をスローガンにしたティーパーティー運動が台頭し，レーガン以来の保守主義を変質させていった。民主党リベラル対共和党保守という左右のイデオロギー的分極化に加え，両党はともに，権力を握る政治エリートと草の根運動との上下の対立を抱えることとなった。

　こうした左右のイデオロギー的分極化と上下の対立を前にして，バラク・オバマ政権は，超党派政治による「融和の政治」を訴え，国民の大きな期待を得て成立したが，現実にはいっそう激しい党派間対立のもとでの政策運営を余儀なくされた。オバマ政権の金融危機対策は，大企業や金融機関，富裕層の救済であるとして，リベラル側からはオキュパイ・ウォールストリート運動，保守側からはティーパーティー運動という草の根ポピュリズムからの厳しい批判に遭った。とりわけ後者を主たる支持基盤として共和党はアンチ・オバマの強硬姿勢をとり続けた。その結果，オバマ政権はその公約とは裏腹に党派的運営を迫られた。とりわけ，2010年の中間選挙で共和党が下院を奪還して以降は，議会共和党とオバマ政権との瀬戸際政治が繰り返され，予算など必ず期限内に成立させなければならない法案すら制定できず，政策形成が滞る「決められない政治」が常態化した（藤木［2017］，第6章のコラム6を参照）。この結果，アメリカ国民のワシントン政治に対する不信はさらに高まった。

　分極政治の進展とポピュリズム台頭の象徴となったのが2016年大統領選挙であった。すなわち，いずれも既存政党のアウトサイダー候補であった，民主党サイドでのサンダースの善戦であり，トランプの共和党候補者指名と本選挙での勝利である。

（2）トランプ政権下のアメリカ政治

　トランプ政権の誕生とその4年間の統治は，アメリカと世界に驚きをもって迎えられた。以下では，トランプ政権の特徴を，ポピュリズムという政治理念・手法と，トランプ現象の経済的，社会文化的背景をなすアメリカ的ナショナリズムという2つの側面から検討する。

　一般にポピュリズムとは，社会を「我ら人民」と「彼らエリート」との二項対立で理解し，人民の支持に依拠して人民主権の政治を実現しようとする政治運動であり統治手法である（河音［2020］）。トランプは，直近のオバマ政権も含めたこれまでの政治が，自身の支持基盤である草の根ティーパーティーや中西部諸州の白人労働者階級を見捨ててきたとし，彼ら「忘れられてきた人々」に政治を取り戻すとの物語を構築する（Judis［2016］）。こうした物語の背景からすれば，トランプ現象は分極政治による「決められない政治」の帰結である。しかし，トランプ政治は自身を非難する人々すべてを敵と見なすから，分極化をいっそう進めることとなる。それゆえ，トランプのポピュリズム政治は分極化の帰結でありかつ原因である。

　ポピュリズムはイデオロギー的な政治運動ではあるが，特定のイデオロギーを持たず，どのようなイデオロギーに依拠するかは多様である（ミュデ／カルトワッセル［2018］）。トランプ政権の場合，「**アメリカ第一**」というスローガンに象徴されるように，基盤をなすイデオロギーは経済的，文化的なナショナリズムである。

　第一に，トランプのアメリカ第一主義は，経済面では中西部ラストベルトにおける製造業と旧来型の白人労働者階級の没落に焦点を当てて彼らの救済を訴え，移民排斥や保護主義政策を打ち出した。こうしたトランプの経済政策は，レーガン以来の共和党保守主義の理念的支柱であったグローバリゼーションと自由貿易の推進からの変質を意味する（会田［2019］）。その背景には，産業構造の変化による製造業の衰退と，それに伴う旧来型中産階級の没落という現実

がある（第3章，第4章を参照）。安定した雇用，持ち家，バカンス，退職後の生活保障といったアメリカン・ドリームを象徴する中産階級の生活はもはや望めず，現下には空き家と薬物が蔓延する荒廃したコミュニティが広がる。こうした中西部ラストベルト等にみられる現実がトランプの経済的ナショナリズムの背景となっている（金成［2017］，［2019］）。

　第二に，トランプのアメリカ第一主義は，文化面では人種多様化の進展と白人の「マイノリティ化」を不安視する自身の支持基盤に訴えかけるものである。移民規制の厳格化や人種差別問題に対する曖昧対応などがその典型である。文化的ナショナリズムとも言えるトランプのアメリカ第一主義は，1960年代の公民権法以来進展してきた，人種，性，宗教等における差別の禁止と多様化するアメリカという趨勢に対するバックラッシュとなって，文化的多様性をめぐる対立をアメリカ政治の前面に押し出している。トランプとその支持基盤の一つである白人至上主義は，警官による黒人の差別的扱いやコロナ禍以降のアジア系への差別など，人種的偏見がアメリカにおいて依然強く残存していることを白日の下にさらし，「黒人の命が大切だ（Black Lives Matter）」などの新しい対抗運動を生み出している。他方で，ポスト公民権運動のリベラルの側もまた，各々のマイノリティの利害を個別的に擁護するのみで，それがアメリカ市民としての連帯を妨げ，分断を深めるという弱点を有している（シュレジンガー［1992］，リラ［2018］）。

5　分断されたアメリカのゆくえ——バイデン政権の課題

　2020年大統領選挙において勝利したバイデンは，就任演説において今回の選挙結果が「民主主義の勝利」であるとし，自身に票を投じた者のみならずすべてのアメリカ国民の大統領になると訴えた。トランプのポピュリズム政治からの転換宣言であるが，ことはそれほど簡単ではない。なぜなら，第一に，アメリカ政治の分断は，単純にトランプがもたらしたものではなく，それ以前から進行してきた，コンセンサスによる政治の弛緩と分極化の進展，それに伴う「決められない政治」への国民の不信という歴史的趨勢の帰結だからである。党派間のイデオロギー的分極政治に対する新たな処方箋は未だに示されていない。

表5-4　アメリカ国民の政党支持率とその内部分派の支持率（2021年1月10〜13日時点）

(%)

	民主党支持者			共和党支持者			無党派
政党支持率	42			37			12
党派内の支持率	バイデン的民主党	サンダース・ウォーレン的民主党	その他	トランプ的共和党	伝統的共和党	その他	
	17	17	8	17	17	3	

注：NBC が2021年1月10〜13日に実施した世論調査。
出所：Chinni, Dante［2021］"How Many Political Parties in the U. S.?: Numbers Suggest Four, Not Two," *MSNBC News*, Jan. 24 (https://www.nbcnews.com/politics/meet-the-press/what-if-america-s-four-political-parties-n1255450) より筆者作成。

　第二に，トランプ政権誕生に導いた経済的，社会的背景は，依然変わっていない。20世紀末以降の旧来型中産階級の没落への対応，多様化するアメリカを踏まえた国民統合のあり方といった課題がそれである。バイデン政権は「中産階級の復権」を掲げて臨もうとしているが，その成否はとりわけ大統領選の激戦地である中西部ラストベルト諸州の今後に委ねられるだろう。

　第三に，トランプのポピュリズム政治を経て，二大政党もまた構造変化を迫られている。トランプ政権の4年間で「トランプ党」と化した共和党はトランプの岩盤支持基盤に依拠する以外に有効な戦略を有していない。すなわち，トランプ退陣にあたり選挙制度の不正を訴えたり，果てには連邦議会議事堂を襲撃したりと，トランプとその支持基盤によるアメリカ民主主義の破壊行為が明白となってなお，共和党はトランプ依存の選択肢を捨てきれていない。さらに民主党もまた，サンダースを筆頭とした左派ポピュリズムの台頭により内部分裂の要素を抱えている。表5-4はトランプ支持者による議会襲撃事件直後，バイデン大統領就任直前に実施された世論調査結果である。共和党支持者のうち，自身をトランプ的共和党と自認する人と伝統的共和党と自認する人とが拮抗しているのと同様，民主党も，バイデン流中道路線の民主党を自認している人と，オキュパイ・ウォールストリート運動の流れを汲むサンダースやエリザベス・ウォーレン的な左派民主党を自認する人とで真っ二つに割れている。ポピュリズムの台頭を経て，左右の党派間対立のみならず，エスタブリッシュメントと草の根という上下の対立を両党とも党内に抱えているのが現状である。

　バイデン政権にとってトランプ時代が残した宿題はあまりにも多いが，加え

コラム 5

司法（連邦最高裁）の政策形成への関与

　日本の司法は，法律を制定する権限は立法府に属し，個々の法律の違憲性にまでは踏み込まない司法消極主義の立場を取っている。これとは対照的に，アメリカでは，制定された法律の違憲性を司法が判断する積極的司法主義を取る。このため，制定された法律に対して最高裁を頂点とする司法は大きな影響力を及ぼす（阿川［2013］）。

　たとえば，1973年の「ロー対ウェイド事件」は，女性の中絶の権利が合衆国憲法によって保障されているとして，人工妊娠中絶を規制してきたアメリカ各州の立法の多くを違憲無効とした。近年では，オバマ政権期に成立した医療保障改革法（オバマケア）に対して，反対する共和党は違憲訴訟を起こし，その無効化を図ろうとした（最高裁の結果は合憲判断）。このように，最高裁をはじめとする司法権は，憲法判断によって政策形成に深く関与する。

　連邦最高裁判事は 9 名で構成され，その職は終身であり，いったん判事になれば本人が辞任するか死去する以外交代の機会はない。判事を指名するのは大統領であり，他の閣僚と同様上院での承認を必要とする。最高裁での判断は判事の多数決で決するため，空席が生じた際の判事指名は一大政治的バトルとなる。トランプ大統領は，前任のオバマ政権時に空白となった判事ポストも含め 3 名の最高裁判事の交代という機会を得て，保守系の判事を指名した。その結果，連邦最高裁判事の構成は，保守系 6 名，リベラル系 3 名と大きく変化した。民主党統一政府としてスタートしたバイデン政権に保守化した最高裁がハードルとして対峙する格好となる。

て左右の分極政治の進展とエスタブリッシュメント政治への不信という歴史的・構造的な課題にも挑まなければならない。そのハードルはきわめて高いと言わざるを得ない。

考えてみよう・調べてみよう

① 　アメリカの大統領と連邦議会の関係について，具体的な法律を事例に取り上げて制定過程を追跡してみよう。

　　⇨大統領府，各省庁，上院，下院（さらには司法）の各々が，法案策定にどのよう

に関わったのか，時系列的に整理してみるとよい。

②　アメリカにおける保守とリベラルの相違について，具体的な政策課題を特定して
比較してみよう。

⇨政策課題について時系列での歴史的変化があるかにも注目するとよい。

③　トランプ政権とバイデン政権で変化した政策分野，変わっていない政策分野につ
いて分類してみよう。

⇨変化した，または変化しなかった原因についてより突っ込んで追求してみるとよ
い。

おすすめの本・ホームページ

久保文明・砂田一郎・松岡泰・森脇俊雄［2017］『アメリカ政治（第3版）』有斐閣。

⇨アメリカ政治の全体像を包括的にわかりやすく示した教科書。司法，地方政府，
宗教，人種問題など本書では扱えていない重要な政治テーマについても幅広く学
ぶことができる。

佐々木毅［1993］『アメリカの保守とリベラル』講談社学術文庫。

⇨アメリカにおける保守主義とリベラリズムの対立をわかりやすく解き明かした研
究書。この問題を考える上でまず読むべき古典的名著。

金成隆一［2017］『ルポ・トランプ王国』，［2019］『ルポ・トランプ王国2』岩波新書。

⇨2015年の立候補時からトランプ人気に着目し，ラストベルト地域に入ってトラン
プ支持者のナマの姿を活写したジャーナリストによるルポ。

参考文献

会田弘継［2019］「アメリカが心酔する「新ナショナリズム」の中身——保守主義の
「ガラガラポン」が起きている」『東洋経済オンライン』6月27日（https://toyo
keizai.net/articles/-/288843）。

阿川尚之［2013］『憲法で読むアメリカ史（全）』ちくま学芸文庫。

岡山裕・西山隆行編［2019］『アメリカの政治』弘文堂。

河音琢郎［2020］「現代アメリカポピュリズムの特徴とその経済的・社会的背景(1)」
『立命館経済学』第68巻第5・6号。

小池洋次［1999］『政策形成の日米比較』中公新書。

アーサー・シュレジンガー［1992］『アメリカの分裂——多元文化社会についての所
見』都留重人監訳，岩波書店。

砂田一郎［2004］『アメリカ大統領の権力』中公新書。

A・ハミルトン／J・ジェイ／J・マディソン［1999］『ザ・フェデラリスト』斎藤

眞・中野勝郎訳，岩波文庫。

藤木剛康［2017］「決められない政治——政策形成プロセスの変容と経済政策」谷口明丈・須藤功編著『現代アメリカ経済史——「問題大国」の出現』有斐閣。

カス・ミュデ／クリストバル・カルトワッセル［2018］『ポピュリズム——デモクラシーの友と敵』永井大輔・髙山裕二訳，白水社。

吉原欽一［2005］『現代アメリカ政治を見る目——保守とグラス・ルーツ・ポリティクス』日本評論社。

マーク・リラ［2018］『リベラル再生宣言』夏目大訳，早川書房。

渡辺将人［2008］『みえないアメリカ——保守とリベラルのあいだ』講談社現代新書。

Judis, John B.［2016］*The Populist Explosion : How the Great Recession Transformed American and European Politics*, Columbia Global Reports.

Packer, George［2021］"How America Fractured into Four Parts," *The Atlantic*, July/August.

（河音琢郎・藤木剛康）

第6章

財政政策

——巨額の財政赤字をどうするのか——

　ニューディール，戦時財政，「偉大な社会」を経て，アメリカ連邦財政はその規模と役割を拡大させてきた。これに対して1980年代にレーガン政権は「小さな政府」への転換を打ち出したものの，その政策はもっぱら大規模減税に収斂していった。それ以降の財政政策は，減税を志向する共和党と，ニューディールおよび「偉大な社会」によって設立されたプログラムを擁護する民主党との対立として展開され，結果，1990年代末の一時期を除き，財政赤字，政府債務の膨張が続いてきた。近年の新型コロナに対する財政支援策は，財政赤字の拡大を新たなステージへと引き上げている。

　本章では，まず，アメリカ連邦財政の全体像をイメージするために，主な税収，支出項目別に見たアメリカ財政の基本トレンド，連邦予算の決定プロセスという2つの側面からアメリカ財政の基本的特質を明らかにする。その上で，アメリカの財政赤字体質をもたらしている諸要因について，共和党（保守）と民主党（リベラル）の財政政策をめぐる対立を中心に検討する。さらに，財政赤字の巨額化がもたらす問題点について検討し，コロナ対策費を含め膨張の一途を辿る現在のアメリカ財政の持続可能性について考えてみたい。

1　アメリカ連邦財政の歴史的推移と基本構造

（1）現代アメリカ連邦財政の成立

　図6-1は，アメリカ連邦財政の税収，財政支出（主要費目別），財政収支の長期的動向を対 GDP 比で示したものである。まずは同図を基にアメリカ連邦財政の歴史的推移を概観しておこう。

　アメリカ連邦財政が今日あるような一定の財政規模で恒常的に定着するのは，1929年の世界大恐慌およびそれに続く第二次世界大戦を経てのことである。それまでは，連邦政府の役割がもっぱら外交・軍事面に限られていたため，連邦

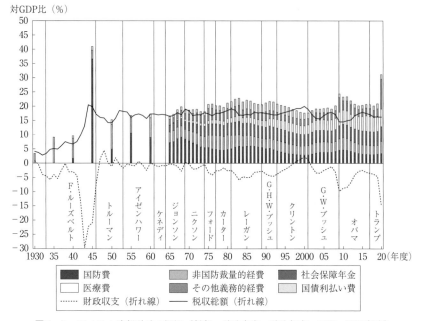

図6-1　アメリカ連邦財政の概況（税収・財政支出・財政収支，1930〜2020年度）

注：1．1930〜35年度は支出総額のみを記している。
　　2．1940〜60年度の連邦支出は，国防費，国債利払い費，その他の支出に区別している。
　　3．1965年度以降の連邦支出は，凡例の区別に基づいている。
　　4．1930〜60年度の数値は OMB［2020］，1965年度以降の数値は CBO［2021］による。

出所：Office of the Management and Budget（OMB）［2021］*Budget of the U. S. Government: Fiscal Year 2021: Historical Tables*, Feb. 10, Congressional Budget Office（CBO）［2021］*Historical Budget Data*, Feb. より筆者作成。

　財政規模は戦時には急増することはあっても，平時には縮小し，ごく限られた規模で推移してきた（1930年度の財政支出対 GDP 比は3.4％であった）。ところが，世界大恐慌対策としてフランクリン・ルーズベルトが打ち出したニューディール政策とその後の戦時財政により，連邦財政は急拡大を遂げる。第二次世界大戦後もその規模は縮小せず，対外的には冷戦による軍事費の維持，国内的には社会保障年金，失業補償や高速道路投資などにより，平時においても対 GDP 比15〜20％程度の規模で推移した。1960年代のリンドン・ジョンソン政権の下，対外的にはベトナム戦費の増額，国内的には「貧困とのたたかい」により，今日あるような対 GDP 比20％強の連邦財政規模が定着した（渋谷［2005］）。

　こうした財政支出の拡大を賄ったのが，個人，法人双方を対象とした所得税

表6-1　アメリカ連邦財政の主要費目別収支（2019会計年度）

税収・財政収支	税収総額	個人所得税	法人税	社会保障税	その他		財政収支
金額（10億ドル）	3,463	1,718	230	1,243	271		−984
対 GDP 比（％）	16.3	8.1	1.1	5.9	1.3		−4.6
構成比（％）	100.0	49.6	6.6	35.9	7.8		

財政支出	支出総額	国防費	非国防裁量的経費	社会保障年金	医療費	その他義務的経費	国債利払い費
金額（10億ドル）	4,447	676	661	1,038	1,127	569	375
対 GDP 比（％）	21.0	3.2	3.1	4.9	5.3	2.7	1.8
構成比（％）	100.0	15.2	14.9	23.4	25.3	12.8	8.4

出所：CBO［2021］*Historical Budget Data,* Feb. より筆者作成。

であった。1913年の創設当初はもっぱら富裕層に限定され、低税率として出発した連邦所得税であったが、ニューディール、戦時期を通じてその大衆課税化（課税対象者の一般化）、税率引き上げが実施され、連邦所得税は、第二次世界大戦後には経済成長に伴う自然増収もあって、「**大きな政府**」を賄う主力財源として定着した。これに加えて、ニューディール政策により創設された社会保障年金、さらには1965年創設のメディケアを賄うものとして、賃金税である社会保障税がアメリカの福祉国家を支える財源として定着した。

（2）連邦財政の基本構成

　次に、今日の連邦財政の基本的な構成について、収入、支出の別に確認しておこう。表6-1は、2019会計年度の税収、財政支出、財政収支を主要項目別にみたものである。

　税収の主力を占めているのは個人所得税（税収総額の約半分）であり、これに社会保障年金やメディケアの保険料にあたる社会保障税が続く。かつては主力財源を構成していた法人税であるが、パートナーシップ（出資した個人からなる組合組織と見なされ、法人税の課税対象とならない）の台頭や、近年の法人税減税によりその地位は低下している。日本やヨーロッパ諸国とは異なり、アメリカ連邦財政は一般付加価値税（消費税）を有しておらず、直接税中心の税収構成となっているのが特徴である（関口［2015］）。

　次に財政支出の構成をみると，社会保障年金や公的医療費をはじめとした義務的経費（詳細は後述する）が約 3 分の 2 を占める。次いで大きいのが国防費であり，6760億ドル，財政支出全体の15％を占め，覇権国アメリカを支えている。それ以外の国内民生費（連邦公務員の人件費，連邦政府が管轄する公共事業費，州・地方政府に対する補助金など）はほぼ国防費と同規模となっている。

　結果，税収総額が3.5兆ドルに対して支出総額は4.5兆ドルとなっており，このギャップ 1 兆ドル弱が財政赤字として国債によりファイナンスされている。1970年代以降，連邦財政収支は，1990年代末の一時期を除き，赤字傾向が続いており，財政赤字は恒常化してきた。さらに21世紀以降は減税や景気対策，オバマケアをはじめとした社会保障の拡充等により，財政赤字の規模は拡大傾向にある。

2　予算編成過程とその特質

　次に予算がどのようなプロセスを経て決まるのかという視点から連邦財政の姿を検討しよう（以下，図 6 - 2 を参照）。

（ 1 ）大統領予算教書と予算決議

　アメリカの会計年度は暦年で前年10月 1 日に始まり，当年の 9 月末に終わる。予算編成は，大統領，議会両院がそれぞれ**大統領予算教書**，議会**予算決議**を示すことから始まる。大統領予算教書も議会予算決議もいずれも税収，財政支出，財政収支という予算総額の水準を示したものであり，大統領，議会がそれぞれ志向する財政改革を盛り込んだ形で提示されるが，その拘束力は弱い。すなわち，大統領予算教書は，大統領の政策志向の予算への反映を示したものであるとはいえ，予算編成の一切の権限が議会にあるアメリカではあくまでも参考に過ぎず，何らの拘束力を持たない。予算決議は議会自身がその後の予算編成の前提作業として策定するものであり，税収，財政支出の総額，財政収支といった総額レベルにおける上限の設定がその後の予算編成を制約するが，個々の予算配分の内訳に関しては拘束力を持たない。さらに，予算決議が設定する支出入総額の上限すら時々の議会の政治構図によっては無視されることもしばしばである（Schick［2007］）。

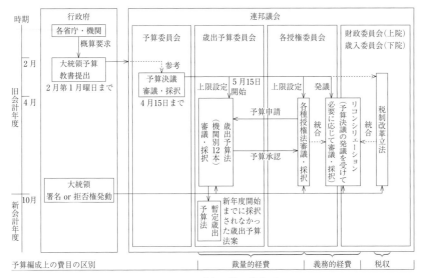

図6-2　アメリカ連邦予算の策定プロセス

出所：筆者作成。

（2）歳出予算法と裁量的経費の決定

　このように，アメリカの予算編成は総合性の視点が弱く，個別分散的な決定過程を特徴としている。予算編成過程が個別分散的であるとは以下2つの意味においてである。第一は，予算編成の対象の限定性である。税収面は必要に応じた租税立法の改正・創設によりなされるものとされ，毎年の定期的な予算編成が対象とするのは財政支出のみである。さらに，財政支出のうちでも毎年の予算編成に含まれるのは**裁量的経費**と呼ばれる部分のみであり，**義務的経費**（および**国債利払い費**）は予算編成の対象外である。第二に，裁量的経費の決定は，各政府機関別の12本の**歳出予算法**として，それぞれ別個に編成・立法化される。

　このように個別分散的な性格が強い予算制度に加えて，議会の立法過程における議員の個別的行動の裁量が大きいゆえに（第5章を参照），個々の議員は，自らの選出地域の特性に規定された特定の業界や政策領域に関わる個別的利害を代表するものとして予算編成過程に参画する。すなわち，財政の全体を斟酌するのではなく，自身の地域的・階層的な利害追求が議員の予算編成過程への

参画の主たる動機となる。このような議員の行動原理は**増分主義**と呼ばれる（ウィルダフスキー［1972］，河音［2006］）。

　増分主義を行動原理とした議会の歳出予算法の立法過程は，個別的利害に依拠した予算獲得による支出膨張，税収基盤の脆弱化をもたらし，財政悪化の構造的要因となってきた。

（3）義務的経費，税制とリコンシリェーション

　とはいえ，歳出予算法が対象とする**裁量的経費**は，財政支出総額の3〜4割を占めるに過ぎない。残りの6割以上を占めるのが，公的年金である**社会保障年金**や公的医療プログラムなどの**義務的経費**である。

　義務的経費とは，歳出予算法の対象とはならず，支出額が自動的に決まる経費のことを指す。社会保障年金の給付を例にとると，毎年度の社会保障年金の支出総額は，年金を受け取る権利を有している人数（受給資格者数）と，その受給者が受け取る年金の給付額によって決まる。誰が受給資格者となり，それぞれの受給資格者がどれだけの社会保障年金給付額を受け取るのかは，社会保障法によって定められており，毎年の予算編成での議論によってその額を左右できるものではない。このように，歳出予算法の裁量の余地がなく，実定法によって自動的にそのプログラムの支出額が決まってしまうプログラムは**エンタイトルメント・プログラム**と呼ばれ，これが義務的経費を構成する。

　義務的経費の支出水準を政策的に変更するためには，その支出水準を規定している実定法それ自体を改正する以外にない。この点では，歳出予算法の対象外とされる税制も同様である。税収水準を政策的に変更するためには，義務的経費と同様，税制を規定している各種の租税法を改正する以外にはない。

　それゆえ，義務的経費と税収とを財政健全化という見地からコントロールするためにリコンシリェーションと呼ばれる予算制度が設けられた。リコンシリェーションは，両院の予算決議によって発議され，上院での審議打ち切りに5分の3の賛成が必要とされるという一般立法に適用されるルールを迂回でき，過半数での審議打ち切りが可能であることに最大の特徴がある。財政赤字削減策は，増税にせよ支出削減にせよ，個々の議員の賛成を得られにくい事情に鑑み，導入されたのがリコンシリェーションであった（河音［2006］）。

　また，1990年以降，新規の義務的経費プログラムの創設には，その財源を確

保するだけの他の義務的経費プログラムの削減ないしは増税を必要とするとい
う，ペイ・アズ・ユー・ゴー・ルールが設けられ，相殺原則の適用により義務
的経費の抑制策が図られた（Schick［2007］）。

（4）予算編成過程の形骸化

　しかしながら，21世紀に入って以降，上記のような予算編成過程のルールは
しばしば破られ，形骸化が進んでいる。

　まず，表6-2にあるとおり，21世紀以降，会計年度開始までに個々の歳出
予算法が制定されることはほとんどない。その結果，歳出予算法が採択される
までの期間，前年度予算を踏襲した暫定予算でしのぐことが通常常化している。
また，個々の歳出予算法の合意が叶わない結果，複数の歳出予算法を一本化し
て立法化する包括歳出予算法での立法化が常態となっている。とりわけ，バラ
ク・オバマ政権期以降はすべての歳出予算法を一本化することが支配的である
（Savage［2021］）。

　また，歳出予算法に先立って財政規律を担保するために設けられた予算決議
も，リコンシリエーションを発動する年度を除き，上下両院ともに未採択のま
ま予算過程に入ることが常態となっている。さらに，財政赤字削減の見地から
導入されたリコンシリエーションもまた，21世紀以降その性格を変質させてい
る。G・W・ブッシュ政権期，ドナルド・トランプ政権期の減税立法や，オバ
マ政権時に制定された医療保険改革法（通称オバマケア）など，リコンシリエー
ション法は，逆に財政悪化をもたらす立法を党派的に遂行する手段に堕してい
る（河音［2010］）。

　このような予算過程の形骸化が近年進んでいる最大の原因は，近年の分極政
治の進展に伴い（第5章を参照），予算編成，財政改革が党派間対立の中心的な
政策領域となっているからである。そこで以下，共和党（保守）と民主党（リ
ベラル）との財政改革をめぐる対立構図についてみていこう。

3　財政改革をめぐる保守とリベラルの対立

（1）財政改革をめぐる対立構造

　今日の財政改革をめぐる政策対立の中心は，単純化すれば政府規模をめぐる

表6-2　暫定歳出予算法と包括歳出予算法の立法状況（1998～2021会計年度）

会計年度	暫定歳出予算法		包括歳出予算法			
	立法数	会計年度開始からの遅延日数	通常歳出予算法の本数			包括歳出予算法の成立日
			会計年度開始までに成立した歳出予算法	成立した通常歳出予算法の本数	包括歳出予算法に統合された本数	
1998	6	57	1	13	0	
1999	6	21	1	5	8	10/21
2000	7	63	4	8	5	11/29
2001	21	82	2	8	5	10/27；12/21
2002	8	102	0	13	0	
2003	8	143	0	2	11	2003/2/20
2004	5	123	3	6	7	2004/1/23
2005	3	69	1	4	9	12/8
2006	3	92	2	11	0	
2007	4	365	1	2	0	
2008	4	92	0	1	11	12/26
2009	2	162	3	0	12	9/30；2009/3/11
2010	2	79	1	6	6	12/16
2011	8	365	0	1	0	
2012	5	84	0	0	12	11/18；12/23
2013	2	365	0	0	12	2013/3/26
2014	4	110	0	0	12	2014/1/17
2015	3	76	0	0	12	12/16
2016	3	78	0	0	12	12/18
2017	3	217	0	0	12	2017/5/5
2018	5	174	0	0	12	2018/3/23
2019	3	138	5	0	7	9/19；2019/2/15
2020	2	81	0	0	12	12/20
2021	5	88	0	0	12	12/27

注：アメリカ連邦予算の会計年度は，暦年で前年の10月1日開始，9月30日終了である。
出所：Congress. gov, Appropriations（https://crsreports.congress.gov/AppropriationsStatusTable）より筆者作成。

対立にある。すなわち，財政不均衡の原因を「肥大化した政府」に求め，政府支出の抜本的な削減＝「小さな政府」の実現を主張する共和党（保守）に対して，民主党（リベラル）は，ニューディール以来築き上げられてきた現行の政府支出プログラムの維持，さらにはその充実（＝「大きな政府」）を主張し，そのコストを賄うためには増税をも辞さないと主張する。

　保守の財政改革構想は，減税，小さな政府（政府支出の削減），均衡予算の3

点セットである。すなわち，減税により国民の過大な負担を取り除くこと，肥大化した連邦政府のスリム化を財政支出の削減によって実現すること，こうした小さな政府の実現によって均衡予算を達成し，連邦財政の健全化を図る，というのが保守の描く財政改革の道筋である。

（2）財政対立の歴史的展開

保守の財政改革を公約に掲げて当選し，その実現を目指したのが1981年に発足したロナルド・レーガン政権であった。経済的苦境とインフレ進行による重税負担への不満を背景に成立したレーガン政権は，大規模な個人所得税減税を第一義的な政策課題として掲げ，1981年経済再建税法として実現させた（レーガン減税）。他方で，財政再建の公約実現のための社会保障・社会福祉関連経費をはじめとした財政支出の削減は，下院で多数派を占めていた議会民主党の抵抗により思うようには進まず，また，「強いアメリカ」の実現を公約していたことから軍事費は逆に大幅増加を辿った。結果，レーガン政権は，当初公約として掲げていた財政再建とは裏腹に，財政赤字の拡大を招くこととなった（ストックマン［1987］）。

レーガン政権を継承したG・H・W・ブッシュ政権は，レーガンが遺した巨額の財政赤字という負の遺産への対応に苦慮した。当初G・H・W・ブッシュ政権は民生支出の削減による財政赤字の削減を，議会多数派であった民主党は軍事費削減と増税による財政赤字削減を主張し，両者の溝は埋まらず予算編成の膠着状態が続いたが，最終的に政権首脳部と議会幹部からなる予算サミットにおいて，政権側が増税を容認し，民主党議会側が民生支出削減幅の拡大を容認するという両者痛み分けの財政赤字削減策が1990年包括財政リコンシリエーション法としてとりまとめられ，かろうじて議会を通過，立法化された。同法の財政赤字削減スキームは，その後ビル・クリントン政権にも継承され，1990年代の連邦財政赤字の縮小，黒字化を導く転機となった。しかし他方で，増税を容認したG・H・W・ブッシュ政権に対する保守からの批判は激しく，G・H・W・ブッシュは自陣営から「裏切り者」とされて支持を失い，2期目を目指す大統領選挙で敗北の憂き目を見ることとなった。以降共和党内では増税は禁句となる。

1993年に発足したクリントン政権は，最初の2年間は，両院で民主党が多数

派を占める統一政府の下で，増税，民生支出，軍事費の削減という財政赤字削減パッケージをとりまとめた（1993年包括財政リコンシリェーション法）。クリントン政権はさらに進んで，国民皆保険を目指す医療保険改革法の制定を目指したが，これが保守からのネガティブ・キャンペーンの格好のターゲットとされ，1994年の議会中間選挙で民主党は両院で共和党に多数派の地位を奪われる。

　両院で多数派の地位を占め，保守としてのイデオロギー的凝集力を増した議会共和党は，大規模減税と均衡予算をセットにして政府支出の削減（小さな政府）を実現するという財政再建策を前面に打ち出し，クリントン政権と対峙した。政権と議会との財政改革の方途をめぐる溝は一向に埋まらず，毎年の歳出予算の策定すら立法化できなかったため，1995年末から1カ月近くにわたり政府活動が停止するという事態をも招いた（松原［1998］）。両者が財政赤字削減策に関して合意に至ったのは2年以上の議論を経た1997年のことであり，それも両者が歩み寄った結果ではなく，この間進行した景気拡大により想定外の税収増と支出削減が実現し，財政赤字削減交渉のハードルが低くなったためであった。

　1998年度に連邦財政収支が黒字に転化することにより，財政改革をめぐる論争は，財政再建の方途から財政黒字の使途へと，その様相を一変させることになる。すなわち，共和党保守は，財政黒字が連邦政府による国民からの必要以上の徴税の結果であるとして，減税による財政黒字の国民への返還を求めた。これに対して，両院で少数派の地位に甘んじてきた議会民主党は，1980年代以降財政再建の名の下に厳しい支出削減の憂き目に甘んじてきた民生支出の拡大にこそ，黒字は向けられるべきだと主張した。こうした左右からの財政弛緩を求める要求に対して，クリントン政権は，財政黒字が，社会保障年金をはじめとした将来的な連邦財政の収支悪化に備えて積立金として充当されるべきだと主張した。

　このような三すくみ的な状況は，2000年大統領選挙でG・W・ブッシュ共和党統一政府の実現により，減税路線へと一気に舵が切られた。G・W・ブッシュ政権は，財政黒字の国民への返還というスローガンの下，レーガン減税を大幅に上回る減税立法を提案，早々に成立させた（2001年経済成長・減税リコンシリェーション法）。その後もG・W・ブッシュ政権と共和党多数派議会は，毎年のように減税立法を通過させ，その結果税収は大幅に落ち込んだ。

他方で財政支出はといえば,「小さな政府」の実現という保守の論理とは裏腹に膨張を続けた。その第一の理由は,冷戦終結後の1990年代において削減傾向にあった軍事費が,2001年の同時多発テロ事件,さらにはその後の対アフガニスタン,対イラク戦争によって増大に転じたことである。しかし問題はこと軍事費にとどまらない。第二に,国内民生費もまた,GDP伸び率を上回るペースで増加し続けた。議会多数派となった共和党にとって予算資源は自らが増分主義的行動をとって自己の政治基盤を維持する手段へと転化した。こうした共和党議会とG・W・ブッシュ政権の財政支出への依存は,民主党からのみならず均衡財政を重視する共和党内の強硬派からも厳しい批判にさらされた。2006年中間選挙における両院での共和党の多数派からの失脚,G・W・ブッシュ政権の支持率低下とレームダック化は,こうした共和党の内部瓦解の結果であった。

(3) 景気対策,オバマケア,トランプ減税と財政赤字の拡大

2009年に成立したオバマ政権は,世界金融危機からの脱却を目指した大規模景気対策,さらには医療保険改革法を制定し,レーガン以来の「小さな政府」路線からの転換を志向した。第一に,オバマ政権は発足直後,大規模な景気対策を2009年アメリカ景気回復・再投資法(ARRA)として立法化した。総額7870億ドルの景気刺激策を盛り込んだARRAは,減税措置が2880億ドル(全体の37%),州・地方政府財政への補助金(そのほとんどはメディケイドと教育経費)が1440億ドル(18%),残りの3550億ドル(45%)が,各種の公共投資や失業対策・職業訓練,医療,教育費などの財政支出に充当された。議会予算局(CBO)は,ARRAにより2009年度で1550億ドル,10年間で2950億ドル財政赤字が増加したと推計している。

第二に,オバマ政権は,自身最大の公約であった医療保障改革法(オバマケア)の立法化にこぎ着けた(その詳細については第7章を参照)。医療保障改革法はリコンシリエーション法として立法化されたため,形式的には財政赤字中立の長期推計で設計されたものの,個人保険への連邦補助やメディケイドの上乗せといった支出増を賄う財源として想定されていた,医薬品業界や富裕層向け医療保険に対する増税措置は後年度施行されるものとされ,未だにその中止や延期が続いている。これら2つの大規模立法はいずれも,民主党統一政府の下,

共和党からの協力を一切得られず，党派的プロセスで制定された。

　2010年中間選挙で下院多数派の地位を奪還した共和党は，政府債務法定上限引き上げを盾に取り，大規模な支出削減による財政赤字削減をオバマ政権に迫り，オバマ政権と議会共和党指導部との間で瀬戸際政治が展開された。富裕層増税で赤字削減を構想したオバマ政権，民主党と，義務的経費をはじめとした大規模な支出削減を求めた共和党との溝は一向に埋まらず，結果生み出された財政赤字削減スキームは，裁量的経費のみに非現実的な支出上限を設定する結果となり，実質的な赤字削減は進まなかった（詳細はコラム6を参照）。

　2017年に成立したトランプ政権は，共和党統一政府の下，大規模な減税立法である減税・雇用法（TCJA）を制定した。TCJA は，法人税率の35％から21％への大幅引き下げを最大の柱とし，これに全所得階層を対象とした個人所得税の一律減税（2025年度までの時限立法）なども盛り込み，向う10年間で総額1.5兆ドルの減税を実施した。TCJA もまたリコンシリエーション法として党派的プロセスで制定されたが，財政赤字との関係では，両院の予算決議が大幅な財政赤字を許容するものであったため，減税の多くは財政赤字の拡大によって賄われることとなった（河音［2020］）。

　以上をまとめると，共和党の「小さな政府」を求める財政改革は大規模減税に収斂し，対する民主党はニューディール，「偉大な社会」以来の社会保障プログラムの保持を求め，その対立構図は分極政治の下で非和解的なものとなり，結果，財政赤字体質は放置され，財政規律の弛緩とともに財政赤字は巨額化の一途を辿ってきた。

4　新型コロナ対策と「大きな政府」への転換？

　新型コロナウイルスの感染急拡大とそれに伴うロックダウン措置により，連邦議会は大規模な財政出動を実施した。表6-3は，アメリカ連邦政府による一連の新型コロナ対策の概要をまとめたものである。以下，感染拡大の初期段階の2020年3月に成立をみた，新型コロナウイルス対策法（CARES 法）の概要についてみてみよう。

　総額2.1兆ドルに上る CARES 法は超党派の支持を得て迅速に成立した。その概要は，以下4点にまとめられる。第一は，企業救済のための融資である。

コラム6

2011年の債務上限危機

　他の立法とは異なり，予算は決められた期限内に必ず成立させなければならない。それゆえ予算立法は「マスト・パス法」と呼ばれる。党派間のイデオロギー対立が激化する中，予算のマスト・パス的性格を駆使して，オバマ政権と下院共和党指導部とは，瀬戸際政治を繰り返した。

　その最大の攻防が2011年の政府債務法定上限引き上げ問題であった。1917年自由公債法以来，連邦政府の債務上限額は議会が制定することとされており，法定上限額を超えた国債の発行は認められていない。下院共和党指導部は，政府債務法定上限の引き上げを人質として，大規模な支出削減予算の策定をオバマ政権，民主党に迫った。国債発行が叶わなければ連邦政府は債務不履行（デフォルト）となる。オバマ政権と下院共和党指導部との間で水面下の交渉が行われたものの，両者の溝は一向に埋まらず，結果，両者が唯一折り合える裁量的経費に対する厳しい上限設定（CAP）という，形式的な財政再建スキームの策定で債務不履行の危機はなんとか回避された（2011年予算統制法（BCA））。しかしながら，両者の妥協の産物であったBCAは有効に機能するはずもなく，CAPは幾度となく引き上げられてきた（河音［2016］，ウッドワード［2012］）。

　上記に限らず，オバマ政権期の予算編成は，暫定歳出予算法，租税の時限立法などを人質として瀬戸際政治が繰り返され，分極政治による「決められない政治」の象徴となってきた。

その内訳は，航空会社を含む大企業向け（5320億ドル）と，中小企業向け（3770億ドル，その後不足分を随時追加）に分けられ，前者には一定の解雇規制が条件とされた。後者はPaycheck Protection Program（PPP）と呼ばれ，返済の不履行を容認するなどきわめて寛容な措置がとられた。第二は，失業補償の期間延期と補償金の上乗せ支給である。失業補償の受給期間が延長されるとともに，連邦政府により週あたり600ドルが追加支給された（その後300ドルに減額）。第三は，上記のような措置を講じてなお支給の対象から外れるギグ・ワーカーなどを念頭に置いた，一人あたり300ドルの一律給付金の全世帯への支給である（2900億ドル）。第四は，納税猶予を含む減税措置，医療関連業界への補助，州・地方政府への補助金などその他の措置である。

表6-3　アメリカ連邦政府による新型コロナウイルス対策の概要

(10億ドル)

2020年			
3月6日	P. L. 116-123	FY2020補正予算・コロナウイルス準備対策法	83
		ワクチン開発等	64
3月18日	P. L. 116-127	家庭ファーストコロナウイルス対策法	191
		失業補償	5
		ウイルス検査無償化等医療措置	163
3月27日	P. L. 116-136	CARES Act	2,100
		大企業・地方政府への融資	532
		PPP	377
		失業補償	260
		家計・個人給付金	290
		州・地方政府補助金	150
		納税猶予を含む減税	290
		医療関連	385
4月24日	P. L. 116-139	PPP及び医療高度化法	483
		PPP	383
		医療・教育関連	100
12月27日	P. L. 116-210	FY2021統合歳出予算法	920
		失業補償の延長	120
		最大600ドルの家計・個人給付金	166
		PPP	325
		その他	309
2021年			
3月12日	P. L. 117-2	アメリカン・レスキュー・プラン法	1,900
		失業補償の再延長	246
		1,400ドルの家計・個人給付金	410
		納税猶予を含む減税	143
		州・地方政府補助金	360
		教育機関への補助	176
		COVID-19直接対策を含む医療	228
		中小企業対策	84
		航空・空港支援	56
		農業支援	16
		その他	194

出所：CBO［2020a］*CBO Estimate for H. R. 6074, the Coronavirus Preparedness and Response Supplemental Appropriations Act,* Mar. 4, CBO［2020b］*Preliminary Estimate of the Effects of H. R. 6201, the Families First Coronavirus Response* Act, Apr. 2, CBO［2020c］*Preliminary Estimate of the Effects of H. R. 748, the CARES Act, Public Law 116-136, Revised, With Corrections to the Revenue Effect of the Employee Retention Credit and to the Modification of a Limitation on Losses for Taxpayers Other Than Corporations,* Apr. 27, CBO［2020d］*CBO Estimate for H. R. 266, the Paycheck Protection Program and Health Care Enhancement Act as Passed by the Senate on April 21, 2020,* Apr. 22, Ackerman, Andrew, et. al.［2020］"What's in the $900 Billion Covid-19 Relief Bill," *The Wall Street Journal,* Dec. 27, Stamm, Stephanie and Maureen Linke［2021］"What Is in the Third Covid-19 Stimulus Package？," *The Wall Street Journal,* Mar. 11 より筆者作成。

　2020年の大統領選挙による政治的な駆け引きがありつつも，感染拡大が長期化するに伴い，CARES法のスキームは一連の追加的な財政措置によって継続されてきている。ジョー・バイデン政権により制定されたアメリカン・レスキュー・プラン法も基本的にCARES法の延長線上にある。

　新型コロナ蔓延の初期段階において，Baldwin and di Mauro［2020］は，「今こそ巨大キャノン砲を放つべきときだ。こぢんまりとおずおずすべきときではない。なすべきことは何でも，迅速にすべき」と論じ，大胆な財政対策の必要性を訴えた。アメリカ連邦政府の新型コロナ対策は，おおむね彼らの指摘に沿った，もっぱら需要サイドからの経済刺激策であった。新型コロナに対する財政刺激策は総額5.5兆ドルを超え，きわめて巨額となっている。結果，アメリカは世界最大規模の感染大国となりつつも，一連の大規模な財政刺激策により経済の減速は相対的に軽微にとどまっている（第1章を参照）。

　また，バイデン政権は，民主党統一政府であることを背景として，大規模な新型コロナ対策の延長線上に，環境対策をも含めた大規模なインフラ投資，さらには修学以前の児童支援や二年制大学の学費無償化などの中産階級対策を，富裕層増税とセットにして矢継ぎ早に打ち出している。対する共和党は，トランプ時代にレーガン的「小さな政府」から変質し，守勢一方という現状にある（第5章を参照）。この意味で，新型コロナの感染拡大を経て，バイデン政権の財政政策は「大きな政府」への一大転換期となる可能性を有している。

5　財政赤字の持続可能性

　問題は，新型コロナに対する経済対策やバイデン政権が提案している新規プログラムが，これまで拡大の一途を辿ってきた財政赤字と政府債務の膨張をさらに加速させるということである。議会予算局（CBO）の推計によれば，2020年度の財政赤字は3.1兆ドル，対GDP比で15％となり，民間保有国債残高は対GDP比100％に急増するとされている。こうした近年の積極財政への転換と**財政の持続可能性**との関係をどのように考えるのか。この点について最後に論じ，まとめとしたい。

　財政赤字拡大，政府債務累積の第一の問題点は，中央銀行が国債を引き受けた場合はインフレ，ないしは民間による国債ファイナンスの場合は金利の高騰

を招いて経済に悪影響を与えるということである。ただし，1990年代以降，財政赤字巨額化の下でも，アメリカ経済は長期にわたって低インフレ，低金利の状況が続いてきた。財政赤字のための国債ファイナンスが，実体経済ではなく金融資産の膨張によって賄われ，いわゆるバブル経済によって吸収されるというマクロ経済の構造変化に加え（第1章を参照），近年恒常化しているFRBの非伝統的金融政策が問題の顕在化につながっていない理由だと考えられる。

　財政赤字，政府債務の第二の問題点は財政の硬直化である。巨額の財政赤字の継続は国債利払い費の累積的拡大に帰結し，税収の相当部分が国債利払い費に充当されることになり，財政資源を本来の政府サービスに充当できなくなってしまう（**財政の硬直化**）。ただし，近年の超低金利環境にあって，政府債務残高が高まる下でも，現在のところ国債費の増加は回避されている。

　第三の問題点は，アメリカ財政赤字の対外依存の進展とドルの信認である。図6-3は，連邦国債残高の保有者別の推移を示したものである。このうち非市場性国債の大半を占めるのは社会保障年金の積立金であるが，ベビーブーマーの大量退職が本格化する今後においては，社会保障年金による買い増し余力は限定されている。市場性国債のうち，金融機関を中心とした国内投資家による保有は，当面的に有利な投資先がないがゆえの消極的な動機による国債保有であり，アメリカ経済が成長に転ずれば金利上昇のリスクをはらんでいる。それゆえ，程度の差はあれ今後も増発され続ける連邦国債は海外保有に依存せざるをえない。

　一方で，ドルに代位しうる有力な外貨運用手段が存在しない現在においては，財政赤字の増大が一朝一夕にドル資産からの逃避につながるわけではない。しかし他方で，金融危機後には，世界の黒字国が対外資産を米国債で保有するのもまた，当面ドル以外に有力な代替資産がないからという消極的な動機でしかなく，中国や日本をはじめとした海外勢の国債保有率は近年低下傾向にある。

　現代金融理論（MMT）のように，国家の信認さえあれば財政赤字拡大に上限はないとの極論もあるが，他方で，近年の巨額の財政刺激策がアメリカ経済の過熱を招き，インフレや金利上昇，さらには国債費膨張による財政の硬直化を招く可能性を懸念する声もある（Summers [2021]）。ポスト・コロナをにらみ，財政赤字，政府債務の膨張が新たな段階を迎える中，アメリカマクロ経済との関係でのその持続可能性が，改めて問われているといえよう。

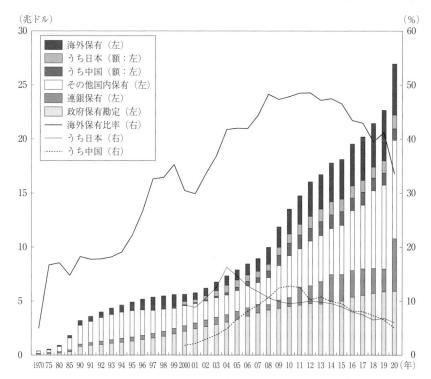

図6-3　保有者別アメリカ国債残高の推移（1970〜2020年度）

注：1．保有額は棒グラフ（左軸），海外保有比率（市場性国債に占める割合：%）は折れ線グラフ（右
　　　軸）で示している。
　　2．数値はいずれも会計年度末（9月末）の値。
　　3．海外保有比率は，民間保有国債に対する比率。
　　4．日本，中国の保有額・保有比率は2000年度以降の数値のみ示している。
出所：Department of Treasury, *Treasury Bulletin,* various issues, Table OFS-1, Department of the
　　　Treasury, Office of International Affairs ホームページより筆者作成。

＿＿＿＿＿
｜考えてみよう・調べてみよう｜
￣￣￣￣￣

①　アメリカ財政の特徴について，ヨーロッパ諸国や日本など他の先進資本主義諸国
　　と比較して指摘してみよう。

　　⇨税制，主な支出項目，政府規模などの対GDP比をOECDの統計などで比較検討
　　　してみるとよい。

②　新型コロナ対策以降のアメリカの経済刺激策や富裕層増税などバイデン政権の財
　　政政策について，これまでの「小さな政府」からの転換と言えるのかどうか，考え

てみよう。

　⇨共和党，民主党の別に，それぞれの財政政策のスタンスがこれまでとどのように
　　変化しているのか，あるいはしていないのかを整理してみるとよい。

③　財政赤字の拡大，政府債務累積の問題点について，既存の経済政策論，財政理論
　の妥当性について検証してみよう。

　⇨本章で指摘した，インフレや金利の上昇，財政の硬直化，対外信用という３つの
　　論点別に整理してみるとよい。

おすすめの本・ホームページ

ジェラルド・A・エプシュタイン［2020］『MMT は何が間違いなのか？──進歩主
　　義的なマクロ経済政策の可能性』徳永潤二・内藤敦之・小倉将志郎訳，東洋経済
　　新報社。

　⇨ With コロナも含めた今日の財政赤字の巨額化，政府債務累積の膨張について，
　　緊縮財政を批判しながらも，通貨発行特権の見地から MMT 理論を批判的に論
　　じた書物。財政赤字の持続可能性を考える上での出発点となる。

渋谷博史［2005］『20世紀アメリカ財政史（Ⅰ・Ⅱ・Ⅲ）』東京大学出版会。

　⇨ニューディール期から20世紀末に至るアメリカ連邦財政の歴史的推移を詳細に論
　　じた著作。

渡瀬義男［2011］『アメリカの財政民主主義』日本経済評論社。

　⇨財政は税収，財政支出の各項目や予算編成過程をはじめとした諸制度が難解で，
　　このことが研究の壁になる。本書は，複雑に入り組んだアメリカの財政・予算シ
　　ステムを包括的かつ正確に解説したものであり，本格的なアメリカ連邦財政研究
　　のための必携文献。

参考文献

アアロン・B・ウィルダフスキー［1972］『予算編成の政治学』小島昭訳，勁草書房。

ボブ・ウッドワード［2012］『政治の代償』伏見威蕃訳，日本経済新聞出版社。

河音琢郎［2006］『アメリカの財政再建と予算過程』日本経済評論社。

河音琢郎［2010］「アメリカ連邦予算過程における財政規律の弛緩とリコンシリェー
　　ションの変容」和歌山大学経済学会『研究年報』第14号。

河音琢郎［2016］「財政政策──『決められない政治』とその場しのぎの予算編成」
　　河音琢郎・藤木剛康編著『オバマ政権の経済政策──リベラリズムとアメリカ再
　　生のゆくえ』ミネルヴァ書房。

河音琢郎［2020］「アメリカ2017年減税・雇用法（いわゆるトランプ減税）の企業課

税，国際課税面意義と課題」国際経済学会『国際経済』第71号。

デイヴィッド・A・ストックマン［1987］『レーガノミックスの崩壊』阿部司・根本政信訳，サンケイ出版。

関口智［2015］『現代アメリカ連邦税制──付加価値税なき国家の租税構造』東京大学出版会。

中林美恵子［2021］「トランプ政権における財政規律問題」東京財団政策研究所監修，久保文明編『トランプ政権の分析──分極化と政策的収斂の間で』日本評論社。

松原克美［1998］『対立の構図──クリントン大統領と議会』東洋出版。

吉田健三［2019］「財政と金融」岡山裕・西山隆行編『アメリカの政治』弘文堂。

Baldwin, Richard and Beatrice Weder di Mauro［2020］"Introduction," Richard Baldwin and Beatrice Weder di Mauro（eds.）, *Mitigating the Covid Economic Crisis : Act Fast and Do Whatever It Takes,* Center for Economic Policy Research, CEPR Press.

Savage, James D.［2021］"Budgeting in the United States," George M. Guess and James D. Savage（eds.）*Comparative Public Budgeting : Global Perspectives on Taxing and Spending : 2nd Edition,* Cambridge University Press.

Schick, Allen［2007］*The Federal Budget : Politics, Policy, Process, 3rd ed.,* Brookings Institution Press.

Summers, Lawrence H.［2021］"Biden's Covid Stimulus Plan Is Big and Bold but Has Risks, Too," *The Washington Post,* Feb. 5.

（河音琢郎）

第7章

医療保障政策
—— "オバマケア" による変化と限界 ——

2010年の医療保障改革法（いわゆる "オバマケア" 法）の成立により，アメリカで初めて，国民に医療保険加入が義務付けられた。ただ，すべての国民を対象とした公的医療保険を創設し，いわゆる「国民皆保険体制」に転換したわけではない。アメリカの医療保障システムは，雇用先を通じた民間医療保険への加入を前提に，それに加入することが困難な高齢者や貧困・低所得層を対象にした公的医療保障を位置付けており，その政策志向は，医療保障に対しても国家の介入を忌避するというアメリカの自由主義を体現しているといえる。しかしそれゆえに，第一に医療保険に未加入で，公的医療保障も受けていない無保障者が数多く存在すること，第二に国民医療費の膨張という医療保障における二大問題を抱えている。医療保障改革により前者については一定の改善をみたが，後者については依然として解決していない。また，新型コロナ感染拡大により，アメリカ医療保障システムの欠陥が，格差問題として顕在化している。

1　アメリカが抱える医療保障をめぐる二大問題

（1）無保障者の存在

アメリカの医療保障システムが抱える二大問題として，第一に医療保険に加入していない**無保障者**が数多く存在すること，第二に国民医療費の膨張とその負担問題が指摘できる。

まず，2010年までの無保障者数および無保障率の状況をみてみよう。アメリカ国民に占める無保障者の割合すなわち無保障率は，1990年代末の2年ほど減少に転じたが，2000年代に入って無保障者は増加の一途をたどった。2007年からの世界同時不況の影響もあって，2010年には非高齢者の無保障者数は約4721万人に上り，無保障率は15.5％に達した。とくに19〜64歳の無保障者が4000万人以上を占め，同年齢層の5人に1人が無保障という状況であった（図7-1）。

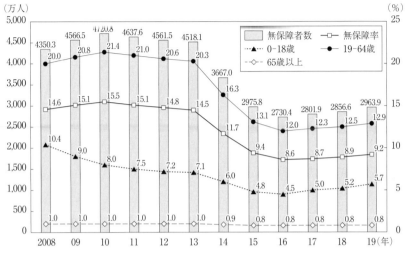

図7-1　無保障者数及び無保障率の推移（2008～19年）

注：無保障者数（棒グラフ）は左軸，無保障率（折れ線グラフ）は右軸。
出所：U. S. Census Bureau, 2008 to 2019 American Community Surveys より筆者作成。

　また，図7-2で諸特徴別に2010年の無保障の状況を見てみると，貧困・低所得層は無保障者の割合が高く，2010年では家計所得2万5000ドル未満の所得層の26.9％が無保障状態である一方で，5万ドル以上の所得層では15.4％，7万5000ドル以上の所得層の無保障者は8.0％にすぎない。とくに，19～64歳の年齢層においては，連邦貧困基準200％未満の所得層の41.5％が無保障者であった。人種別でみると，白人（ヒスパニック除く，以下同様）と比較して，黒人やヒスパニックの無保障率が高く，白人の11.7％が無保障状態であるのに対し，黒人の20.8％，ヒスパニックの30.7％が無保障状態に置かれていた。

　そのような状況の中，2010年に成立した医療保障改革法により，個人に対する民間医療保険への加入の義務化とともに，保険加入の支援策等が実施されることとなった（詳しくは，次節参照）。

（2）医療保険の加入構造

　表7-1は，2008年から2019年までの医療保険の加入構造をまとめたものである。

　最も多くのアメリカ国民が加入先としているのが民間医療保険，とくに雇用

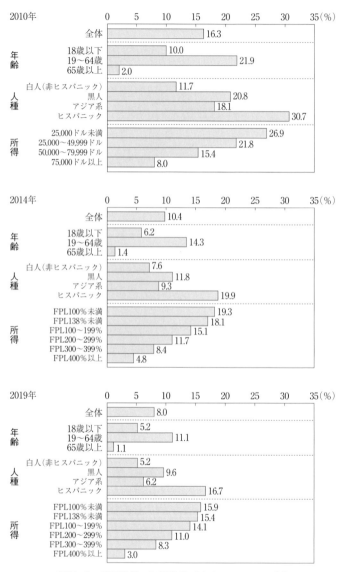

図 7 - 2　諸特徴別の無保障率（2010，2014，2019年）

注：図 7 - 1 とは無保障者の調査時期が異なるため，数値も若干異なる。2010年については，図 7 - 1 は調査時点での保険加入状況で無保障かどうかを調査，図 7 - 2 は調査年全体で無保障かどうかを調査しているため，定義も異なる。

出所：U. S. Census Bureau, Current Population Survey, 2011. 2015. 2020 Annual Social and Economic Supplement より筆者作成。

表7-1　アメリカの医療保険加入構造（2008〜19年）

		2008年	2009年	2010年	2011年	2012年	2013年	2014年	2015年	2016年	2017年	2018年	2019年
人数（万人）	民間医療保険	20778.6	20330.0	20026.9	19987.1	20121.3	20239.1	20833.3	21351.4	21585.9	21695.2	21762.3	21781.2
	雇用主提供医療保険	17529.4	17063.3	16713.7	16754.1	16872.4	16805.9	17026.5	17229.2	17390.7	17631.9	17774.0	17891.9
	個人購入医療保険	4234.6	3962.5	3871.9	3745.3	3768.1	3702.2	4021.5	4363.3	4481.5	4340.6	4319.1	4230.2
	公的医療保障	8143.1	8595.6	9037.5	9341.8	9613.6	9817.3	10422.8	10987.4	11268.8	11372.0	11475.0	11431.5
	メディケイド	4522.9	4877.4	5185.5	5401.2	5517.8	5566.9	6034.6	6473.9	6635.7	6613.1	6596.5	6407.7
	メディケア	4264.9	4349.1	4481.8	4609.8	4790.8	4941.9	5111.2	5269.4	5412.6	5547.3	5686.9	5832.7
	軍人関係の医療保障	1387.6	1384.0	1417.1	1458.9	1499.1	1496.3	1522.2	1545.9	1585.7	1593.0	1624.4	1602.9
	無保険	4350.3	4566.5	4720.8	4637.6	4561.5	4518.1	3667.0	2975.8	2730.4	2801.9	2856.6	2963.9
	合計	29857.1	30147.2	30428.8	30656.1	30889.6	31115.8	31389.0	31645.1	31817.6	32077.5	32224.9	32312.1
構成比（％）	民間医療保険	69.6	67.4	65.8	65.2	65.1	65.0	66.4	67.5	67.8	67.6	67.5	67.4
	雇用主提供医療保険	58.7	56.6	54.9	54.7	54.6	54.0	54.2	54.4	54.7	55.0	55.2	55.4
	個人購入医療保険	14.2	13.1	12.7	12.2	12.2	11.9	12.8	13.8	14.1	13.5	13.4	13.1
	公的医療保障	27.3	28.5	29.7	30.5	31.1	31.6	33.2	34.7	35.4	35.5	35.6	35.4
	メディケイド	15.1	16.2	17.0	17.6	17.9	17.9	19.2	20.5	20.9	20.6	20.5	19.8
	メディケア	14.3	14.4	14.7	15.0	15.5	15.9	16.3	16.7	17.0	17.3	17.6	18.1
	軍人関係の医療保障	4.7	4.6	4.7	4.7	4.9	4.8	4.8	4.9	5.0	5.0	5.0	4.9
	無保険	14.6	15.1	15.5	15.1	14.8	14.5	11.7	9.4	8.6	8.7	8.9	9.2
	合計	100	100	100	100	100	100	100	100	100	100	100	100

出所：U. S. Census Bureau, 2008 to 2019 American Community Surveys より筆者作成。

主提供医療保険である。雇用主提供医療保険とは，雇用主が被用者やその家族，退職者に対して，付加給付の一つとして提供する民間医療保険である。雇用主は，被用者（および扶養家族）に医療保険の提供や保険料拠出を法的に義務付けられているわけではなく，ほぼすべての大企業（被用者数200名以上の民間企業の99％）と連邦・州・地方政府機関が医療保険を提供している一方で，中小企業（被用者数200名未満）では半分程度にとどまっている（Kaiser Family Foundation ［2020］）。1980年代までは，非高齢者の雇用主提供医療保険への加入率は7割を超えていたが，1990年代の堅調な経済成長のもとでも加入率は65％前後にとどまった。2000年代以降も低下傾向が続き，2010年には6割を切るまでに落ち込んだ（2000年69.3％→2010年58.8％（U. S. Census Bureau ［2001-2011］）。

　雇用主がどの保険会社のどのような医療保険プランを提供するかは多様であり，また加入資格条件や雇用主と被用者との間での保険料拠出の分担割合も異なる。ただ，企業が付加給付として医療保険を提供すること，および被用者の保険加入には，拠出した保険料を税額控除できるなどの税制上のインセンティブが与えられている（渋谷［2005］，関口［2010］）。フルタイムではない非正規雇用は加入資格が得られにくく，また低賃金被用者ほど，自らの所得から保険料拠出をする負担は大きい。

　民間医療保険には，個人で保険会社から直接あるいは医療保障改革で創設された**医療保険取引所**を通じて医療保険を購入するものもある（個人購入医療保険）。個人購入医療保険の国民全体での加入率はそれほど多くないが，後述する医療保険取引所の創設により，2011年から2016年までの間に約736万人増加している。

　公的医療保障のうち，公的医療保険は，連邦政府が管理・運営する**メディケア**のみである。メディケアは，民間医療保険に加入することが困難な高齢者や障害者への対応として，社会保障法修正法（1965年）により創設された。メディケア受給資格者は，社会保障年金を受給する65歳以上の高齢者，そして65歳未満の身体障害者，末期腎疾患患者である。メディケアの入院でかかる費用を保障する保険（パートA）のみが強制加入であり，現役時代に被用者（事業主と折半）や自営業者として10年以上社会保障税（payroll tax）を納付することで受給資格を得られる。メディケアでの医師の診療や処方箋薬などの費用を保障する保険部分は任意であるがほとんどの高齢者が加入しており，またメディケア

対応の民間医療保険に代わりに入ることもできる。

　メディケイドは，メディケアと同時に創設された，州政府が実施する貧困者を対象とした医療扶助プログラムである。連邦政府は，州がメディケイドを実施する場合に満たすべき最低限の適用要件とそれに対する最低限の基本サービスについて定めている。州政府はこの連邦政府のガイドラインに基づき，適用要件（適用対象や所得要件など）や給付範囲・期間，診療報酬支払いなどについて，独自に規定・運営している。後述するように，医療保障改革により，連邦が定めるメディケイドの適用要件が寛大化され，2014年から施行された。また，1997年に創設された児童医療保険プログラム（CHIP）は，メディケイドの適用要件には該当しないが民間医療保険には加入困難な低所得世帯の子どもをカバーするものである。対象となるのは，0歳から19歳までの子どもで，メディケイドより寛大な所得要件を設定している州が多い。

（3）増え続ける医療費と医療費負担

　次に，図7-3で，1980年以降のアメリカの医療費の推移を確認してみよう。国民医療支出は，一貫して延び続けている。国民医療支出は1980年代半ばに初めて対 GDP 比で二桁となり，2000年には13.3％となった。2010年には17.3％にまで上昇し，その後は対 GDP 比17％台を推移し，2019年には3兆7954億ドル，対 GDP 比17.7％となっている。また，国民医療支出の年平均伸び率は，近年では2011〜13年および2018年を例外に，GDP の伸び率を上回っている。

　国民医療支出の膨張は先進諸国に共通の課題となっているが，アメリカの国民医療支出は突出している。図7-4は，OECD 諸国の一人当たり医療費と医療費の対 GDP 比を示したものである。一人当たり医療費をみると，OECD 平均が4224ドルであるのに対し，アメリカは1万1071ドルである。また医療費の対 GDP 比は，OECD 平均が8.8％であるのに対し，アメリカは先述のとおり17.7％に上っている。

　次に，アメリカの医療費の負担構造についてみてみよう。図7-5は，2019年の国民医療支出とその負担者別内訳を示したものである。膨張する一方の国民医療支出は，公的部門が約45％，民間部門が約55％を支えている。

　主な公的部門の支出は，連邦政府によるメディケア支出および州政府に対する医療扶助に関する補助金，州・地方政府による医療扶助関連支出などである。

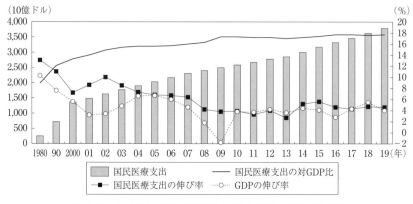

図7-3　アメリカ国民医療支出と GDP の推移（1960〜2019年）

注：国民医療支出は左軸，そのほかは右軸。

出所：Centers for Medicare & Medicaid Services, National Health Expenditures: Aggregate and Per Capita Amounts, Annual Percent Change and Percent Distribution: Selected Calendar Years 1960-2019より筆者作成。

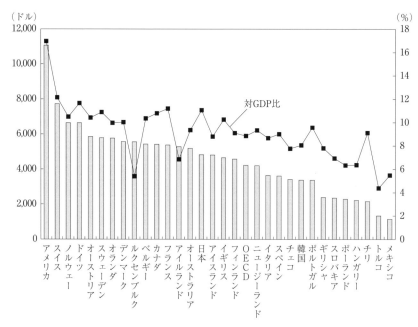

図7-4　OECD 諸国の一人当たり医療費と医療費の対 GDP 比（2019年）

出所：OECD Health Statistics 2020より筆者作成。

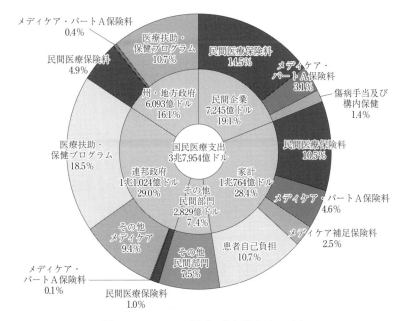

図7-5　アメリカ医療費の負担構造（2019年）

出所：U. S. Department of Health and Human Services ［2019］National Health Expenditures by Type of Sponsor: Calendar Years 1987-2019より筆者作成。

　連邦政府および州・地方政府による民間医療保険料拠出は，職員に対する医療保険の雇用主拠出分である。2019年の連邦政府による医療費負担は1兆1024億ドル，州・地方政府は6093億ドルに上っており，2009年と比較するとそれぞれ1.6倍，1.5倍となっている。医療保障改革を経て，公的部門がより多くの医療費を担うようになっている。

　他方，民間部門の支出は，民間企業と家計それぞれの医療保険料拠出とメディケア入院保険分の社会保障税，そして患者による自己負担などである。民間企業の医療費負担は7245億ドルで，その約76％は雇用主提供医療保険の保険料拠出である。民間企業の医療費負担は2009年と比較すると1.4倍になっているが，国民医療支出全体に占める負担割合としては徐々に低下傾向にある。1990〜99年の民間企業の国民医療費に占める医療費負担割合は23.5％であったが，2000〜09年では22.9％となり，2010〜19年は19.4％で，2019年は19.1％と減少している。また，家計の医療費負担は1兆764億ドルで，その内訳は，雇用主

提供医療保険や個人購入医療保険などの民間医療保険料が約37％，患者自己負担が約38％となっている。

2　医療保障改革（オバマケア）の主な内容

（1）パブリック・オプションの断念

　バラク・オバマ政権において提起された医療保障改革は，第一に無保障者の増加，第二に国民医療支出の膨張というアメリカ医療保障システムが抱えるますます深刻化する二大問題に，連邦政府としての政策的対応を模索するものであった。オバマ大統領は，医療保障改革は現在の無保障者だけでなく，保険加入者にとっても必要なものであると訴えた。すなわち，医療保険加入者に対してはより保険の安定性と安全性を高めること，医療保険未加入者に対しては保険料が負担可能な保険の選択肢を提供すること，そして国民，企業，政府の医療費負担を抑制することを改革の目的として掲げた。これらの目的達成の方策案として，「個人への医療保険加入の義務化」や「雇用主への分担責任」などとともに，「パブリック・オプションの創設」が挙げられた。

　しかし，パブリック・オプションの創設には民間医療保険市場を圧迫し，あるいは価格統制などの医療提供体制への国家介入を強めるものとして反発の声も強く，改革法そのものの成立も危ぶまれた。結果として，医療保障改革法においてはパブリック・オプションの創設は盛り込まれず，あくまで民間医療保障をベースに，無保障者問題と医療費問題に対処することとなった。

（2）個人への医療保険加入の義務化

　医療保障改革の最大の特徴は，個人に医療保険加入の義務を課したことである。ほぼすべてのアメリカ国民および合法居住者は医療保険に加入せねばならず，加入しない場合は罰則金が科されることとなった。その罰則金額は，一人当たり695ドル（最大一世帯当たり2085ドル）あるいは家計所得の2.5％のいずれか高い方とされた（金額は毎年インフレ調整される）。

　個人に対する罰則金を伴う加入義務については，改革法成立直後に違憲訴訟が起こされたが，2012年には最高裁で合憲判決が出されている。

（3）雇用主への分担責任

　民間医療保険の加入を維持・拡大するため，雇用主に対しては分担責任条項を設けた。雇用主に対する分担責任とは，フルタイム被用者50名以上の雇用主を対象に，その被用者が医療保険取引所を通じた保険加入をしている場合に，「所定の基準」を満たしているかどうかに応じて罰則金を科すというものである。

　「所定の基準」とは，⑴被用者やその扶養家族（配偶者除く）の95％以上に医療保険を提供すること，⑵基礎的医療給付を給付対象に含み，その保険給付割合が医療費の 6 割以上であること，⑶基礎的医療給付を含む最も安価な単身保険の被用者分の保険料拠出が家計所得の9.5％を超えない（インフレ調整により2019年は9.86％）ような "負担可能な" 保険プランであることを求めている。基礎的医療給付には，外来や救急，入院，処方箋薬や各種検査リハビリ，予防サービス等が含まれる。

（4）医療保険取引所の創設と保険料補助，コストシェアリング補助

　雇用先で医療保険に加入しない（できない）場合，他の家族が雇用先で加入する保険に加入できなければ，個人で保険会社から直接医療保険を購入することとなる。ただ，個人購入医療保険は一般に，同じ補償内容の雇用主提供医療保険よりも保険料が高く，雇用主拠出もないことから保険料負担が重くなりがちであった。そこで，医療保障改革では，州ごとに医療保険取引所を創設し，雇用先で医療保険に加入できない非正規雇用の人や事業主が保険提供していない業種の人，失業者等の低・中所得層に対して，新たな民間医療保険の加入支援を行うこととした。

　医療保険取引所は，基本的にウェブを介した個人購入医療保険の購入支援プログラムである。医療保険取引所を通じて保険に加入しようとする場合，最初の登録内容に基づき，メディケア受給資格の有無，所得状況等によりメディケイドや CHIP の適用条件を満たしていないかも審査され，それらに該当する場合はそちらの手続きに移行する。不法滞在者は，医療保険取引所を通じて保険に加入することはできない。

　医療保険取引所で提供される民間医療保険は，保険からの給付水準に応じて，4 つの保険カテゴリー（Bronze, Silver, Gold, Platinum）に区分されている。

Bronze に区分された保険プランは，保険給付率60％であり，金属の色が上位になるにつれ，10％ずつ保険給付率が高くなる。保険給付率が高い保険プランのほうが保険料も高く，複数の保険プランの選択肢のなかから自由に選択できる。

　連邦貧困基準100〜400％未満の所得層の人が医療保険取引所を通じて保険加入しようとする場合，所得に応じて**保険料補助**と**コストシェアリング補助**を受けることができる。

　保険料補助の額は，その地域の医療保険取引所で提供される Silver プランの2番目に低い保険料（Benchmark プラン）と連動し，所得に応じたスライド制で算定される。実際には，医療保険取引所を通じた医療保険への加入申込の際に，次の年の予想所得額に応じて保険料補助額と毎月の保険料負担が算出され，補助分については直接保険会社等に支払われることで，毎月の保険料負担が軽減される（年末の確定申告の際に，実際の課税総所得に応じて調整される）。

　さらに，連邦貧困基準100〜250％の家計所得の場合，Silver プランに加入することでコストシェアリング補助を受けることができる。コストシェアリング補助とは，実際に医療機関などを利用した際に発生する医療費の自己負担分について，定額控除（保険給付開始前の自己負担部分）の額を所得に応じて減額し，あるいは年間負担上限額を上回った場合にはその分を補助するというものである。

（5）メディケイドの適用条件の寛大化

　医療保障改革法では，民間医療保険への加入が困難な貧困・低所得層に対し，メディケイドを拡充することで，これらの層の無保障者を減らす方針を打ち出した。第一に，メディケイドの適用対象を，「メディケアの受給権を持たない低所得の非高齢者」とすることで，これまで列挙されていなかった「要扶養児童のいない成人」も対象に加えられた（これまでは高齢者，障碍者，子ども，妊婦，親のみが適用対象として列挙）。

　第二に，メディケイド適用の所得要件を，すべての適用対象者について連邦貧困基準133％以下にまで寛大化した。所得要件を審査する際，5％に相当する所得控除が認められるため，実質的には連邦貧困基準138％以下が対象となった。適用対象の拡大とともに，所得要件の緩和によって，これまでメディケ

イドが適用されなかった貧困・低所得のすべての成人や子どもが受けられることとなった。

　ただ，メディケイドの適用条件はあくまで連邦が定める基準として寛大化したに過ぎず，実際にはメディケイドを管理・運営する州政府が採用する必要がある。そこで医療保障改革法では，メディケイドの拡大に伴う支出の増加分を，連邦補助金としてその多くを負担することとした。合わせて，メディケイドの拡大を実施しない，あるいは実施できない州政府に対して，拡大したメディケイド支出分だけではなく，従来からのメディケイド支出についての連邦補助金を交付しないという制裁措置を盛り込んだ。

（6）保険規制と消費者保護

　医療保障改革以前は，大きな病気をした場合や既往症がある場合，保険者による加入拒否や高額な保険料となりやすいことから，民間医療保険の新規加入や契約更新が困難となっていた。医療保障改革法では，健康状態に基づく加入資格要件の設定を禁止し，保険者側は既往症者の保険引き受けを拒否できなくなった。また個人購入医療保険および小団体保険に対し，連邦としての保険規制として，保険料を算定する際に性別や病歴を加味してはならず，既往症に対しても，保険加入後の給付制限を禁止した。その他に，生涯保険給付上限額の設定の禁止，年間保険給付上限額の設定の禁止，保険料収入の80〜85％以上を保険給付あるいは保険の質の向上のための費用とすることを義務付けた。これらの保険規制は，一定の水準を満たす保険商品の提供を義務づけることで，保険商品そのものの改善を目指すものといえる。また，保険料を引き上げる場合は，その理由の開示と正当性の説明責任が規定された。

　扶養家族としての民間医療保険への加入は，これまで一般に成人に達するまで（多くの州の成人年齢は18歳）とされており，若年層における無保障率の高さにつながっていた。医療保障改革法では，扶養家族としての民間医療保険への加入を，25歳まで認めるよう寛大化した。医療保障改革法以前の段階でも，少なくとも31州が成人年齢以上の若年層に家族保険への加入を認めていたが，家族保険への若年層の加入可能年齢は州によって多様であり，また親に経済的に扶養されていることやフルタイムの学生であることなどの特定の条件を満たすことを求める州もあった。医療保障改革法では，すべての州の保険会社に対し，

親への経済的依存，親との同居の有無，学生，就労，婚姻しているかどうか，といった特定の条件に関係なく，26歳の誕生日を迎えるまで家族保険に扶養家族として加入することを認めるよう義務付けた。

3 医療保障改革（オバマケア）の意義と限界

（1）医療保障改革の意義

　医療保障改革法は2010年3月末の法案成立後，保険規制や消費者保護に関する規制が先行的に施行され，2014年に個人への医療保険加入の義務化やメディケイド拡大などの主要規定が施行された。医療保障改革の10年の間に，無保障者問題，そして国民医療支出と医療費負担の問題はどう変化したのだろうか。

　医療保障改革の成果として，無保障者が劇的に減少したことが指摘できる。2010年から2016年までの間に無保障者数は約1990万人減少し，無保障率は8％台まで改善した（図7-1参照）。とくに，既往症者および若年層の加入改善の貢献は大きい。これまで相対的に無保障率の高かった19歳から25歳の無保険率は10％近く減少し，また人種および所得階層間での格差は残るものの，いずれも無保障率が大幅に減少した（図7-2参照）。非高齢者の約27％（約5400万人，2018年）が既往症を理由として個人購入医療保険に加入拒否されうると推定されているが（Pollitz［2020］），医療保障改革法によって新規契約や契約更新が保障されたことで，雇用主提供医療保険やメディケイドなどを失った場合の保険加入先が保障されることとなった。

　医療保険取引所での医療保険加入も，2014年には約800万人，その後も年々増加して2016年には約1270万人となった。うち8割以上が保険料補助を受け，約5割がコストシェアリング補助を受けており，保険入手可能性および保険料負担可能性の向上に一定寄与しているといえる。

　また，メディケイドの適用条件の寛大化により，メディケイドの受給者も増加した（表7-1参照）。2013年から2016年までにメディケイド受給者は約1069万人増加，とくに非高齢者で連邦貧困基準200％未満では約446万人増加し，メディケイド適用率は5割となった。

　ただし，医療保障改革法では当初，メディケイドの適用条件の寛大化を州政府が不採用とした場合に連邦補助金を全額支給しないという制裁措置が盛り込

まれていたため，法案成立直後から，個人への加入義務化とともに，違憲訴訟が起こされた。2012年の連邦最高裁判決により，連邦政府によるメディケイド拡大規定自体は無効とされなかったが，不採用に伴う制裁措置については違憲とされた。その結果，メディケイドの拡充については州政府の裁量により採用・不採用が決まることになった。2014年からのメディケイドの拡大は，24州およびワシントン D. C. で採用され，その後徐々に広がり，2021年4月現在，37州（D. C. 含む）が採用・実施し，2州が2021年中に実施予定となっている。メディケイドの適用拡大を採用していない12州では，カバリッジ・ギャップと言われる，メディケイドも適用されず，医療保険取引所での保険料補助も受けられない無保障者が数多く存在することが指摘される（2021年4月時点で約220万人（Rudowitz et al. [2021]））。

（2）医療保障改革の限界

　ドナルド・トランプ共和党政権へと移行した2017年以降，無保障者数は増加に転じ，無保障率は徐々に悪化している。2019年3月の調査時点での加入状況では，無保障者数は約2964万人，無保障率は9.2％となった。背景には，景気動向，雇用状況に左右される雇用先での医療保障の入手可能性と継続性の問題とともに，トランプ政権によるオバマケア撤廃に向けた動きや"妨害"ともいえる政策運営の影響がある。

　共和党による医療保障改革法の撤廃・代替法案は少なくとも6つ提案されたが，すべて否決された。その後は，議会での廃絶の見込みがなくなったことから，医療保障改革法の大枠は維持したまま，"妨害"を試みている。たとえば，医療保険取引所の加入手続き期間の短縮，手続き支援を行うアウトリーチ・プログラムの予算を削減するなどした。また改革法では補償期間3カ月未満の保険について例外的に認めていた，医療保障改革法で定める給付基準を満たさない短期保険を，補償期間12カ月の保険プランにまで拡大した。

　2017年12月の減税・雇用法（TCJA）では，2019年以降の保険未加入者に対する罰則金を0ドルとしたことで，実質的に個人への加入義務を無効化した。このことを受けて，医療保障改革法の基本条項が無効となったことを理由に，法全体が違憲であるとする違憲訴訟が再び起こされている。また，メディケイドをはじめとした公的扶助を一定以上受ける移民の永住権申請を制限する移民

政策も，不法滞在者のみならず，合法的に居住する移民のメディケイド申請を躊躇させることとなった。

　次に，国民医療支出は一貫して伸び続けているが，対前年伸び率でみると，2000年代前半の6.8〜10.0％の伸び率からすると，2010年代以降の伸び率は2.7〜5.6％と少し抑えられている。一人当たり国民医療支出の伸び率も2010〜19年平均で3.6％であり，2000〜09年平均の6.0％を下回る。国民医療支出の規模やその伸びを規定する要因は複合的であり，たとえば2014年以降のメディケイド拡大や保険料補助等の民間医療保険加入の増加による連邦支出の増加や医療へのアクセス改善に伴う利用増加といった医療保障改革による影響だけでなく，高齢者の増加に伴うメディケア支出の増加，医療の高度化に伴う薬価の高騰の影響もある。医療保障改革は医療保険料や医療費の負担可能性の向上と政府，企業，家計の医療費負担の軽減を目的としたものであったが，その諸施策は医療支出に対する影響を相殺しうるものである。

　ただ，医療費や保険料の負担可能性という面では課題が残る。医療保険取引所で提供される医療保険プランの多くに給付を受ける前に支払わねばならない定額控除が設定されており，その額も増加傾向にある。Bronze プランの定額控除の中央値は6992ドル（2021年），Silver プランで4879ドル（同）となっている。低所得者ほど，高額な定額控除設定の比較的保険料の安い保険に加入しており，実際に医療を必要とする際の自己負担は大きい。

　雇用主提供医療保険の保険料も年々増加しており，賃金や物価の伸びを上回っている（図7-6）。被用者および雇用主の保険料負担の増加とともに，雇用主提供医療保険においても高額な定額控除が設定されたプランへの加入が増えており，その額も増加傾向にある。医療保険に加入しているにもかかわらず，高額な定額控除や窓口負担により，医療費負担が重い「低保障」の問題は，医療へのアクセスや健康にも悪影響を及ぼす。

　薬価の高騰への対応も課題として残されている。ランド研究所によると，アメリカの処方薬価格は他の OECD 諸国よりも大幅に高く，平均2.56倍（ブランド薬では平均3.44倍）となっている。トランプ政権下においても，メディケア，メディケイドなどのプログラムでの給付抑制策，薬価そのもののコントロールを図る策などが検討され，現在も複数の法案が検討されている。ただ，直接的な価格規制に対しては製薬会社や業界団体の反発が強く困難な状況である。

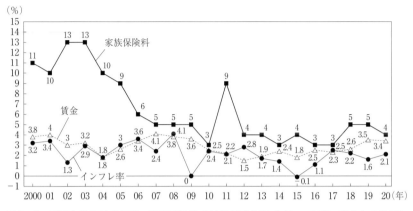

図7-6　雇用主提供医療保険・家族保険料の対前年変化率（インフレ率，賃金との比較）
（2000〜20年）

出所：Kaiser Family Foundation［2020］2020 KFF Employer Health Benefits Survey Chart Pack より
筆者作成。

4　アメリカ医療保障のゆくえ

　医療保障改革の10年の中で無保障者が大幅に減少するなど一定の改善が見られたものの，依然として多くの課題が残されている。ただ，トランプ政権に移行して以来，医療保障改革法の支持は不支持を上回り，増加している。カイザー・ファミリー財団実施の世論調査によると，民主党および無党派層と共和党支持者の間での支持率の差は歴然とあるものの，一貫して支持が不支持を上回り，その差も大きくなっている。2021年2月では，全体で支持54％，不支持39％で，民主党員の支持率は82％，無党派層で54％，共和党員で17％となっている（Kaiser Health Tracking Poll）。

　今後のアメリカ医療保障の選択肢としては3つの方向が考えられる。

　第一に，現在も続くテキサス州率いる共和党派の20州による医療保障改革法の違憲訴訟の結果，法全体が違憲との判決になる場合である。2021年4月現在，連邦最高裁の判決は出ていないが，もし違憲判決が出た場合，既往症者や若年層を対象とした消費者保護の規定や保険料補助等の民間医療保険加入支援の仕組み，メディケイドの拡充も，連邦法として無効ということになり，医療制度

コラム7

新型コロナ感染拡大下で顕在化する格差問題

　世界中で新型コロナウイルスの感染が広がる中，アメリカは最も感染者数およ
び死亡者数が多い国となっている。2021年4月29日現在，アメリカの感染者数は
約3200万人，死亡者数は57万人を超えている。そのような中，病院や診療所，介
護施設，工場，スーパーマーケット，農場等，人々の衣食住と健康を支える“エ
ッセンシャル・ワーカー”が危険な職場環境の中で働き続けていること，そして
ヒスパニックと黒人がより深刻な経済的ダメージを受け，さらに健康上の危険に
さらされていることが明らかとなった。2020年に少なくとも3600人以上の病院・
診療所や介護施設等で働く労働者が死亡し（Guardian, 2021年4月8日），カリ
フォルニア州での調査で，パンデミックにより農林水産業従事者の死亡率が39%
上昇し，交通・物流業では28%上昇，さらに農林水産業に従事するヒスパニック
の死亡率は59%（同業の白人は16%）も上昇したことが明らかとなった（Chen
et al. [2021]）。ニューヨーク市での調査で，新型コロナウイルスの罹患率およ
び死亡率が黒人とヒスパニックで非常に高く（アメリカ疾病管理センターによ
る），そしてコロナ禍での失業や収入減を経験した割合は，ヒスパニックの61%，
黒人の44%で，白人の38%よりも影響は大きいことが明らかとなっている（2020
年4月時点）（Facttank, 2020年5月5日）。

　全般に多大なる影響が及ぶと考えられる。その際には，トランプ政権での経験
同様，医療保障改革法に代わる代替法案の検討が不可避となる。
　第二に，**メディケア・フォー・オール**のような国民皆保険体制の確立を目指
す意見も，民主党を中心に一定の支持を集めている。メディケア・フォー・オ
ールとは，唯一の公的医療保険であるメディケアの適用対象を不法滞在者も含
めたアメリカに居住する人々に拡大し，連邦政府が単一の保険者となって国民
皆保険を実現するという制度案であり，2019年には民主党大統領候補であった
バーニー・サンダース上院議員やエリザベス・ウォーレン上院議員ら14名の民
主党員が法案を提出した。2020年12月には議会予算局が，単一支払いシステム
の5つのシナリオとそれぞれのコスト予測についての報告書を公開しているが，
必ずしも経済的に実現不可能ではないことが示唆されており，基本的な考え方
については徐々に支持が広がっている。

　第三に，2021年に大統領に就任したジョー・バイデン大統領が掲げる，医療保障改革法の枠組みを維持・拡充しつつ，民間医療保険と共存する公的医療保険をパブリック・オプションとして創設して，国民皆保険に近い形を目指す方向もある。新型コロナ感染拡大のなかで多くの失業者が発生し，その多くが職を失うとともに雇用主提供医療保険も喪失している。バイデン政権は，2022年度までの時限付ではあるが，医療保障改革法の増強を実施している。医療保険取引所を通じた保険加入拡大のために保険料補助の対象を連邦貧困基準400％以上の所得層にも拡大し，さらに補助額も増額する。また低所得の成人に対するメディケイドの適用拡大不採用州に対して連邦補助金を増額することで，メディケイド拡大に対応するよう求めている。

　新型コロナ感染拡大の中で，改めてアメリカ医療保障の脆弱性とそのなかでの格差問題が顕在化しており，今後どのような医療保障を目指すのか，注視する必要がある。

考えてみよう・調べてみよう

①　アメリカの無保障者問題の経緯とその特徴について，調べてみよう。
　　⇨無保障者の数や無保障率がどのように歴史的に推移してきたのか，無保障となる人々はどのような特徴を持った人たちなのか，に着目してみよう。
②　医療保障改革法の特徴をまとめ，その成果と課題について考えてみよう。
　　⇨オバマ政権が何を問題と考え，それに対しどのような施策を打ち出したのか，アメリカ医療保障の二大問題に関わる成果と課題について整理して考えよう。
③　アメリカではなぜ国民皆保険の実現が難しいのか，考えてみよう。
　　⇨国民皆保険についてのこれまでのアメリカでの政策提案や議論にはどのようなものがあるのか，医療保障に関わる利害関係者に着目して，考えてみよう。

おすすめの本・ホームページ

長谷川千春［2010］『アメリカの医療保障──グローバル化と企業保障のゆくえ』昭和堂。
　　⇨主に1980年代から2000年代までの，アメリカの医療保障システムとその問題点について，雇用と医療保障との観点から検討した研究書。医療保障改革法が必要とされた背景を理解することができる。
天野拓［2013］『オバマの医療改革』勁草書房。

⇨医療保障改革法の成立に至るまでの政治的対立やその背景について知ることができる。

山岸敬和［2014］『アメリカ医療制度政治史——20世紀の経験とオバマケア』名古屋大学出版会。

⇨アメリカの国のあり方の選択として，医療制度の歴史的展開を20世紀初頭からオバマ政権の医療保障改革法に至るまで整理しており，なぜアメリカでは国民皆保険の実現が難しいのかを考えることができる。

参考文献

加藤美穂子［2015］「アメリカのメディケイド補助金とオバマ医療改革」『香川大学経済論叢』第88巻第3号。

渋谷博史［2005］『20世紀アメリカ財政史』全3巻，東京大学出版会。

関口智［2010］「雇用主提供医療とアメリカ租税政策——雇用主提供年金との比較の視点から」渋谷博史・塙武郎編『アメリカ・モデルとグローバル化Ⅱ』昭和堂。

中浜隆［2017］「オバマ政権の医療保険改革」『國學院経済学』第65巻3・4合併号。

長谷川千春［2020］「社会保障をめぐる攻防——医療保険をめぐって」『経済』第299号。

長谷川千春［2021］「アメリカ医療保障改革における医療保険取引所の検証」『生命保険論集』第214号。

Andrew, W. et al. ［2021］ "International Prescription Drug Price Comparisons", *RAND Research Report.*

Brooks, T., Gardner, A., Tolbert, J., Dolan, R. and Pham, O. ［2021］ *Medicaid and CHIP Eligibility and Enrollment Policies as of January 2021 : Findings from a 50-State Survey,* Kaiser Family Foundation, San Francisco, California.

Center for Medicare and Medicaid Services ［2019］ *National Health Expenditure Tables.*

Chen, Y. et al. ［2021］ *Excess mortality associated with the COVID-19 pandemic among Californians 18-65 years of age, by occupational sector and occupation : March through October 2020.*

Claxton, G. et al. ［2020］ *Employer Health Benefits 2020 Annual Survey,* Kaiser Family Foundation, San Francisco, California.

Congressional Budget Office ［2020］ "How CBO Analyzes the Costs of Proposals for Single-Payer Health Care Systems That Are Based on Medicare's Fee-For-Service Program, *Working Paper 2020-08,* Congressional Budget Office,

Washington D. C.

Garg, A. et al. [2020] Hospitalization Rates and Characteristics of Patients Hospitalized with Laboratory-Confirmed Coronavirus Disease 2019 — COVID-NET, 14 States, March 1-30, 2020, *Morbidity and Mortality Weekly Report.*

Hall, V. H. [2020] "Disparities in Telework by Race and Ethnicity", *COVID-19 Recovery outlook,* Office of Legislative Oversight, Montgomery county, MD.

Holahan, J. and Chen, V. [2011] "Changes in Health Insurance Coverage in the Great Recession, 2007-2010", *Kaiser Commission on Medicaid and the Uninsured Issue Paper.*

Kaiser Family Foundation [2020] *Employer Health Benefits 2020 Annual Survey,* Kaiser Family Foundation, San Francisco, California.

Mulcahy, A. W. et al. [2021] "International Prescription Drug Price Comparisons", *RAND Research Report.*

Pollitz, K. [2020] *Pre-existing Conditions : What are They and How Many People Have Them ?,* Kaiser Family Foundation.

Rudowitz, R. et al. [2021] *Filling the Coverage Gap : Policy Options and Considerations,* Kaiser Family Foundation, San Francisco, California.

Smith, J. C. and Medalia, C. [2015] *Current Population Reports,* P60-253, Health Insurance Coverage in the United States: 2014, U. S. Government Printing Office, Washington, DC.

U. S. Census Bureau, *American Community Survey, 2008-2019.*

U. S. Census Bureau, *Current Population Survey, 2001-2020 Annual Social and Economic Supplements.*

（長谷川千春）

第8章

エネルギー・環境政策
——エネルギー自立から気候変動対策へ——

　長年アメリカは世界最大の GDP を記録し続けている。その中で潤沢かつ安定的なエネルギーの確保はきわめて重要である。しかし有限かつ偏在する各種資源の取得は簡単ではない。近年は温室効果ガス（GHG）排出に伴う気候変動が世界的に危惧されつつあり，化石燃料消費への批判は強まる一方である。

　そこで第1節において，2008年金融危機頃までの長年にわたるエネルギー消費拡大と輸入依存低下を目指す政策基調を確認し，そのうえで民主党，共和党の党派間対立の内実に迫ろう。ついで第2節では，2010年頃からのシェール開発のインパクトさらに再生可能エネルギーの世界的な伸長を踏まえ，オバマの気候変動対策を把握したい。第3節では，トランプ政権成立により民主党から共和党へ政権交代する中で環境政策が後退したことを示し，そのうえで再エネの拡大，これを促した州ごとの政策などを見よう。最後にバイデン政権の政策を展望しよう。

1　エネルギーと環境をめぐる歩み

（1）エネルギー消費の拡大と政策の始動

　1950年頃以降のアメリカの一次エネルギー消費量は，石油危機の1970〜80年代を除いて増加基調で推移した（名和［2012］）。2009年の**化石燃料消費**が全エネルギー消費に占める割合は82.9％，原子力は8.8％，**再生可能エネルギー**（以下，再エネ）が8.2％であった。輸入依存度を見ると石油は次第に高まり2005年に約60％，天然ガスは1990年代に10％に達した。石炭は自給可能で輸出余力もあった。再エネは木材などの**バイオマス**と水力が主で，トウモロコシなどを原料とした**バイオエタノール**も1970年代半ばより徐々に拡大した。しかし**風力**，**太陽光**などの普及は遅れ21世紀に入っても伸びは小さかった。

　1973年の第一次石油危機は，第四次中東戦争を契機に石油輸出国機構

(OPEC) が原油価格引上げと禁輸を断行したため発生した。この時のアメリカは既にエネルギー大量消費社会を形成，OPEC原油に依存していたからである。そのため連邦レベルでの政策対応に迫られた。1975年に**企業別平均燃費基準**（CAFE）を導入，メーカーや輸入業者が取り扱う自動車の平均燃費目標値を定め実現を義務づけた。1977年にはエネルギー輸入依存度低下を目指して「国家エネルギー計画」を発表，①石油とガスの国内産石炭での代替，②熱効率の改善，③国内エネルギー資源の産出増，④再エネ利用基盤確立，の4方針を定めた。また1979年に第二次石油危機が発生してエネルギー政策の重要性が再確認され，①資源の保全，②規制緩和による石油・天然ガスの価格上昇・需要抑制・供給促進，③電力の一部自由化，④再エネの育成など，関係法の整備が進んだ（小林［2021]）。

　気候変動問題への関心は1980年代末頃から高まった（名和［2012]）。ただし，1989年成立のG・H・W・ブッシュ政権は，「化石燃料の排出を大幅削減するには莫大な費用がかかるのに，その費用を正当化できるほど問題が深刻化していることが科学的に証明されていない」との立場をとった。その後の政権も2010年代に入るまで目立った成果をあげられなかった。省エネ，原油輸入削減など他の観点からも理由付けできる限定的な気候変動対策にとどまった。

（2）環境政策をめぐる民主党と共和党の対立

　豊富な資源に恵まれたアメリカは，19世紀中は労働力の確保に悩まされ続けた。したがってその経済発展は，安価な資源を最大限利用することで労働力コスト削減を目指すものとなった。すなわち，労働生産性を上昇させる技術や政策の導入にはきわめて積極的であった。結果としてアメリカ企業は世界をリードするようになった。しかし豊富な資源の存在は，資源や環境の劣化への関心低下につながり得る。そのためアメリカは，環境政策や環境技術の分野では他国をキャッチアップする立場となることも多い。環境関連規制への強固な抵抗も頻繁に見られる。とくに共和党が，もっぱら規制強化に反対の立場をとる。

　1962年にレイチェル・カーソンが『沈黙の春』を発表，環境への関心が高まった。1968年の選挙に先立ち民主党は環境問題を綱領に明記し共和党との違いを打ち出した（Schlesinger［1985]）。すなわち，①水質改善，②大気汚染源に対する排出規制強化，③廃棄物処理，④歴史遺産の保護，⑤景観や安全，土地

利用に配慮したエネルギー生産や交通体系の実現，⑥土壌の劣化と汚染の軽減，⑦アウトドア・レクリエーション，⑧劣化のすすむ土地・土壌の再生と改良，である。他方で共和党は都市問題の一つとして大気汚染や水質汚濁を指摘するにとどまり具体的方針を示さなかった。しかし共和党が勝利した。

　もっとも1970年の一般教書演説でリチャード・ニクソンは1970年代を「環境の10年」と宣言，「自然を自然状態へと復元することは党派を超えた大目標である」と述べた（Sussman and Daynes ［2004］）。連邦議会上下両院において民主党が過半数を維持するなか，ニクソンは環境関連政策を大胆に前進させ，絶滅危惧種保護，水質，大気浄化，有害物質，農薬などの分野で立法化に成功，また**環境保護庁**（EPA）を新設した。1972年の共和党綱領は，例年になく多数の環境項目を盛り込んだ。共和党は当時も環境政策に冷淡であったとされるが，ニクソンは1974年8月にウォーターゲート事件で辞任するまで政策推進にあたっている。党派対立激化前の時代を象徴するものであろう。

　1980年代になると両党の立場は離れていった。民主党の現職ジミー・カーター，共和党指名のロナルド・レーガン，両候補による1980年10月の討論会を例にとろう（Nelson ［1991］）。石油危機とスタグフレーションのもとカーターは，①エネルギーの浪費防止とその国内開発，②原油の輸入削減，③石油井やガス井の新規掘削，④国産石炭の活用，⑤太陽エネルギーの活用，に取り組むと発言した。対するレーガンの立場は，①炭鉱労働者の生命・健康・安全を守る規制に反対，②大気・水質・土壌を汚染から守る規制に反対，③エネルギー省予算削減，④石油会社に有利な税制へ転換，⑤太陽エネルギー軽視と原子力エネルギー重視，⑥公有地での石油開発規制の緩和，であったがカーターはこれらを討論会において強く批判した。しかしレーガンは当日も，①石炭開発推進，②アラスカなど公有地における石油開発規制の緩和・許可，③エネルギー省予算削減をくり返し表明した。

　1988年10月，副大統領候補として指名を受けた民主党のロイド・ベンツェンと共和党のダン・クェールの間で討論会が開催された。これはレーガンの後継に関わる重要なものであった。クェールは環境保護関係法案の6〜7割に反対したことを批判されたが，オゾン層破壊物質に関するモントリオール議定書に賛成票を投じたことをアピールして防戦した。これに対しベンツェンは1980年代の共和党政権の予算削減により水質汚染が深刻化したこと，環境団体すべて

が民主党を支持していることを示し，民主党こそ環境問題に取り組む政党であると主張した。**温室効果ガス**（GHG）についてベンツェンは，排出削減に資する天然ガスの利用拡大に努力し，代替エネルギー開発も支援すると述べた。とくにバイオエタノールの普及は，低迷する国内農業の支援にもつながり有望と発言している。対してクェールは気候変動問題の調査と問題解明に注力すると述べるにとどめ，具体的対策を示さなかった。その後も民主党と共和党は対立を続け，現在に至っている。

2　オバマ民主党政権期——2009〜17年

（1）2010年代のエネルギーと環境をめぐる世界の動き

2010年代に入ると世界的に新たな動きが出てきた。アメリカ以外に視野を広げてみよう。1990年代以降のグローバル化は新興国の発展を促したが，同時にエネルギー需要の拡大も導いた（井上ほか［2018］）。2000年から2017年の期間における世界の一次エネルギー需要増の9割以上は，中国，インドなど新興国の需要拡大による。原油相場（WTI）は，2000年代初頭の1バレル20ドルの水準から2008年には147ドルに上昇した。

このなかで2010年代には新たなエネルギー開発が進展した。第一にアメリカにおける石油とガスのシェール開発である。その供給量は巨大で世界市場に影響を及ぼした。原油相場は2014年夏から翌年までに5割下落，その後の回復も遅れた。アメリカの原油生産量は2014年にロシアを抜いて世界最大となり，2018年にはその半分をシェールオイルが占めた。結果としてOPECは自らの減産のみによって価格を調整できなくなった。天然ガスは安価で熱量あたりGHG排出量も少なく発電燃料として評価が上昇，需要拡大は世界的趨勢となってきた。世界の液化天然ガス（LNG）需要は1990年から2000年にかけて倍増，その後の10年にも約2倍となった。2017年に至っても需要は対前年比10%増を記録し拡大基調は揺るがない。とくに中国などアジアからの需要が急増，需要国数も11カ国（2000年）から39カ国（2017年）となった。アメリカでのシェールガスの増産は直接また間接に，これらを支えた。

第二に世界的な再エネの急伸である。水力・太陽光・風力など再エネが世界の発電量に占めるシェアは急増，2017年に24%に達した。これは石油，天然ガ

表 8 - 1　電源別発電コストの変化（1kWh あたり2016年米ドル換算，再エネ，世界平均）

	バイオマス	地　熱	水　力	太陽光	太陽熱	海上風力	陸上風力
2010年	0.07	0.05	0.04	0.36	0.33	0.17	0.08
2017年	0.07	0.07	0.05	0.10	0.22	0.14	0.06

出所：Valentine, S., M. Brown and B. Sovacool [2019] *Empowering the Great Energy Transition : Policy for a Low-Carbon Future*, Columbia University Press, p. 25.

スを凌駕し石炭に次ぐ水準であった。とくに水力以外の再エネつまり太陽光，風力，バイオマス，地熱の発電シェアが2010年の 3 ％から2017年の 8 ％へ急拡大した。天然ガス，石油，水力のシェアが 7 年間ほぼ同水準で推移するなかで注目すべき変化である。再エネ発電設備容量の年平均増加率（2010〜17年）は約20％に達し，とりわけ太陽光の設備容量は 7 年間で10倍となった。風力発電設備容量も急増した。2025年には世界の発電量の30％超が再エネにより発電される，との予測もある。

　とくに中国の再エネ拡大が目立つ。2010年から2017年にかけて 9 倍に増加，中国一国で世界の再エネ発電容量の 3 分の 1 を占めた。同国の再エネ投資額は2013年頃から急拡大，2017年には先進国合計を超えた（Valentine, Brown and Sovacool [2019]）。ただしアメリカも含め世界のほぼすべての国と地域で再エネ発電容量が増大した。このような動きは太陽光と風力の発電コストが劇的に低下し，石炭火力や原子力と比較して同水準もしくは安価になったからである。この時期，石炭および天然ガス等火力発電の発電コストは0.05〜0.15米ドル / kWh で推移した。他方で太陽光発電コストはパネル生産コスト低減のなか，2010年の0.36米ドル /kWh から2017年の0.10米ドル /kWh へと下落したのである（表 8 - 1）。風力発電は以前より価格競争力を得ていたが，発電コストをさらに低下させた。化石燃料消費の減少は発電部門にとどまらない。たとえばハイブリッド車の新車販売台数の増加による平均燃費向上のほか，近年は**電気自動車**（EV）さらに**燃料電池車**（FCV）の普及も視野に入ってきた。世界的に化石燃料消費縮減の趨勢は揺るがない。

（2）シェール開発ブーム下の環境政策とパリ協定

　2007年時点のアメリカの一次エネルギー総供給量は石油換算25.5億トンであったが，実質 GDP が 1 割ほど増加した2015年に同24.6億トンに減少した（杉

野［2017］）。バラク・オバマ政権期のシェール開発に伴う世界的インパクトは前述したが、アメリカ国内への影響も見よう。一次エネルギー総供給量のシェアが2007年の石油39.8%、天然ガス23.5%、石炭22.5%から、2015年の石油37.1%、天然ガス29.1%、石炭16.0%へと変化した。これは電源構成が急変したためである。石炭火力は2000年代初頭に電源の50%以上を占めたが2004年以降にシェアを落とし2015年に33.2%となった。これは小規模投資で実現可能な天然ガス発電が、再エネ電力のバックアップ電源として評価されたこと、シェール革命の中で2009年から2012年にかけて対石炭火力の相対価格を急低下させたことによる。天然ガスと再エネに電源構成がシフトし、結果として石炭火力設備の撤去が進んできた。

　そのほか天然ガスや石油の2010年代のアメリカ国内価格低下は、国内工場にコスト面での恩恵をもたらした（松尾［2018］）。とりわけアメリカ南部でシェールガスあるいはシェールオイルを原料とする石油化学やLNGを扱う工場・プラントが急増した。当時のアメリカ化学製品業界における付加価値額の伸びは製造業平均を上回った（山本［2017］）。

　このなかでもオバマは環境政策を着実に推進した。同政権は2009年に始動、ただちにアメリカ景気回復・再投資法（ARRA）を成立させ、史上最大級とされる900億ドルのエネルギー・環境関連支出を開始した（小林［2021］）。支出は大きな順に、再エネ発電、エネルギー効率改善、高速鉄道近代化、送電網近代化、新エネルギー自動車開発であった。とくに再エネ向け税額控除は、3330万kWの発電設備投資を誘発した。またARRAは再エネ関連プロジェクトに対して、総額157億ドルの融資保証を行って支援した。うち太陽発電向けが116.2億ドルと74%を占めた。巨大ソーラーファーム群による太陽光発電も軌道に乗った。

　また政権末期に2つの政策を導入した（松本［2017］）。すなわち第一に、連邦主導で火力発電所の二酸化炭素排出を規制する2015年の**クリーンパワープラン**（CPP）である。これは2030年までに全米の発電所からのGHG排出について2005年比32%削減を目標とし、州政府に具体的削減策の策定を義務付けるものであった。第二に、2016年の自動車由来GHG排出規制つまりCAFEの強化である。2022～25年型の新車の平均燃費基準を2025年までに10mpg引き上げて36mpgとするよう義務付けた。これら2つの政策はアメリカの二酸化炭素

排出の約7割を規制し，2005年比で2025年に25〜28％，2050年に80％の排出削減を目指した。またいずれもパリ協定参加に不可欠とされた。

　パリ協定は，2020年以降の気候変動問題に関する国際的な枠組みであり，オバマ政権が中国やインドへ積極的に働き掛けるなか2016年11月4日に発効した。1997年の京都議定書を後継するもので，2021年4月時点で約190の国と地域が批准，ほぼすべての国が参加した（『日本経済新聞』2021年4月23日）。パリ協定の長期目標は第一に，世界的な平均気温上昇を産業革命以前に比べて2℃より十分低く保つとともに1.5℃に抑える努力を追求する，第二に，今世紀後半には，GHGの人為的な排出と吸収源による除去の均衡を達成するよう排出ピークをできるだけ早期に迎え最新の科学に従って急激に削減する，であった（全国地球温暖化防止活動推進センター）。またすべての国が，長期のGHG低排出開発戦略を策定・提出するよう努めるべきとし，途上国も例外とならなかった。京都議定書が先進国のみに削減義務を課していたことを想起するに，新しい制度設計といえる。

3　トランプ共和党政権期──2017〜21年

（1）エネルギー・環境政策の後退と国際的批判の拡大

　ドナルド・トランプ政権は始動直後から180度政策転換させ，アメリカ第一のエネルギー政策を掲げた。その骨子は，アメリカが保有するエネルギー資源の最大限の活用，環境規制緩和による雇用拡大，オバマ政権の気候変動対策の撤廃，シェール開発とその収入による公共インフラ整備，クリーン石炭技術の推進と石炭産業再生，原油の海外依存度低下とOPEC原油からの自立化，さらに環境調和であった（小宮山［2017］）。

　トランプはオクラホマ州の司法長官であったスコット・プルイットをEPA長官に指名した（松本［2017］）。オバマ政権の気候変動対策に反対しEPAに訴訟を起こすなど，環境規制反対派として著名な人物であった。「二酸化炭素の規制はEPAの義務」と表明したことで，プルイットは2017年2月に上院から賛成52反対46の僅差で同長官として承認を受けた。しかし3月になると前言を翻し「二酸化炭素が地球温暖化の主因だという考えには同意できない。まだ我々にはわからないことが多く，議論を続ける必要がある」と発言，ただちに

環境保護派の批判を受けた。

EPA予算も縮小された。たとえば気候変動対策費は前年度比31%減，過去40年で最低となった。エネルギー省予算も5.6%減，なかでもクリーンエネルギー開発予算が削減された。オバマ時代のEPA長官ジーナ・マッカーシーは「ホワイトハウスに係わる研究機関やEPAの科学者の43%に解雇通告」があったと証言している。

2017年3月，トランプは「アメリカのエネルギー自給率向上と経済成長促進」に関する大統領令に署名，気候変動対策よりも産業振興さらに雇用創出を優先すべくCPPの見直しを命じた。そのほか企業負担に配慮して，CAFEについても年5%程度の改善義務を年1.5%程度に緩和した（安藤[2020]）。そのうえで2017年6月，トランプはパリ協定離脱の方針を表明した。手続き上の制約からアメリカの離脱は早くても2020年11月となるため条件次第では協定残留の可能性もあったが（上野[2018]）それは現実のものとなった。トランプが，エネルギー輸出価格を低下させて国際競争力を改善できる点，二酸化炭素回収などの付帯コストなしで石炭を使用可能で電力コストを削減できる点を重視，さらに支持基盤であった石炭業界に配慮したためとされる（岩谷[2017]）。離脱は石炭91.6%，天然ガス26.3%，電力17.8%の価格下落，石炭26.3%，天然ガス25.3%，発電14.1%の産出増，実質GDPの1.13%増，実質個人消費の0.78%増を導くと予測された（Nong and Siriwardana[2018]）。

もっともトランプのパリ協定離脱表明は激しい国際的批判にさらされた。こうした状況について中国は，「グローバルな気候ガバナンスをめぐるこの難題を乗り越えることで自らのソフトパワーを著しく強化でき，グローバルガバナンスのうえでより大きな役割を果たす」（Zhang et al.[2017]）ことにつながるため「アメリカのパリ協定離脱は中国にとって難題ではあるがチャンス」と捉えた。中国のパリ協定履行の理由は，大気汚染対策のみならず再エネの先行導入で太陽光発電パネルや電気自動車（EV）さらに蓄電池など新産業の主導権を握ることにあったとされるが（松尾[2018]），外交面にも見出せる。

太平洋に広大な排他的経済水域（EEZ）を持つ，ソロモン諸島とキリバスは2019年9月に相次いで台湾と断交し中国本土と国交を樹立した。中国本土がより良いパートナーであると判断したからだという（Westerman[2019]）。「中長期的には海面上昇によって短期的には水質等の生活環境の悪化によって居住が

困難になると想定され」る厳しい未来に，環礁などから構成され海抜2〜4メートルにすぎない太平洋のこれら島嶼国は直面している（小野ほか［2017］）。フランス通信社は2019年9月に，「キリバスは今月20日台湾と断交し」たなかで，「中国の王毅外相とキリバスのタネス・マーマウ大統領は27日，米ニューヨークでの国連気候変動サミットにあわせて開催された2国間協議で国交樹立の文書に署名した」ことを，署名会場も含めて比較的ふみこんで詳細に報じた（AFPBB News, 2019年9月28日）。マーマウは「彼らはその問題に真剣に向き合っている」と述べ，中国がパリ協定を堅持している点を国交樹立の理由としてあげた。アメリカは指導的立場を自ら放棄してパリ協定を離脱したことにより，深刻な打撃を受けたのである。

　気候変動問題は以上にとどまらず，食料生産，農業景観，森林や湿地，陸域と海域の生態系など多方面に影響しうる。それらの問題解決に失敗すれば社会の不安定化につながり，地域紛争や人口移動といった難問を新たに引き起こしかねないとの懸念が浮上してきた（The White House）。

（2）一貫して拡大する再生可能エネルギー

　連邦政府は再エネ育成支援を1974年から開始している。①再エネ電力の地元電力会社による買取制度，②再エネの投資や生産に対する優遇税制の整備から出発した。このなかでバイオマス，地熱，風力発電が先行した（小林［2021］）。レーガン政権期の支援打ち切りにより再エネは1980年代に停滞したが，石油輸入依存緩和策としての役割はその後も期待され続けた。1990年代にブッシュ（父）政権が再エネに対する生産税額控除で支援，さらに一部の州がそれぞれ再エネ調達比率基準（RPS）政策で後押しした。同政策は州政府が電力会社などの電力小売業者に対して，その小売電力の一定比率を再エネから調達するよう義務付けるものであった。これにより風力発電が拡大した。2019年には29州がRPSを導入している。2000年代中期にG・W・ブッシュ（子）政権は太陽発電への投資税額控除を10％から30％に引き上げるなど支援を強化した。これは原油輸入つまり経常収支赤字削減，反米テロ組織資金源の遮断が求められたこと，イメージ向上を目指す企業意識が拡大したことによる（名和［2012］）。またオバマ政権は前述の通り財政面での支援を大胆に積み増した（小林［2021］）。**無公害車**（ZEV）普及も州レベルで動き始めた。

コラム8

州レベルで進む無公害車（ZEV）の普及

　無公害車（ZEV）普及の動きが州レベルで進んでいる。2013年11月，化石燃料消費削減に積極的なカリフォルニアなど8州は，その新車市場の15％にあたる330万台の2025年までのZEV普及を目指し，企業間協力体制やインフラ整備などを目指すと発表した（松山［2013］）。2020年7月には，さらにバスなど中・大型車からのGHG削減のため，それら部門のZEV市場拡大で協力するとの共同覚書を15州とワシントンD.C.が発表した（大原［2020］）。これはZEV販売台数割合目標を，2030年に30％，2050年に100％と定めるものであった。輸送部門のGHG排出は全排出量の3割を占めるが，中・大型車はその23％を占め大きい。クオモ・ニューヨーク州知事は，「温暖化への対処は州に委ねられている。今回の合意は気候変動との闘いにおける州のリーダーシップを促進し，他州が従うべき例を確立していく」と意義を強調した。

　こうした州主導の体制のなか，ゼネラル・モーターズ（GM）社は電気自動車（EV）・燃料電池車（FCV）スタートアップ企業のニコラ社との提携を発表（岡田［2020］），さらに2021年1月に自動車大手としてはじめて全車種電動化の方針を示し，2035年までにガソリン車の生産と販売を全廃，EVやFCVなどに切り替えるとの目標を表明した（中山・小泉［2021］）。ガソリン車で約3万の部品数は，EVでは1～2万程度に削減される。そのため組立工程の簡略化，生産人員縮小も視野に入る。現実にGMのミシガン州のEV工場は2割以上の人員削減に見舞われている。部品メーカーの存続も危ぶまれる。同様の動きは他の自動車メーカーにも及ぶと予想されている。

　トランプ政権は政策を後退させたが，太陽光と風力発電を中心とした再エネの拡大はかわらず進んだ。2020年の風力発電能力は1億1411万kW（11月），太陽光発電能力は8890万kW（9月）に達した。電源別の発電能力比率は2010年から2020年（11月）にかけて，天然ガスが40.8％から44.4％，再エネが13.8％から23.6％へシェアを大幅に伸ばした。他方で石炭が30.4％から20.0％，原子力が9.6％から8.6％，石油が5.4％から3.3％へ縮小した。なお天然ガスに比べ再エネの拡大スピードが速い点は今後の趨勢を占ううえで重要である。

4　バイデン民主党政権の始動——2021年～

　民主党の大統領候補者指名を受けたジョー・バイデンはエネルギー・環境政策に関し，7項目を掲げてトランプに挑んだ（上野［2020］）。すなわち①新時代のインフラ構築，②アメリカの自動車産業を国内発明技術で21世紀を勝ち抜けるよう強化，③2035年までに発電部門の脱炭素化，④建物のエネルギー効率化投資，⑤クリーンエネルギー・イノベーションへの投資，⑥持続可能な農業と環境保全の推進，⑦環境正義と公平な経済機会の確保，である。パリ協定復帰を掲げるバイデンの勝利と連邦議会上下両院における民主党の実質的多数が定まり統一政府が実現，2020年11月以降ふたたび180度の政策転換が見られるようになった。

　全米対象の世論調査結果によれば，化石燃料削減への支持者が増えつつある。「風力，太陽光など代替エネルギーの開発を優先すべき」との回答が63％（2011年）から79％（2020年）へとシェアを上げ，他方で「化石燃料の生産拡大」を支持する意見は29％から20％へ下落した（Pew Research Center［2020］）。共和党支持層に限っても，前者が48％から65％へと拡大するなかで後者が41％から35％へ下落した。同時にシェール開発に対する世論も厳しくなりつつある（McCormick［2020］）。例えば，随伴ガスの焼却処分が環境汚染源とみなされるようになり，各社は対応を迫られつつある。2020年12月には業界自ら気候変動対策強化方針を発表し始めた。コノコフィリップス社などアメリカの石油王手がGHG排出量の2050年実質ゼロを宣言，ほかにもGHG排出原単位（生産量当たりの排出量）の2030年までの25％削減を表明する例がでてきた。気候問題を重視した投資も一部年金基金などに限られていたが，大口機関投資家また米資産運用大手に急速に広がった。

　しかし課題も残っている。表8-2に示すように，各州内の「化石燃料エネルギー生産」が「全エネルギー生産」に占めるシェアで50％超の州を抽出し2020年選挙での大統領選挙人獲得の結果をみると，トランプすなわち共和党への支持の高さが判明する。他方で「再エネ生産」が50％超の州について同様に分析すると，民主党支持となる例が多かった。なお「原子力エネルギー」が50％超の州においては明瞭な傾向は見られなかった。したがって今後も一部の州

表8-2　「化石燃料エネルギー生産（Btu）」の「全エネルギー生産（Btu）」に対す
　　　　るシェア50％超の州における2020年大統領選挙人獲得の結果

州	化石燃料エネルギー生産シェア（％）	バイデン（民主党）	トランプ（共和党）
ミシシッピ	52.0	—	6
カンザス	55.9	—	6
アーカンソー	70.9	—	6
インディアナ	74.9	—	11
モンタナ	85.7	—	3
ペンシルヴァニア	87.8	20	—
オハイオ	89.3	—	18
ルイジアナ	91.0	—	8
ケンタッキー	92.3	—	8
テキサス	93.5	—	38
オクラホマ	93.8	—	7
ユタ	94.4	—	6
ノースダコタ	95.2	—	3
コロラド	95.8	9	—
ニューメキシコ	97.5	5	—
アラスカ	98.3	—	3
ウェストバージニア	99.0	—	5
ワイオミング	99.3	—	3

出所：SEDS_Production_Report.pdf（https://www.eia.gov/state/seds/sep_prod/SEDS_
　　　Production_Report.pdf）; 2020 Electoral College Results | National Archives
　　　（https://www.archives.gov/electoral-college/2020）（2021年3月29日閲覧）.

は，バイデン政権のエネルギー・環境政策に反対し続けると考えられ，この点
で化石燃料消費削減，再エネ拡大への障害は残っている。

　1970年代に石油危機に苦しんだアメリカは，石油の輸入依存度低下という重
要目標を長年掲げていた。この点はシェール革命を通して2010年代に克服しエ
ネルギー自立を達成した。また石炭を代替する形で天然ガス利用が拡大した。
他方で気候変動問題への関心が高まるなかで，オバマ政権は化石燃料削減を促
す政策を多数導入した。党派対立が激化するなかトランプ政権はオバマ時代の
エネルギー・環境政策の基調を軒並み逆転させ，とくに国内産化石燃料の利用
拡大を志向した。しかし世界的な潮流には逆らえず石炭産業の衰退は防げなか
った。なぜなら天然ガス利用が拡大し同時に，EU，アメリカ，さらに中国が
再エネ関連製造業を急速に発展させ，太陽光や風力などの発電設備の価格，す
なわち再エネ発電コストの激的な低減を達成し，化石燃料と同水準を実現した

からである。世界貿易機関（WTO）加盟を契機に世界の工場へ飛躍した中国の再エネ投資規模はとくに莫大であった。

2009年に「新たなクリーンエネルギー源の創出において世界をリードする国は，21世紀のグローバル経済をリードする国となる」（Valentine, Brown and Sovacool［2019］）とオバマが予見した世界が現実のものとなってきた。こうした状況のなかバイデンはパリ協定に復帰，トランプの環境政策から決別した。これは，世論の変化に沿うものでもあった。2021年4月には，気候変動に関する首脳会議を主催して一定の成果を出すなどしている（The White House）。アメリカは気候変動問題における世界的なリーダーシップ獲得を目指すなか，国内の異論を抑え込み，内外における化石燃料削減の動きを加速させつつある。

考えてみよう・調べてみよう

① 長年，共和党は気候変動対策に限らず環境関連規制に反対する例が多かった。他方で民主党はこれら規制に賛成し積極的に推進してきた。その理由を考えてみよう。
　⇨共和党と民主党それぞれの支持層に注目するなどして調べてみよう。

② 2016年のパリ協定は1997年の京都議定書を後継するものであったが多くの変更と修正が施されている。それらを詳細に調べてみよう。
　⇨およそ20年間の政治・経済・社会の変化をふまえつつ，それらの理由を考察してみよう。

③ 化石燃料消費削減と再エネ拡大が，アメリカさらに世界の経済にもたらす影響を考えてみよう。
　⇨最初に現在の化石燃料の利用状況をおおまかに把握し，これを再エネで代替することを想定して検討しよう。次にこの点（化石燃料と再エネ）を，生産と消費の両面から考えてみよう。

おすすめの本・ホームページ

J・リフキン［2020］『グローバル・グリーン・ニューディール』幾島幸子訳，NHK出版。
　⇨アメリカで急速に進む化石燃料消費からの脱却過程について詳述。とくに第5章と第6章は，政治と経済に関する注目すべき変化をとりあげており興味深い。今後重要となる課題も最後に整理されている。

小林健一［2021］『米国の再生エネルギー革命』日本経済評論社。
　⇨長年にわたるエネルギー・環境研究の集大成である。タイトルには「再生エネル

ギー」とあるが，これにとどまらず，石油危機の要因，エネルギー政策の潮流，電力自由化，原子力発電，シェール革命などについても詳しい。

参考文献

安藤淳［2020］「難しい米温暖化政策の修正——過去４年で規制や人材骨抜きに」『日経産業新聞』2020年11月27日。

井上淳ほか［2018］「特集　転換期を迎える世界のエネルギー需給動向」Mizuho Global News, 100, 2018 Dec & 2019 Jan.（https://www.mizuhobank.co.jp/corporate/world/info/globalnews/backnumber/pdf/global1812-1901_01.pdf, 2021年5月3日閲覧）。

岩谷俊之［2017］「パリ協定離脱の裏にある「トランプ戦略」を検証する——"米国第一"のエネルギー産業政策は成功するか？」『経営センサー』東レ経営研究所，9月号（https://cs2.toray.co.jp/news/tbr/newsrrs01.nsf/0/921F1616BCB7364C492583F400097047/$FILE/sen_195_02.pdf, 2021年5月20日閲覧）。

上野貴則［2020］「民主党バイデン候補，大統領選に向けたクリーンエネルギー計画を発表——バイデン氏が大統領になった場合，エネルギー・環境政策はどうなるか？」『海外電力』62巻10号。

上野貴弘［2018］「トランプ大統領のパリ協定脱退表明をどう捉えるか」『電力経済研究』65号。

大原典子［2020］「2050年までに全ての中型・大型トラックをゼロエミッションに，米15州が共同覚書を発表（米国）｜ビジネス短信 - ジェトロ」（https://www.jetro.go.jp/biznews/2020/07/3be612b608117b09.html, 2021年5月15日閲覧）

岡田江美［2020］「GM新連邦経営，狙う電動車覇権，ニコラの株式1割強取得，コスト減，電池供給拡大」『日経産業新聞』2020年9月10日。

小野洋ほか［2017］「水質汚染の要因と実際——キリバス共和国における実態調査」『食品経済研究』45号。

小宮山涼一［2017］「地政学的リスクとエネルギー　第2回　米国新政権のエネルギー・環境政策」『日本原子力学会誌』59巻9号。

杉野綾子［2017］「トランプ政権のエネルギー・環境政策」『エネルギーと動力』67巻288号。

全国地球温暖化防止活動推進センター（JCCCA）「パリ協定｜JCCCA　全国地球温暖化防止活動推進センター」（http://www.jccca.org/global_warming/trend world/paris_agreement, 2021年5月19日閲覧）。

中山修志・小泉裕之［2021］「GM「ガソリン車35年全廃」，乗用車，全車種電動化の

目標，ハイブリッドも手掛けず」『日本経済新聞』2021年1月30日。

名和洋人［2012］「エネルギー政策——気候変動対策とエネルギー安全保障をめぐって」藤木剛康編著『アメリカ政治経済論』ミネルヴァ書房。

松尾博文［2018］『「石油」の終わり——エネルギー大転換』日本経済新聞社。

松本真由美［2017］「米国トランプ政権下の環境・エネルギー政策（後編）——トランプ政権の環境政策の現状と展望」『化学経済』64巻7号。

松山貴代子［2013］「2013年11月01日　米国8州の州知事，2025年までに330万台のZEV導入を目指す覚書に調印　|　調査レポート　|　NEDO Washington DC Office」（https://nedodcweb.org/reports/report2013/2013-11-01/, 2021年5月15日閲覧）。

山本隆三［2017］「米国トランプ政権下の環境・エネルギー政策（前編）——トランプ政権のエネルギー政策は米国経済を活性化するか」『化学経済』64巻6号。

「中国とキリバスが国交樹立　AFPBB News」2019年9月28日（https://www.afpbb.com/articles/-/3246836, 2021年5月22日閲覧）。

「パリ協定——環境対策の枠組み，米復帰」『日本経済新聞』2021年4月23日。

McCormick, M. [2020] "US oil producers begin to follow Europe with emissions pledges," *Financial Times（FT）*, Dec 6 2020.

Nelson, M. ed. [1991] *Historic documents on presidential elections*, Congressional Quarterly.

Nong, D. and M. Siriwardana [2018] "Effects on the US economy of its proposed withdrawal from the Paris Agreement: A quantitative assessment," *Energy*, 159.

Pew Research Center [2020] *Two-Thirds of Americans Think Government Should Do More on Climate*（https://www.pewresearch.org/science/2020/06/23/two-thirds-of-americans-think-government-should-do-more-on-climate/, 2021年3月29日閲覧）.

Schlesinger, A. [1985] *History of American presidential elections : 1789-1968*, Chelsea House Pub.

Sussman, G., and B. Daynes [2004] "Spanning the century: Theodore Roosevelt, Franklin Roosevelt, Richard Nixon, Bill Clinton, and the environment," *White House Studies*, 4(3).

Valentine, S., M. Brown, and B. Sovacool [2019] *Empowering the Great Energy Transition : Policy for a Low-Carbon Future*, Columbia University Press.

Westerman, A. [2019] "'We Need Support': Pacific Islands Seek Help And Uni-

ty To Fight Climate Change: NPR," *NPR*, Oct 5, 2019, (https://www.npr.
org/2019/10/05/764570478/we-need-support-pacific-islands-seek-help-and-unity-
to-fight-climate-change, 2021年5月22日閲覧).

The White House, *Leaders Summit on Climate Summary of Proceedings*,
(https://www.whitehouse.gov/briefing-room/statements-releases/2021/04/23/
leaders-summit-on-climate-summary-of-proceedings/, 2021年4月28日閲覧).

Zhang, H. et al. [2017] "U. S. withdrawal from the Paris Agreement: Reasons,
impacts, and China's response," *Advances in Climate Change Research*, 8(4).

（名 和 洋 人）

第9章

金融政策
──伝統的金融政策のゆらぎ──

　金融政策の役割は，一般に，金利水準のコントロール等によって通貨および物価の安定を維持することにあるとされ，このような政策は「マネタリーポリシー」と呼ばれる。これに対し，金融機関に対する規制・監督等によって金融システムの安定を図ることは「プルーデンス政策」と呼ばれ，金融政策とは区別されることが多い。しかし，プルーデンス政策の変化は金融市場の動向に影響を与え，金融政策のあり方にも影響を及ぼさざるをえない。2008年の世界金融危機は，アメリカにおいて1930年代に確立した金融規制・監督の枠組みが，1980年代以降の金融自由化の流れの中で大きく転換し，金融市場の統制が事実上失われたことを背景としていた。未曾有の金融危機の広がりは，プルーデンス政策の枠組みの再考を促す一方，伝統的金融政策から非伝統的な金融政策への移行という劇的な変化を金融政策にもたらした。また，新たに発生した新型コロナショックは，伝統的な枠組みへの金融政策の復帰をますます困難にすることが予想される。本章では，狭義の金融政策にとどまらず，プルーデンス政策のあり方にも注目し，アメリカにおけるその変遷をたどりつつ，度重なる経済危機が金融政策のあり方に及ぼした影響についても考えてみたい。

1　金融制度の確立

(1) 連邦準備制度と金融政策

　アメリカの中央銀行といえば，一般に**連邦準備制度理事会**（Board of Governors of the Federal Reserve System: FRB）を指すことが多いが，正確には，アメリカの中央銀行は**連邦準備制度**（Federal Reserve System: FRS）であり，それはワシントン D.C. にある FRB と全国12地区にある連邦準備銀行（地区連銀）によって構成されている。ただし，金融政策の決定は，FRB の理事 7 名（議長，副議長を含む）と地区連銀の総裁 5 名（常任のニューヨーク連銀総裁と他地区の連銀

総裁から持ち回りで選抜された4名）によって構成される連邦公開市場委員会（FOMC）において行われ，定数配分のうえでも理事会に強い権限が与えられている。一般にアメリカの中央銀行＝FRBとみなされているのはこのためである。

　FRBの議長と他の理事6名は，大統領によって議会上院の同意を得て任命される。しかし，ひとたび任命されれば，以後，FRBは国内の金融政策決定に関して行政府からのいかなる介入も受けないとされる。これが，いわゆる中央銀行としてのFRBの独立性である。しかし，このことはFRBによる金融政策の決定が何ら政治的圧力を受けないということを意味するものではない。長年，FRBのエコノミストとしてFRB議長の側近を務めたステファン・H・アクシルロッドは，FRBの独立性について，「政府内では独立しているが，政府から独立しているわけではない」と表現している（アクシルロッド[2010]）。つまり，制度的には独立性を保っているが，その時々の政治状況からまったく独立して政策決定を行いうるわけではないということである。

　また，そもそもFRBは，FRSの成立当初から，現在のような金融政策決定に関する主導性や，政府からの独立性を確立していたわけではない。さらにいえば，金融政策の運営がFRBの役割として意識されるようになるのも，むしろ戦後のことである。

　以下では，その時々の政治状況と，金融政策をめぐる学説の動向等をふまえながら，アメリカにおける金融政策とプルーデンス政策の変遷についてみていくことにしたい。

（2）連邦準備制度とニューディール・システムの成立

　アメリカにおいて中央銀行としての連邦準備制度が成立するのは，欧州や日本などよりも遅れた1913年のことである。建国以来の分権主義の伝統は，連邦政府の権限集中につながる中央銀行の設立を許さず，18世紀末と19世紀初頭に2度に渡って設立された合衆国銀行も，分権主義の台頭によって長期間存続することはできなかった。

　しかし，19世紀末からの恐慌の頻発と，その度に発生した銀行への取り付け騒ぎは，既存の銀行システムの限界を露呈させることになり，「最後の貸し手」として柔軟に資金供給を行いうる中央銀行の設立機運が高まった。ただし，19

世紀末に進展した産業独占，金融独占への批判と結びついた中央集権への反発は，ウォール街による金融支配の道具となりうる単一の中央銀行の設立を許さず，中央銀行は分権的な組織であることが求められた。こうして1913年に，ワシントン D.C. の連邦準備局（Federal Reserve Board：旧 FRB）と全国12地区の連邦準備銀行からなる FRS が発足した。

　もっとも，当時の FRS は，各地区連銀の理事 9 名のうち 6 名は加盟銀行に指名権があるなど，民間部門の影響力が強く，規制当局としての権限は脆弱であった。商業銀行業務と証券（投資銀行）業務を兼営していた当時の銀行は，FRS から供給される豊富な資金を投機的な証券投資に振り向け，バブル的な株価の高騰を招いた。1929年に生じた株価の暴落とそれにつづく大恐慌は，アメリカの金融システムを機能不全に陥らせ，FRS の限界を露呈させることになった。

　1930年代のいわゆるニューディール期に行われた一連の金融制度改革は，大恐慌の原因となった銀行による過度なリスク投資を抑制し，アメリカの金融システムの安定性を図ることを目的としていた。その中核となったのが，有名な1933年銀行法，通称**グラス＝スティーガル法**である。同法に規定された改革は主に以下のようなものである。

　第一は，商業銀行業務と証券（投資銀行）業務の兼営禁止である。大手投資銀行は業務の分離を余儀なくされ，金融独占の象徴的存在であった JP モルガンは証券業務をモルガン・スタンレーとして切り離し，商業銀行業務に特化することになった。第二は，商業銀行を対象とした預金保険制度の確立である。銀行の破綻から預金者を保護するため，連邦預金保険公社を通じた預金保険の枠組みが整備された。第三は，商業銀行に対して定期預金の上限金利規制が課せられたことである。これは，預金保護と引き換えに，銀行業務の健全性を担保することを目的としていた。第四は，FRS の体制が強化されたことである。連邦準備局が連邦準備制度理事会に編成替えされたほか，新たに FOMC が設立され，上述の通り，金融政策決定に関する FRB の権限が強化された。

　一方，商業銀行業務から切り離された証券業務については，商業銀行とは異なる規制・監督体制が整備された。すなわち，1933年の証券法と1934年の証券取引所法により，証券取引委員会（SEC）が創設され，証券の発行者には SEC への登録を義務づけるなど，証券の発行・流通を SEC が規制・監督する仕組

みが整えられた。ただし，SEC の役割はあくまで情報公開に基づく公正な取引の推進であり，投資銀行の業務を厳しく規制したり，また投資銀行の破綻から投資家を保護したりするものではなかった。

　以上のような規制の枠組みは，端的に言えば，「一般の家庭や中小企業の預金を扱う商業銀行は破綻から守らなければいけないが，大企業のために証券取引や資金調達をする投資銀行や証券仲介会社は守る必要はない」という考え方に基づいている（ジョンソン／クワック［2011］）。**ニューディール・システム**と呼ばれたこのプルーデンス政策の枠組みは，その後約半世紀に渡ってアメリカの金融システムのあり方を規定することになる。

2　金融政策の展開と金融自由化

（1）金融政策の展開──ケインジアンからマネタリズムへ

　1933年銀行法による FRB の権限強化は，金融政策に対する民間部門の影響力を削ぐことになったが，政府からの独立性は未確立のままであった。アメリカが戦時体制に突入すると，戦費調達のための国債の利払い負担を軽減するため，金利を低水準に維持せざるをえないなど，FRB は財務省からの独立性を喪失していた。FRB と財務省との間に合意が成立し，国債市場への配慮から解放されて金融政策の独立性が回復されるのは，戦後の1951年のことである。

　戦後から1960年代前半にかけて，経済学において主流をなした思想は**ケインズ主義**の考え方である。経済成長と完全雇用を確実にするためには，財政政策と金融政策を積極的に活用して需要を管理することが必要であると考えられた。当時は，未だ記憶に新しい大規模な経済恐慌を回避することが金融政策の主たる関心事であり，インフレへの懸念はそれほど強いものではなかった（アクシルロッド［2010］）。

　しかし，ベトナム戦費や国内の「偉大な社会」計画の遂行に伴う財政支出の拡大等を背景に，1960年代後半にインフレが高進すると，物価の安定が金融政策の役割として意識されるようになっていく。経済学の領域でも，裁量的な財政・金融政策は，政策が波及するまでの「ラグ」の存在のため効果がなく，金融政策の役割は，通貨供給量のコントロールによって物価の安定を図ることであるとする**マネタリズム**の影響力が増大した。

　インフレの高進とそれに伴う市場金利の上昇はまた，プルーデンス政策のあり方にも影響を及ぼした。しばしば市場金利が預金上限金利を上回った結果，金利規制下にあった商業銀行や貯蓄貸付組合（S&L）から，規制下にない証券会社などが提供する市場金利商品へと預金が流出する事態（ディスインターミディエーション）が生じたからである。S&Lは，預貯金を原資として住宅ローンの供給を行う金融機関であるが，商業銀行に比べて代替的な資金調達手段に乏しく，預金流出の影響は住宅ローンの縮小と住宅着工戸数の減少へと波及した。以後，市場金利が上昇するたびに預金流出が起きるという事態が繰り返され，預金金利の上限規制の撤廃や資金調達・運用手段の多様化など，金融規制の緩和を求める議論が高まることになる。部分的な規制緩和は1970年代にも行われたが，その本格的な実現には1980年代を待たねばならなかった。

　1970年代初頭に生じたブレトンウッズ体制の崩壊と石油危機は，アメリカ経済に深刻なインフレと不況の併存，すなわちスタグフレーションをもたらした。インフレを招くだけで完全雇用を実現できないケインジアンの権威は失墜し，代わってマネタリズムが台頭した。金融政策運営においても，通貨供給量を重視すべきであるとの圧力が強まり，1978年にはFRBにマネーサプライの伸び率に関する目標設定が義務づけられた。

（2）反インフレ政策と金融自由化

　1970年代後半以降のドル安の進展と第二次石油危機を契機として，アメリカでは1979年に物価上昇率が2ケタに及ぶ深刻なインフレが発生した。ポール・ボルカーが議長に就任する同年夏ごろには，その国民経済に及ぼす弊害は明らかであり，反インフレ政策を許容する社会的条件が形成されていた。ボルカーというカリスマ的な個性にも支えられて，1979年10月にFRBは反インフレに向けた金融政策の抜本的な転換を打ち出した。いわゆる「新金融調節方式」の採用がそれである。

　新金融調節方式とは，マネタリズムのアプローチに沿ったもので，短期金利の誘導目標に代えて金融機関の準備総額（「非借り入れ準備」）に目標金額を設定するというものである。その要点は，金利という通貨の「価格」をコントロールするのではなく，通貨の「量」をコントロールするところにある。つまり，あらかじめ通貨の「価格」を定めれば，その価格で需要されるだけの通貨の供

給が行われるが，逆に通貨の供給される「量」を定めれば，供給に対する需要の多寡で価格すなわち金利が決まる。これは，インフレ沈静化を意図して通貨供給量を抑制すれば，必然的に金利が高騰せざるをえないことを意味する。

　今日的には，ボルカーは必ずしもマネタリストではなかったとの解釈が一般的であるが（湯本 [2010]），結果として，新金融調節方式への転換は 2 ケタ金利という市場金利の暴騰を招いた。それは劇的な形でインフレの沈静化に成功する一方，副作用として深刻な不況をもたらした。このため，1982年10月には新金融調節方式は終了し，FRB の金融政策はふたたび短期金利をコントロールする方式へと回帰した。

　もっとも，新金融調節方式が撤回された背景には，不況の深刻化に加えて，次のような要因が存在していた。すなわち，通貨供給量の目標を定めるためには，市場に流通している通貨の量をできる限り正確に測定することが求められるが，それが次第に困難になったことである。前述の通り，1960年代後半以降の市場金利の上昇は，証券会社等の提供する市場金利商品へと預金の流出をもたらした。代表的な商品として，1971年に創設された**短期金融資産投資信託**（MMMF）や，1977年に大手証券会社メリルリンチが導入したキャッシュ・マネジメント・アカウント（CMA）などがある。MMMF は，投資家の資金をプールして短期金融資産を中心に運用するもので，高利回りを得ることができると同時に小切手も振り出すことができるという金融商品である。また，CMAは MMMF を核とする証券総合口座で，現金や証券を提供して口座を開くと，顧客はその資産額の枠内でクレジットカードや小切手を利用でき，また預託された現金は MMMF で運用されるというものである。いずれも，市場金利商品でありながら銀行預金と同じ決済性を有する銀行類似口座であり，こうした「疑似通貨」の拡大は，市場に流通する「通貨」量の測定を困難にした。

　このように証券会社が商品開発に力を入れた背景には，証券会社間の競争の激化という要因も存在していた。すなわち，1975年に証券引受の固定手数料制が廃止され，手数料の引き下げ競争が生じたことである。収益の悪化に直面した大手証券会社は，新たな収益源となる商品として CMA などに注力した。

　一方，新金融調節方式がもたらした市場金利の高騰は，1960年代以来の金融自由化の動きを一気に加速させる役割を果たした。高金利に伴う市場金利商品への預金流出と資金調達難は，商業銀行や S&L にとって，預金金利上限規制

をはじめとする諸規制の撤廃ないし緩和を死活問題としたからである。それら
を実現した**1980年預金金融機関規制緩和および通貨管理法**（金融制度改革法）は，
1930年代以来のニューディール・システムの転換ともいえる次のような改革を
もたらした。

　第一に，定期預金の金利上限規制の撤廃である。これにより，商業銀行やS
＆Lは証券会社に対抗できる高金利の預金を提供することが可能となった。第
二に，それと関連して，州法による金利上限規制の無効化が図られた。州によ
っては，借り手保護を目的として金利の上限を規制していたが，連邦法の優先
適用によってこれらの規制を無視することが可能となった。第三に，金融機関
の業務範囲の自由化が行われた。これは主に，商業銀行とS＆Lとの業務の同
質化を内容としており，S＆Lに対し，資産の20％まで消費者ローン，商業不
動産貸出，社債の保有などの業務が認められた。第四に，すべての預金金融機
関に対し，連銀への必要準備の積立が義務付けられた。必要準備率（預金総額
に対する必要準備の比率）を操作することで金融機関による通貨の供給に影響を
与えることは，FRBが行う金融政策の一つである。全預金金融機関の事実上
の連邦準備制度への強制加盟といえるこの措置は，金融政策の有効性を高め，
通貨供給量をコントロールすることを意図していた。

　しかしながら，1933年銀行法以来の大規模な金融自由化は，銀行間および銀
行・証券間の競争を激化させ，次に見る証券業務の規制緩和と証券化の進展と
相まって，いっそうの「疑似通貨」の拡大をもたらした。金融政策における
「新金融調節方式」への転換は，金融自由化の契機となることで，むしろ通貨
供給量の管理を困難にする状況を作り出したといえる。

（3）証券業務の規制緩和とグラス＝スティーガル法問題

　銀行業務の規制緩和の一方で，1980年代初頭には証券業務の規制緩和も行わ
れた。すなわち，1982年3月の「一括登録制度」の導入である。これは，証券
の発行・情報開示手続きを大幅に簡略化するもので，金利が急激に変動する環
境下で，証券の発行を迅速化することを目的としていた。それがもたらした影
響としては，主に以下の2点が指摘できる。

　一つは，証券の発行が迅速化され，販売期間が短縮された結果，引受・販売
能力の高い大手証券会社に証券引受業務が集中し，中小業者が淘汰される傾向

が生じたことである。いま一つは，証券の発行手続きが容易になったことにより，住宅ローン担保証券（MBS）などローン債権の証券化が促進されたことである。住宅ローンの証券化それ自体は，すでに1960年代末から行われていたが，規制緩和の結果，単一のローン・プール（多数の債権を束ねたもの）を担保に複数の利率の異なる証券を発行するなど，多様な証券の発行が可能となり，MBSの発行額が急増した（井村［2002］）。

　証券化の進展と証券会社間の競争の激化は，銀行業務の自由化と相まって，必然的に銀行・証券間の競争を激化させた。直接的な影響を受けたのはS&Lであり，証券化を前提に住宅ローンの貸付を行う金融会社の台頭により，その貸出シェアは急速に低下した。収益が落ち込むなか，S&Lは自由化で認められた高リスクの商業不動産貸付などに活路を見出すようになり，1980年代末には，その焦げ付き等を原因として経営破綻に陥るケースが相次いだ（S&L危機）。

　一方，証券市場を通じた資金調達手段の多様化によって大企業からの貸付需要の減退に直面した商業銀行は，中小企業向け貸付や消費者貸付，不動産貸付などに業務をシフトし，さらに大手商業銀行の一部は自ら証券業務の拡充を図ることで収益を確保しようとした。商業銀行は，本来，グラス＝スティーガル法の規定により，政府証券等の一部の証券を除いて自ら証券の引受・ディーリング業務を行うことはできない。しかし，1980年代には，大手商業銀行の**銀行持株会社**（商業銀行の株式を保有する持株会社）がその子会社を通じて証券業務を拡充する動きが拡大し，それがFRBによって追認されるケースが相次いだ。1987年には，大手商業銀行の要請を受けて，銀行持株会社の証券子会社が「主たる業務」にならない範囲で各種証券の引受・ディーリング業務を営むことを認めるなど，グラス＝スティーガル法のなし崩し的な規制緩和が進行した。

3　「ニューエコノミー」下の金融政策とプルーデンス政策

（1）アラン・グリーンスパンの金融政策

　1980年代末のS&L危機に端を発したアメリカの金融システムの機能不全は，1990年代初頭に生じた景気後退をより深刻なものにした。1987年から議長に就任していたアラン・グリーンスパンのもと，FRBは積極的な金融緩和によっ

てこれに対応した。政策金利であるフェデラル・ファンド（FF）レートの誘導目標は断続的に引き下げられ，1992年9月から1994年4月にかけて，3％という実質ゼロ金利（物価上昇率と一致する金利）の水準に据え置かれた。

　1994年から1996年にかけて，景気過熱によるインフレ懸念が強まると，FRBは金融引き締めへと転じた。しかし，グリーンスパンは金利の引き上げ幅を最小限にとどめ，その後，経験的にはインフレ圧力が疑われる低失業率が続いたにもかかわらず，1999年まで政策金利を5％程度に据え置いた。インフレ予防のための追加利上げを回避する根拠として，グリーンスパンはIT投資の拡大による労働生産性の上昇に注目し，それが物価上昇を抑制しているとの見方を示した。実際には，労働分配率の低下による賃金上昇圧力の抑制や，ドル高による輸入物価の低下などの好条件が重なったことが，インフレの抑制に寄与したと考えられている。しかし，いずれにせよ，緩和型の金融政策のもとでアメリカ経済は「ニューエコノミー」と称される持続的な好景気を謳歌し，それを支えたグリーンスパンの金融政策運営に対しては「マエストロ（名指揮者）」との賛辞が贈られた。

　もっとも，第1章で述べたように，物価の安定とは対称的に，1990年代後半には株価が著しい上昇傾向を示した。1996年には，株式相場の動向を「根拠なき熱狂」と評するなど，グリーンスパン自身，株価のバブル的な高騰に関心を示していた。しかし，このような認識がFRBの金融政策に反映されることはなかった。その背景には，バブルに対するグリーンスパンおよび伝統的なFRBのスタンスが存在していた。すなわち，バブルを阻止するのは金融政策の仕事ではなく，むしろプルーデンス政策の役割であり，金融政策にできるのは，バブルが破裂した際に，その経済への悪影響を緩和することだけであるとする考え方である。このため，FRBはあくまで物価および景気動向のみを注視して緩和型の金融政策を維持し，結果として「ITバブル」に沸く株式市場への継続的な資金流入を支える役割を果たした。また，2000年に「ITバブル」が崩壊すると，上記のセオリーに沿って超金融緩和政策を採用し，今度は「住宅バブル」という新たな資産価格の高騰を招いた。こうして，金融政策が資産インフレを抑制するどころか，むしろ油を注ぐ役割を果たす一方で，バブルを抑制すべきプルーデンス政策は，次に見るように，1990年代から2000年代にかけてまったくの機能不全に陥った。

（2）ニューディール・システムの解体とその帰結

1980年代の金融自由化によって，ニューディール・システムとしてのプルーデンス政策の枠組みはすでに失われていたが，1990年代の金融自由化はその最終的な解体をもたらした。その契機となったのが，州際銀行業務規制の撤廃と銀行・証券業務の兼営の解禁である。

まず，州際銀行業務規制の撤廃は，1994年に成立した**リーグル＝ニール州際支店銀行業務効率化法**によって実現した。アメリカの分権（州権）主義と反金融独占の伝統は，アメリカの銀行に対し，長らく州境を越えた支店の設置を禁止してきた。しかし，1980年代以降，銀行持株会社による州内銀行の取得を認める州が増加し，規制自体が時代遅れとなっていた。同法により，銀行持株会社による他州の銀行の取得が自由化され，また銀行持株会社を経由せずとも，州境を越えた銀行支店の取得が可能となった。

次に，銀行・証券業務の兼営の解禁は，1999年に成立した**グラム＝リーチ＝ブライリー法**によって行われた。上述の通り，銀行・証券業務の兼営禁止規定は1980年代を通じて骨抜きにされていたが，銀行持株会社が行いうる非銀行業務は「銀行業へ密接に関連する」業務に限定されるなど，依然として制約が残っていた。同法は，新たに「**金融持株会社**」という分類を設け，それが行いうる非銀行業務を「金融の性格を有する」業務へと拡大することで，商業銀行が持株会社を経由して証券の引受・ディーリング業務や保険の引受業務を行うことを可能にした。商業銀行本体が証券業務を兼営できないという点ではグラス＝スティーガル法の完全撤廃ではないものの，「ニューディール・システム」の中軸であった銀行・証券業務の業際規制は事実上撤廃されるに至った。

以上のような規制緩和は，銀行間の州境を超えたM&Aを促進するとともに，銀行持株会社および金融持株会社による証券会社や保険会社，ノンバンクなどのM&Aを促し，大手銀行（金融）持株会社への資産の集中と，総合金融サービス業化をもたらした。いまや商業銀行は預金保険制度で保護された預金をあらゆるリスク資産に投資できるようになり，業態間の垣根を越えた相互参入は，競争の激化によって多様な金融商品の拡大を促した。形式上，銀行持株会社に対する監督権限は依然としてFRBが有していたが，元来，ニューディール・システムのもとでも証券，保険，ノンバンクに対する規制は緩やかであり，市場原理の信奉者であるグリーンスパンのもと，持株会社傘下の子会社に

コラム9

Fed ビューと BIS ビュー

　金融政策はバブル（資産価格の上昇）にいかに対処すべきか，という問題をめぐっては，対立する2つの考え方がある。一つは，バブルを阻止するのは金融政策の仕事ではなく，プルーデンス政策の役割であり，金融政策にできるのは，バブルが破裂した際にその経済への悪影響を緩和することだけであるとするものである。FRB に代表されるため，一般に「Fed ビュー」と呼ばれる。いま一つは，資産価格の急激な上昇を含む金融面の不均衡は注意深い観察によって探知できるはずであり，先手を打ってバブル潰しに努めるべきであるとする考え方で，BIS（国際決済銀行）や欧州の中央銀行関係者に多くみられることから，一般に「BIS ビュー」と呼ばれる。両者の対立点は，そもそも資産価格の上昇時に，それをバブルと判定できるのかどうかという点と，仮にバブルと判断できたとしても，バブルを潰すために大幅に金利を引き上げることは，実体経済に深刻な影響を与えるのではないか，という点である。実際，アメリカの IT バブルと住宅バブルは，いずれも物価が安定し，失業率が低下している局面で生じており，そのような時期に資産価格の高騰だけを理由に金融を引き締めることは，政治的にはきわめて困難であることが予想される。金融危機への反省から，FRB もまた資産価格の動向を注視せざるをえなくなってきているともいわれるが，FRB の基本的なスタンスは変わっていない。資産バブルの進行に対し，金融政策はいかに対処すべきなのか。国際的にもさまざまな議論が行われているが，FRB ならびに各国の中央銀行は，未だ有効な解答を見出していない。

　対し，FRB が新たな規制に乗り出すことはなかった。第1章で述べたように，その帰結は住宅バブルおよび資本市場の膨張であり，その崩壊に伴う金融危機の発生であった。

　金融危機の震源が証券，保険，ノンバンクであったことは，FRB の「最後の貸し手」機能によるそれらの救済を困難にした。規制緩和が進展しても，プルーデンス政策の枠組みは，依然として預金者保護を名目に銀行のみを保護するシステムにとどまっていたからである。緊急措置として FRB から証券会社への直接融資が可能となったものの，危機の進展は独立した業態としての証券会社（投資銀行）の存続を許さず，リーマン・ブラザーズは経営破綻し，メリ

ルリンチとベアー・スターンズは商業銀行に買収され，ゴールドマン・サック
スとモルガン・スタンレーは銀行持株会社への転換を余儀なくされた。また，
保険会社についても，AIG の経営危機に際して連銀からの救済融資が行われ
るなど，銀行部門のみを対象とするプルーデンス政策の限界は誰の目にも明ら
かとなった。

4　金融危機と金融政策のゆくえ

（1）ベン・バーナンキによる非伝統的金融政策の展開

　住宅バブルの崩壊と金融危機という未曾有の事態は，金融政策の領域でも，
伝統的な枠組みの限界を露呈させた。2006年 2 月にグリーンスパンの後を継い
だベン・バーナンキのもと，FRB は2007年 9 月以降金融緩和に転じ，さらに
2008年 9 月のリーマン・ショック後には，政策金利を 0 〜0.25％の実質ゼロ金
利にまで引き下げた。しかし，サブプライムローン関連証券に伴う損失が金融
機関全般に拡がるなか，相互の疑心暗鬼によって銀行間の資金融通は滞り，ま
た資本市場が全般的に機能不全に陥った結果，銀行融資以外の多様な資金調達
手段もまた途絶した。ゼロ金利によって金利の引き下げ余地が失われるもとで，
バーナンキは自ら「**信用緩和**」と命名した次のような政策を導入した。

　第一は，金融機関に対する大規模な資金供給である。これは，既存の措置の
拡充や新制度の創設により，短期金融市場に大量の資金を供給することで，金
融機関全般の資金調達を支援するものである。第二は，主要な信用市場への直
接的な資金供給である。企業の発行するコマーシャル・ペーパー（短期資金調
達のための短期・無担保の約束手形）を FRB が買い取ったり，資産担保証券（自
動車ローン・中小企業向けローン債権などを担保とする証券）を担保として連銀が融
資したりするなど，各種債券の保有者に FRB から直接資金供給が行われた。
第三は，長期証券の買い取りである。長期国債，MBS，政府関連機関債など
を FRB が購入し，市場に資金を供給するもので，2008年11月から2010年 8 月
まで総額約1.75兆ドルの資産が購入され（量的緩和第 1 弾：QE1），2010年11月
から2011年 6 月にかけては総額6000億ドルの長期国債の追加購入が（QE2），
さらに2012年 9 月以降は MBS，2013年 1 月以降は長期国債の毎月の追加購入
が行われた（QE3）。

　一連の政策は，FRB が長期国債やその他の金融資産を大規模に購入することを通じて金融緩和効果を狙うもので，短期国債等の公開市場操作を通じて短期金利を誘導する伝統的金融政策とは大きく異なることから，「非伝統的金融政策」と呼ばれる（湯本［2010］）。金融市場の安定化のために，FRB が従来の枠組みから大きくはみ出さなければならなかったことは，それだけ金融自由化後の資本市場の拡大が，銀行貸付以外の信用供与手段を多様化させたことを意味している。非伝統的金融政策はあくまで臨時的な措置とされたが，その経験は必然的に，恒久的な金融政策および金融規制のあり方に根本的な反省を迫るものとなった。

（2）新たなプルーデンス政策の枠組み──ドッド＝フランク法

　2010年7月，オバマ政権のもとで「ウォール街改革・消費者保護法（ドッド＝フランク法）」が成立した。グラス＝スティーガル法以来の抜本改革といわれる同法の内容は多岐に渡るが，要点を示すと以下の通りである。

　第一に，財務長官を議長とし，FRB や SEC など規制当局のトップをメンバーとする「金融安定化監督協議会（FSOC）」が新設され，その中核として FRB の権限が強化された。また，「システム上重要な金融機関（SIFIs）」という概念が新設され，連結総資産が500億ドル以上の銀行持株会社をすべて SIFIs に指定するとともに，ノンバンクの金融機関についても，必要に応じて SIFIs に指定する権限が FSOC に付与された。第二に，従来規制の乏しかったデリバティブ市場への規制や，ヘッジファンド・マネージャーの SEC への登録制などが新たに盛り込まれた。第三に，預金保険加入の金融機関に対する新たな規制として，元 FRB 議長であるボルカーが提唱した「ボルカー・ルール」（自己利益のための自己勘定取引とヘッジファンド等への投資の禁止）が導入された。第四に，金融機関の破綻処理システムが整備され，非銀行金融会社についても，その破綻が金融システム全体の安定性に影響する場合は，連邦預金保険公社の管理下におき，公的資金を投入せずに清算処理することになった。これはいわゆる「too-big-to-fail（大きすぎてつぶせない）」問題により，リーマン・ブラザーズを除いて大手金融機関を公的資金の投入によって救済せざるをえなかったことへの反省に基づいていた。

　しかしながら，金融危機の原因究明を待つ間もなく法律が制定されたことや，

オバマ政権の主導で半ば強引に盛り込まれた「ボルカー・ルール」の存在もあって，同法はその成立当初からさまざまな批判にさらされた。

　まず「ボルカー・ルール」をめぐっては，規制強化に反対する立場から，アメリカの銀行の収益性や国際競争力の低下，さらには人材流出への懸念が表明された。一方，規制自体を支持する立場からは，「ボルカー・ルール」におけるさまざまな例外規定の存在が，規制を形骸化しているとの批判がなされた（小倉［2016］）。民主党の左派に顕著な後者の立場からは，より厳格な規制としてグラス＝スティーガル法の復活を求める声が強まった。また，新たに整備された金融機関の破綻処理システムをめぐっては，共和党を中心に，公的な管理下の清算では「too-big-to-fail」を理由に公的資金が投入される可能性が排除されないとの批判が強まった。このため，共和党の側からも，巨大化した金融機関を分割すべきとの主張がなされた。こうした論調は，2013年以降，グラス＝スティーガル法の復活を求める法案が，超党派によって度々議会に提出される背景となった。また，2017年には，当時大統領選に立候補していたドナルド・トランプがグラス＝スティーガル法の復活を支持したことも，こうした主張を後押しした（小立［2017］）。

　しかし，その後誕生したトランプ政権は，ドッド＝フランク法の改革には必ずしも熱心ではなく，2018年に法改正が行われたものの，比較的資産規模の小さい中小金融機関が，SIFIsの対象やボルカー・ルールの適用から免除されるにとどまった。また，2021年に誕生した民主党のバイデン政権も，目下のところドッド＝フランク法の改革を前面には押し出していない。金融機関の「too-big-to-fail」問題は，アメリカにおいて依然として未解決のままくすぶり続けているといえる。

（3）出口政策の展開と新型コロナショック

　金融危機に対応して展開された非伝統的金融政策は，あくまで非常時の政策であり，非常事態が解消すれば「正常化」されなければならない。こうした正常化のプロセスは「出口戦略」あるいは「**出口政策**」と呼ばれ，アメリカでは2013年頃からそれが模索されることになった。しかし，度重なる**量的緩和**（**QE**）により，FRBによるMBSや長期国債等の保有シェアはかつてなく高まっており，保有規模を一気に縮小すれば市場への甚大な影響が避けられない。

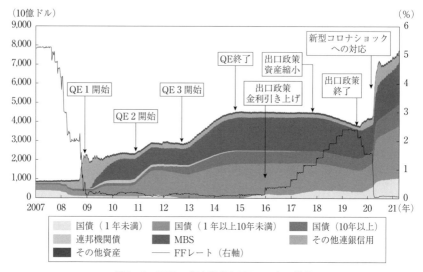

図9‐1　FRB の保有資産と FF レートの推移

出所：FRB, *Factors Affecting Reserve Balances*（H. 4. 1）より筆者作成。

　そこで，出口政策は市場動向をにらみつつ，次のような段階的なプロセスで進められた。

　第一は，QE の終了に向けた資産購入規模の縮小である。2013年12月からは MBS や長期国債の購入額が段階的に縮小され，2014年10月をもって追加購入は終了された。ただし，当面は満期償還分を同額再投資することで，資産残高が維持された。第二は，金利の引き上げである。2015年12月，事実上ゼロ％に据え置かれてきた政策金利（FF レート）の誘導目標が引き上げられ，その後段階的な引き上げが実施された。第三は，資産残高自体の縮小である。2017年10月から MBS および長期国債の月々の再投資額が減額され，FRB による保有残高の縮小が図られた。一連の政策により，FRB の保有資産残高は，ピーク時の約4.5兆ドルから，2019年8月には約3.8兆ドルにまで縮小し，FF レートも2019年5月には2.44％にまで上昇した（図9‐1）。

　しかし，出口政策は長くは続かなかった。中国との経済摩擦等を背景とする景気の減速により，2019年7月からは再び政策金利が引き下げられるとともに，資産規模の縮小も予定より早く終了された。さらに，2020年3月からは，新型コロナショックという新たな非常事態の発生により，FRB は再び非常時の非

伝統的金融政策への回帰を余儀なくされた。政策金利は事実上のゼロ金利状態に再び移行し，消費者や中小企業，地方公共団体向けの緊急融資に対応するための連銀信用の拡張に加えて，MBS や国債の大規模な購入が再開された。その結果，FRB の資産残高は急激に拡大し，2021 年 3 月現在，金融危機時をはるかに上回る 7.8 兆ドルに達している。

　今後，新型コロナショックという非常事態はいずれ終息するとしても，巨額に膨れ上がった FRB の保有資産を圧縮することは容易ではなく，また，長期的にアメリカ経済の成長率が鈍化するもとで，利上げの余地もますます限られたものになりつつある。その意味では，もはや金融政策が金融危機前の状態に戻ることはきわめて困難であり，これからの金融政策は，いわゆる伝統的なそれとは大きく異なったものとならざるをえないであろう。

考えてみよう・調べてみよう

①　ニューディール・システムとしてのプルーデンス政策の枠組みは，アメリカにおいてどのような変容をとげてきたのだろうか。その背景とともに考えてみよう。
　　⇨金融自由化がプルーデンス政策の枠組みに及ぼした影響と，金融危機後に再構築された新たな枠組みの特徴について整理してみよう。
②　資産バブルの膨張に対して金融政策はどのように対処すべきだろうか。Fed ビューと BIS ビューそれぞれの考え方を整理したうえで考えてみよう。
　　⇨1980 年代の日本のバブルと当時の金融政策について調べ，アメリカの住宅バブルに対する対応と比較してみよう。
③　金融政策は今後，伝統的な枠組みへと回帰しうるだろうか。新型コロナショック後の出口政策の可能性について考えてみよう。
　　⇨ FRB が非伝統的金融政策への転換を迫られた金融危機時の経済状況について整理したうえで，今日の状況と比較してみよう。

おすすめの本・ホームページ

S・H・アクシルロッド［2010］『アメリカ連邦準備制度の内幕』田村勝省訳，一灯舎。
　　⇨著者は FRB のエコノミストとして歴代の FRB 議長の側近であった人物。FRB が何を重視してどのように政策決定をしてきたかを理解するのに役立つ。
湯本雅士［2010］『サブプライム危機後の金融財政政策——伝統的パラダイムの転換』岩波書店。

⇨サブプライム危機後の金融財政政策の内実や，今後の金融政策のあり方をめぐる
　国際的な議論の動向などについて詳しく解説されている。

S・ジョンソン／J・クワック［2011］『国家対巨大銀行』村井章子訳，ダイヤモンド
　社。

⇨今回の金融危機の背景を政治経済学的な視点から考察した著作。金融危機の前後
　で，アメリカの政治・経済両面においてウォール街の影響力がいかに増大したか
　を客観的な根拠に基づいて論じている。

参考文献

井村進哉［2002］『現代アメリカの住宅金融システム』東京大学出版会。

小倉将志郎［2016］『ファイナンシャリゼーション――金融化と金融機関行動』桜井
　書店。

小野亮［2011］「FRB の使命と課題――デフレ・リスクとその対応および出口戦略」
　みずほ総合研究所『みずほ総研論集』2011年Ⅰ号。

小立敬［2017］「米国でくすぶる Too-Big-to-Fail の終結を巡る論争――グラス＝ス
　ティーガル法の復活を求める議論とその背景」『野村資本市場クォータリー』
　2017年夏号。

白川方明［2008］『現代の金融政策――理論と実際』日本経済新聞出版社。

高木仁［2006］『アメリカの金融制度（改訂版）』東洋経済新報社。

西川純子・松井和夫［1989］『アメリカ金融史』有斐閣。

（豊福裕二）

第 10 章

移民政策

——移民労働力の重要性と深まる党派対立——

　アメリカは先住民を除き基本的に移民によって構成されてきた国である。古くはヨーロッパからの植民者から始まり，現代の移民のマジョリティを構成するヒスパニック系に至るまで世界中の国々の人々がアメリカを目指して移民してきた。そのため移民政策はアメリカの歴史上，常に重要な論点であり，現代では移民政策をめぐる対立が大きなものとなっている。

　アメリカでは，20世紀後半にヒスパニック系，アジア系住民の数が増え続け，2045年には白人が総人口の50％を下回ることが予測されている。今後いっそう，人種的に多様化していくことが予見される中で，移民政策の行方を考察することは，アメリカがどのような国になっていくのかについて問うことにつながる。

　そこで本章では，移民政策の展開，現代のアメリカ経済にとって移民労働力の重要性，移民政策をめぐる対立構図とそれが変化してきた様相，対立の激化の中での政策展開の行き詰まり，トランプ政権の移民政策について検討し，移民政策のアメリカにおける重要性と展望について探りたい。

1　アメリカにおける移民政策の歴史

（1）移民の受け入れと排斥

　移民がアメリカに流入してくる規模と移民の出身地域は時代によって変化してきた。出身地域は，19世紀後半までは西欧・北欧地域からの移民が中心であったが，19世紀末から20世紀初頭にかけて**新移民**と呼ばれる，南欧・東欧地域からの移民やユダヤ系の移民が多くなってきた。そして，20世紀後半以降は，メキシコ系ならびにアジア系移民が増えてきた（貴堂［2018］）。移民の流入に関しては歴史的に3つのピークが存在する。1つ目は，新移民が多く流入してきた19世紀後半から20世紀への世紀転換期（年間150～200万人程度）であり，20世紀後半までの少ない時期をはさんで，20世紀から21世紀にかけての世紀転換

期に２つ目のピーク（年間250～300万人程度）がみられる。

　移民を継続的に受け入れてきたアメリカであるが，すべてのアメリカ人が移民を好意的に受け入れてきたわけではなく，移民排斥運動が時折，表面化してきた。歴史的には，19世紀半ばのアイルランド系移民，19世紀末からの新移民，さらに西海岸を中心に多かった中国系移民（とその後の日系移民）は，宗教・文化・言語面などの違いから差別的な扱いを受けた。仕事に関しても，彼らは低賃金で労働に従事したためアメリカ人の仕事を奪うと思われ敵視された。さらに，中国系移民に対しては1882年に**中国人排斥法**が制定され，入国禁止措置や市民権付与を認めないなどの法的な規制が行われた。現代では，移民の多数を占めるヒスパニック系に対する差別だけでなく，2001年９月の同時多発テロ後のイスラム系，中東・アラブ系住民（移民）に対して，また2020年以降の新型コロナウイルスのパンデミック下でのアジア系住民（移民）への**ヘイトクライム**が顕在化した。このように，移民の歴史はそれを快く思わない受け入れ側の排斥的動きの歴史でもあった。

（２）移民とは誰か

　現在のアメリカの移民関係の基本法となっているのは，1952年に制定され，その後多くの修正を経てきた「移民国籍法」である。そこでは，移民については「非移民外国人に区分される外国人以外のすべての外国人」（第101条ａ項15号）と規定されている。またアメリカ国勢調査局は，「外国生まれ」というカテゴリーの中で「合法的な永住者（移民）」と言及している。移民は，このように「合法的な」永住権を持つ外国人居住者と限定されることもあるが，先の移民法の規定では，正規の滞在資格を有する外国人居住者に限られずに，正規の資格を得ずに滞在する移民も含まれている。非正規滞在者に対しては，複数の表現が用いられている。移民に批判的な立場からは，彼らの違法性を強調して「不法移民」（illegal immigrant）と言及される。他方で彼らの人権を重視する立場からは，彼らが犯罪者（criminal）ではないことから，滞在資格書類（ビザ）を保有しない「非正規移民」（undocumented or unauthorized immigrant）と表現される。法的には，国境を正規の手続きを経ずに越えてアメリカに入国することは軽罪（misdemeanor）であるが，正規のビザで入国しビザの期限が切れた後もアメリカに滞在し続けること自体は連邦法上の犯罪（federal crime）

とはされておらず，民事上の違反（civil violation）という位置づけである。そ
のため，正規の資格を持たずにアメリカ国内に「不法に滞在」（unlawful pres-
ence）するだけで連邦上の犯罪とはされない（U. S. Department of Justice［2011］）。
ただ，移民取り締まり当局による拘留と国外追放の危険性は存在している。そ
れゆえ保守派は，非正規滞在自体を重罪（felony）とすべく法改正を目指して
きた。さらに，非正規滞在者の中には，後述するようなドリーマーと呼ばれる
本人の意思とは離れた経緯の下で非正規にアメリカに居住する者たちも存在す
る。このような背景から，本章では非正規滞在者をまとめて表現する際に，彼
らの立場そのものが犯罪行為であるかのような印象を与える「不法移民」とい
う表現を避け，「**非正規滞在移民**」という表現を用いる（中島［2016：184-185］，
兼子［2020：205］，ナイ［2021：17-18］）。

　外国生まれの居住者については，アメリカ市民権を得た帰化市民と市民権不
保持者に分けられ，後者の外国人では移民ビザ（永住権）保有者と非移民ビザ
保有者に区分される（ビザの詳細な区分については，労働政策研究・研修機構編
［2009］［2018］を参照）。ビザの期限が定められている就労ビザは非移民ビザと
呼ばれ，前述のとおり移民法規定でも移民の定義には含まれない。ただ移民政
策や移民問題として議論される場合，移民ビザだけでなく非移民ビザも含めた
課題が扱われるため，移民政策を扱う本章では，永住（移民）ビザだけでなく
非移民ビザも含めて扱う。2017年時点での外国生まれ人口は，合法的滞在者が
3520万人（全外国生まれ人口の77%），非正規滞在移民が1050万人（同23%）とな
っており，前者の内訳は帰化市民が2070万人（45%），合法的永住者が1230万
人（27%），合法的な短期滞在者が220万人（5%）となっている。

（3）第二次世界大戦後の移民政策

　1929年の大恐慌以降，1950年代まで移民流入は非常に低いレベルで推移した
が，その後，徐々に増えていった。1965年には移民法が改正され，移民規制の
枠組みが変更された。これ以前は1924年移民法で規定された「**元国籍割当制
度**」により，1890年国勢調査時点での移民総数をベースに，元国籍集団ごとに
人口の2%ずつ割り当てる方式であった。1965年移民法はそれを廃止し，東半
球17万人，西半球12万人という上限を設け，さらに東半球には，家族の呼び寄
せや雇用に関する優先順位をつけて，各国一律2万人の上限を設けた（その後

1976年に西半球にも各国2万人の上限を設け，1978年には各国2万人の上限は維持しつつ東・西半球の区分を廃止し，総流入数上限を年29万人とした）。ただ，1965年法では，家族の再結合による移民はこの制限の枠外での入国を認められていたため，移民総数は増大していった。

　この1965年法は，以下のような事態を生じさせた（古矢［2002：104-127］，ナイ［2021：427-436］）。第一は，アジア系・中南米系の移民が増大したことである。アジア系は，1924年移民法で移民を禁止されており，1952年にアジア系の市民権獲得が認められるも割り当て数が圧倒的に少なかった。しかし，1965年法によりアジア諸国も他国と同様の2万人の上限が認められた。また，中南米系，とくにメキシコ系移民が増えた背景には，もともとメキシコとの国境をはさんだ一定の地域は一つの経済圏であり，多くのメキシコ人季節労働者が国境を越えてアメリカ国内の農場で働いていた。そうした移動が1965年法により移民としてカウントされるようになり，メキシコ系移民の急増へとつながった。第二の事態は，非正規滞在移民の増加であった。非正規滞在移民の中で多いのがメキシコ系移民であった。1970年時点で国外追放の対象となる外国人の8割がメキシコ人であるとされる。頻繁に国境を行き来することが珍しくないメキシコ人労働者の中には正式な書類（ビザ）を持たない者も多く，1965年以降はそうした移動が，逮捕，国外退去措置の対象となってきた。

　この非正規滞在移民に対応しようとしたのが，1986年の移民改革管理法であった。この法律は，一方で適正な滞在許可証を持たない者を知りながら雇用した雇用者に罰則を科し，他方で1982年1月1日以前に非正規で入国し，その後ずっとその状態が継続していることを証明できる者には恩赦を与え，合法的な滞在許可を付与した。また，国外からの季節労働者の雇入れ条件も緩和し，硬軟取り混ぜた方策で非正規滞在移民を削減しようとした。しかし，その後も非正規滞在移民は増え続けた。1990年の350万人から2000年の860万人へと1990年代に倍以上に増加し，2007年に1220万人とピークをむかえた。その後，若干減少し，2017年時点で1050万人となっている。

　1990年には，移民法が改正され，移民数の上限を年間70万人とした。また同法は，高度な技能・職能を有する移民をアメリカ経済の国際競争力を高めるための人材として確保することを目指し，高度に専門化した知識や技能を持つ外国人労働者向け就労ビザ（H-1Bビザ）を創設した。1996年には不法移民改革・

移民責任法が制定され，国外追放可能な違法行為の規定を拡大することで，増え続けていた非正規滞在移民への取り締まりを強化した。

　このようにアメリカの移民政策は，1965年以降受け入れ拡大へと向かい，それまで明確でなかったメキシコとの国境における出入国管理を厳格化し，メキシコからの非正規の移住者がアメリカ国内に定住する傾向が高まった。そのため，アメリカ経済にとって不可欠の移民労働者を受け入れるためのビザ制度の整備と，増加する非正規滞在移民への対応が迫られるようになった。

2　アメリカ経済にとっての移民労働力

（1）移民労働力の重要性

　現在，アメリカ経済にとって，移民は欠かせない労働力となっており，労働力人口の中での比重も高まっている。アメリカの人口に対する移民全体の比率が1970年の4.7％から2019年の13.7％に増えているが，労働力人口に占める移民の比重も同期間で7.9％から17.4％へと増え，全体で2840万人にのぼっている。ただ，移民労働者の産業・職種間の分布には偏りがみられる。表10-1は，各産業で外国生まれ労働者の分布を，アメリカ生まれ，外国生まれ，市民権の有無で分けて示したものである。外国生まれ労働者の比率が最も高いのは，建設業であり，農林水産業，運輸・公益事業，専門・事業サービス，レジャー・ホスピタリティ，その他サービス業といった部門では移民労働力が2割を超えている。表10-2は，職種別で同様に分布傾向を見たものである。こちらでは，農林水産関係や建設・採掘職で3割を超えており，サービス職，生産・交通・物流関係の職種で2割を超えている。このように一部の産業や職種では2～3割を移民労働力が占めるなど，一部の産業は移民労働力に大きく依存した状態となっている。

　また移民労働者のなかでも非正規滞在移民が一定の割合存在し続けている。彼らの人数と労働力人口の中での比率は，2007年の820万人，5.4％をピークにその後減少し，2017年で760万人，4.6％となっている。しかし，依然として500万人以上，労働力人口の5％近くが働き続けている。農林水産業や清掃・保守，建設・採掘，食品加工・レストランといった部門では非正規滞在移民が働く割合が10％を超えている。

表10‑1　各産業就業者人口の中でのアメリカ生まれ，外国生まれ労働者の比重（16歳以上，2019年）

（％）

産　業	アメリカ出生労働者	外国出生労働者		
		全　体	帰化市民	非市民
全　体	82.2	17.8	8.7	9.1
農林水産業	77.0	23.0	5.7	17.2
鉱　業	87.6	12.4	4.1	8.3
建設業	72.4	27.6	8.8	18.8
製造業	81.4	18.6	8.8	9.9
卸・小売業	84.7	15.3	8.0	7.3
運輸・公益事業	79.5	20.5	11.3	9.2
情　報	88.1	11.9	6.1	5.8
金　融	85.9	14.1	8.8	5.3
専門・事業サービス	79.3	20.7	8.9	11.7
教育・健康	85.8	14.2	8.8	5.4
レジャー・ホスピタリティ	79.4	20.6	8.0	12.6
その他サービス業	75.8	24.2	11.2	13.0
公共部門	91.4	8.6	6.1	2.5

出所：U. S. Censusu Bureau, "Characteristics of the Foreign-Born Population by Nativity and U. S. Citizenship Status," *Foreign Born : 2019 Current Population Survey Detailed Tables*, 2019 (https://www.census.gov/data/tables/2019/demo/foreign-born/cps-2019.html) より筆者作成。

表10‑2　各職種就業者人口の中でのアメリカ生まれ，外国生まれ労働者の比重（16歳以上，2019年）

（％）

職　種	アメリカ出生労働者	外国出生労働者		
		全　体	帰化市民	非市民
全　体	82.2	17.8	8.7	9.1
経営・専門職関連	85.5	14.5	8.6	5.9
経営・事業・金融	86.9	13.1	8.2	4.9
専門職関連	84.5	15.5	8.8	6.7
サービス職	76.1	23.9	10.0	13.9
販売・事務	87.5	12.5	7.0	5.5
販売関係	86.4	13.6	7.8	5.8
事務・管理部門	88.5	11.5	6.3	5.2
農林水産	58.1	41.9	9.9	32.0
建設・採掘・保守関連	74.2	25.8	8.4	17.4
建設・採掘	68.0	32.0	8.9	23.1
搬入・保守・修理	85.0	15.0	7.6	7.4
生産・交通・物流	77.4	22.6	10.0	12.6
生　産	76.1	23.9	9.8	14.1
交通・物流	78.6	21.4	10.2	11.3

出所：表10‑1に同じ。

表10‐3　各所得階層内でのアメリカ生まれと外国生まれの比重（15歳以上，2018年）(%)

所得階層	アメリカ出生者	外国出生者		
		全　体	帰化市民	非市民
全　体	81.8	18.2	9.1	9.0
1ドル～1万4999ドル以下もしくは損失	78.6	21.4	7.2	14.2
1万5000ドル～2万9999ドル	74.3	25.7	9.6	16.1
3万ドル～3万9999ドル	79.9	20.1	9.1	11.0
4万ドル～4万9999ドル	84.1	15.9	8.2	7.7
5万ドル～7万4999ドル	85.2	14.9	8.8	6.1
7万5000ドル～9万9999ドル	85.3	14.7	9.0	5.6
10万ドル以上	83.0	17.0	10.5	6.5

出所：表10‐1に同じ。

表10‐4　各学歴階層内でのアメリカ生まれと外国生まれの比重（25歳以上，2019年）(%)

学歴階層	アメリカ出生者	外国出生者		
		全　体	帰化市民	非市民
全　体	81.9	18.1	9.4	8.8
高校中退以下	55.5	44.5	14.9	29.6
高校卒業	83.6	16.4	8.5	8.0
大学中退，準学士	89.1	10.9	7.0	3.8
学士号	83.5	16.5	10.1	6.4
修士号	81.6	18.4	9.5	9.0
専門職学位	81.9	18.1	12.6	5.5
博士号	77.6	22.4	14.0	8.4

出所：表10‐1に同じ。

（2）移民の二極化傾向

　移民の就業比率が高い職種について，ピュー・リサーチ・センター（補章参照）の2017年の調査を見ると，農業関係，清掃・保守，建設・採掘，食品加工・レストラン，介護，交通などの比較的低賃金の仕事が多くあげられる一方で，コンピュータ・電子工学関係，生命・物理・社会科学関係といった高賃金職種も含まれている（Desilver［2017］）。このような移民の職業分布は，移民労働者の低賃金部門と高賃金部門での比率がアメリカ生まれ労働者に比べて高くなっていることを示している。

　以下，表10‐3と表10‐4は，移民労働者に限定したものではなく移民全体

ではあるが，移民（帰化市民と非市民）の所得階層と学歴の分布をアメリカ生まれと比較したものである。所得階層（表10−3）では，その低い部分で非市民の割合が高く，5万ドルから7万4999ドルのところでアメリカ生まれが一番高くなっており，最も所得階層の高い10万ドル以上のところでは帰化市民の比重が高い。このように，移民のなかでも帰化市民は比較的所得階層の比率が高く，非市民の移民層は低所得階層で多くなっている。また，高学歴層は所得が高く，低学歴層は所得が低いことが想定されるが，表10−4に示した各属性での学歴の分布から，所得階層と類似した傾向を見て取ることができる。非市民の比率は高校中退以下のところで高くなっているが，帰化市民の比率は大学卒業以降の学歴において高くなっている。

　このように移民の所得や学歴の分布をみると，完全に二極化しているとまでは言えないが，低所得・低学歴層と，高所得・高学歴層の比率が比較的高い。これは前述のように移民労働者がサービス職などの低賃金の高い技能を必要としない部門で多く働く一方で，ITや専門職などの高技能部門でも彼らの比率が高いことを反映していると言えよう。

　歴史的には，移民はアメリカに移住後，社会階梯の最下層に組み込まれ，階層上昇していく傾向が見られた。現代においても，多くの産業や企業が移民労働者を低賃金労働力として「活用」しているが，他方で高技能移民労働者を受け入れてきたH−1ビザ制度を，1990年代にアメリカ経済の国際競争力を高めるための人材確保を目的に再編し，H−1Bビザによる高技能労働者を受け入れてきた。こうした背景の下で，移民労働者の中で，高技能で学歴も高い移民と賃金が低い職に就く階層との分岐が現れていると言えよう。

（3）受け入れ枠と需要とのずれ

　現在，非農業部門での移民労働者に発行される非移民就労ビザとして重要なのは，高技能職向けのH−1Bビザと，高技能以外の季節的短期労働者向けのH−2Bビザである。前者のH−1Bビザの年間発行上限は2006年以降6万5000件となっており，アメリカ国内の大学で修士以上の学位取得者向けの追加枠の2万件と合わせて8万5000件となっている。しかし，近年，H−1Bビザは申請開始後すぐに上限枠に達してしまい，需要を十分に満たすことができていない状態が続いている。H−1Bビザの申請開始は毎年4月1日となっているが，2014年

以降，開始後ほぼ5日後には申請が上限数に達する事態が続いている。こうした状況の下で，2019会計年度では申請数が42万件に上り，承認数（新規発行数と更新の両方を含む）は38万8403件となっており，上限数とかなり離れた数値となっている。

　またH-2Bビザは年間上限が6万6000件となっており，半年毎に半数の3万3000件分を受け付ける形を取っている。2015年には，過去3年間にH-2Bビザを発行された労働者は年間上限の枠外で新たなビザの発行を受けられる労働者帰国免除規定（returning worker exemption）が設けられ，2017年には，連邦議会が市民権・移民局（USCIS）に対して上限を超えて約13万件までのH-2Bビザの発行権限を付与した。そのため，H-2Bビザは，6万6000件という上限を超えて発行されており，2019会計年度では9万8865件となっている。前述の通りH-2Bビザは上限数の半分を半年ごとに受け付けるが，2020年4月1日より前に就労を開始するビザの発行が2019年11月5日に上限に，2019年10月1日より前に就労開始のビザは同年2月19日に上限に達した。H-2BビザもH-1Bほど急ではないが期限前に上限に達する事態となっている。

3　移民政策をめぐる対立構図とその変化

（1）移民の受け入れをめぐる対立構図

　アメリカの移民政策に対しては，20世紀末までは党派間（民主党・共和党）でも利害が複雑に錯綜する争点であった。その対立構図は，「見慣れた党派的でイデオロギー的なラインを超えた」もので「呉越同舟」的なものであった（Tichenor［2002：8，121，276］，西山［2016：57-60］）。

　ここには2つの政策軸がある。第一が「移民の受け入れを維持・促進するか」であり，第二が「国内の移民の権利を擁護するか」というものである。通常，移民政策として議論される論点は前者の移民受け入れの是非であり，後者の論点は移民労働者の権利擁護に関する労働政策や移民の福祉受給権に関する福祉政策とも関わるものであり，民主党・共和党という政党間での立場の相違が大きい。それに対して前者の論点をめぐっては，移民流入を認める勢力の中に民主党系の「コスモポリタン」と共和党系の「自由市場拡張主義者」が位置し，移民流入の制限を求める勢力の中に民主党系の「平等主義的ナショナリス

表10-5　移民政策の論点をめぐる政治的立場とその主要な構成勢力（19世紀末・20世紀初頭から20世紀末への変遷）

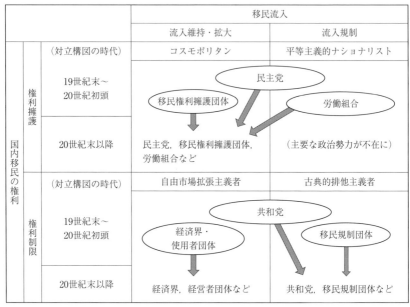

出所：Tichenor［2002：121, 276］より筆者作成。

ト」と共和党系の「古典的排他主義者」が混在してきた。そのため移民政策をめぐる対立構図は党派を超えたものとされてきた。

　表10-5は，この構図を19世紀末から20世紀初頭の時代と，20世紀末以降という異なる状況をまとめたものである。各勢力の名称は移民政策史家のダニエル・ティチェナーによるものであり，各勢力名の下はその主要な構成団体とその動きを示している。「コスモポリタン」は移民当事者や移民支援の団体により構成され，移民流入規制に反対し，国内にいる移民の権利はアメリカ人と同様に擁護されるべきであるとの立場である。「平等主義的ナショナリスト」は，国内の移民労働者の権利は重視するものの，移民は労働者の職を奪うとして移民削減を支持しており，労働組合・労働者組織が位置し，1990年代のクリントン政権もこうした傾向を持っていたとされる。「自由市場拡張主義者」は主に経済界の使用者団体で構成され，移民労働者を安価で不可欠な労働力として確保するために，流入は制限されるべきではないと主張する。「古典的排他主義

者」では共和党保守派が多く，移民はアメリカ人の職を奪い文化的にアメリカを侵略しているため，彼らの流入を制限し国内での取り締まりを強化すべきであると論じられる。

（2）対立構図の変化

現在の移民政策をめぐっては後述するように，民主党と共和党との間で激しい党派対立が生じており，党派を超えた対立ではなくなっている。それは，既存の対立構図が20世紀末以降に変化したことが原因であった。この変化した後の対立構図を示したものが表10‐5の「20世紀末以降」の箇所である。ここでの大きな変化は，労働組合の位置が「平等主義的ナショナリスト」の立場から離れたことである。労働組合は歴史的には，移民を自分たちの仕事を奪い賃金水準を押し下げる存在と考え，移民規制賛成派の一翼に位置付けられてきた。しかし，彼らはその組織力・影響力が低下する中で，低賃金労働者の重要な位置にあった移民労働者を積極的に組織化しなければならなくなった。そうした背景もあり，非正規滞在移民を雇用した雇用主に対する罰則規定撤廃を主張し，非正規滞在移民への無条件の合法的地位の付与を支持するようになるなど，20世紀末には大きくその立場を変えた。こうして労働組合勢力は全体として移民権利擁護運動などと協力するようになった。これにより「平等主義的ナショナリスト」の立場をとる勢力は現実的には少なくなり，民主党勢力が「コスモポリタン」的立場に集中していった。ただ，労働組合勢力の中では，H-2B ビザプログラムの下で働く移民労働者は使用者に対してきわめて弱い立場にあり，低賃金での長時間労働や賃金未払いといった問題が生じているとして，現状の H-2B プログラムの拡張に反対する議論が強い。その点で移民流入規制派に対峙する点で一致している経営者団体を批判している（中島 [2016]，AFL-CIO [2016]）。

他方，共和党側では穏健派の位置にあった「自由市場拡張主義者」勢力が党内での影響力を減らし，共和党が「古典的排他主義者」の党へと純化していった（「自由市場拡張主義者」の中に位置づけられている使用者団体が，完全に共和党と袂を分かったわけではない）。G・W・ブッシュ政権は，ブッシュ自身は保守派であったが，移民政策では穏健的政策を追求した。しかし，この政権の下，共和党内では移民排斥的議員が穏健派議員にとって代わり増えていった。2005年に

は共和党が多数を占めていた連邦下院議会において，アメリカ国内に非正規に
滞在することを重罪とし，非正規滞在移民の入国・滞在を（直接・間接に）支
援する行為も重罪であるとする移民排斥的法案が可決された（Swain［2007］）。

　このように，民主党，共和党それぞれの側での変化を反映して，移民流入を
めぐっても，国内移民の権利擁護をめぐっても，党派間での対立が鮮明化して
きた。

（3）現代における移民制度改革の行き詰まり

　ブッシュ政権は，2001年同時多発テロ後に止まっていた移民制度改革に2004
年から本格的に取り組み始め，**短期労働者プログラム**を提案した（中島［2016］）。
これは，アメリカ人を雇用するのが困難な職種において，期限を決めて外国人
労働者の受け入れを可能とする内容であったが，同時にすでに国内に居住する
非正規移民にも適用可能とされた。ブッシュ政権の移民政策は，移民労働力の
需要を満たすことを求める産業界の要請に沿ったものであるが，時限的であっ
ても非正規滞在移民に合法的地位を付与する内容を持っていた。このブッシュ
政権の提案は共和党保守派の政策とは相いれず，2005年には下院議会にて移民
排斥的な法案が提案，可決された。これに対して，共和党内穏健派議員や全米
商工会議所（USCC）は短期労働者プログラムの実現を求め，上院議会では民
主党と共和党穏健派議員によってブッシュ提案に類似した法案が提案され，可
決された。ブッシュは共和党の有力下院議員に上院案への妥協を働きかけたも
のの，下院共和党指導部は歩み寄ることなく，ブッシュ政権の提案は実現する
ことはなかった。

　次のバラク・オバマ政権は，国境警備強化，使用者罰則と労働者の権利保護
の追求，競争力強化のための移民受け入れ制度の整備，非正規滞在移民の合法
化といった包括的移民制度改革を当初目指した（中島［2016］）。しかし，党派
間対立の深刻化の中で包括的改革は困難であり，個別の論点での法案が提案さ
れた。その一つが，「未成年の外国人の開発・救援・教育法」（Development,
Relief, and Education for Alien Minors Act）の頭文字をとって名付けられた「ド
リーム法案」（DREAM Act）であった。子どもの時にアメリカに連れてこられ
た非正規滞在移民を対象に，一定の条件の下で永住権・市民権の申請を可能に
する内容であった。ドリーム法案は2001年に最初に提案されて以降，オバマ政

権下でも何度か提案され，2010年には民主党が多数であった下院で可決されたものの，上院では共和党保守派が反対し廃案となった。このように議会での移民制度改革が事実上不可能となった状況で，2012年 6 月，オバマ政権は大統領令による移民政策の実質的改革を追求した。**「子ども時代に入国した者に対する（国外追放）措置の延期」**（DACA）である。これは，ドリーム法案と同様に子どもの時に正規の手続きを経ずに親などとともにアメリカに入国した30歳未満の移民で，学校ないしは軍に入っている者に対して， 2 年間，国外追放の延期を行う措置であった。オバマ政権は，2014年にDACAの有効期限を 3 年間延長したが，これは大統領令であるため，ドナルド・トランプ政権の下で撤廃の危機にさらされることになった。

4　トランプ政権の移民政策

（1）トランプ政権の移民政策の特徴

　2016年の大統領選挙で予想外に勝利したトランプは，出馬表明演説でメキシコからの移民を犯罪者と非難したり，大統領選の最中にメキシコとの国境に壁を建設し，その費用をメキシコに支払わせると述べたりと，反移民，移民排斥の姿勢を鮮明にしていた。2017年 1 月以降のトランプ政権は，正規・非正規を問わず移民の流入を制限・削減することを目指し，大統領令を多用して移民政策の実質的な変更を進めてきた（梅川 [2018]）。このトランプ政権の大統領令による移民政策の改変の中には，入国禁止措置や，「聖域都市」（非正規滞在移民の摘発や国外追放に協力しない地域）への補助金停止，DACA差し止めなど人権上の懸念から裁判所により差し止め命令が出されるケースがしばしば見受けられた。

　政権の移民政策の内容は，移民流入の制限・管理，国境での移民流入阻止，国内の非正規滞在移民の取り締まりの 3 つの分野が主たるものであった。第一の政策に関しては，就任直後の2017年 1 月に実施したテロの脅威を理由とした入国禁止令に始まり，2020年には新型コロナウイルスのパンデミックを理由とした入国制限も行った。また，家族呼び寄せ移民の制限や多様性ビザ抽選システムの廃止，移民のポイント制導入などを目指すも実現には至らなかった。難民については，2017年 1 月の受け入れ一時停止や，難民申請の条件の厳格化，

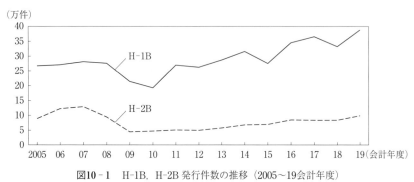

図10-1　H-1B，H-2B 発行件数の推移（2005〜19会計年度）

出所：H-1B ビザについては，U. S. Citizenship and Immigration Services, Department of Homeland Security, "Characteristics of H-1B Specialty Occupation Workers" の2006会計年度版から2019年会計年度版より筆者作成。H-2B ビザについては，David J. Bier, "H-2B Visas: The Complex Process for Nonagricultural Employers to Hire Guest Workers." Policy Analysis, Cato Institute, No. 910, February 16, 2021（https://www.cato.org/publications/policy+analysis/h-2b-visas-complex-process-nonagricultural-employers-hire-guest-workers）より筆者作成。

受け入れ上限数の削減を行ってきた。第二の政策では，逮捕・勾留された非正規移民の即時国外追放の範囲を拡大するなど国境警備を強化し，メキシコとの国境での壁の建設も進めた。第三の政策では，移民関税執行局（ICE）による非正規滞在移民が働く職場での摘発が進められた。DACA についても，2017年９月にトランプ政権は議会に猶予を与え立法化されるならばそれを認めるとしつつも撤廃する方針を示した（DACA の撤廃は，2020年６月に連邦最高裁判所にて違法であるとして却下された）。

（2）移民・難民の受け入れ状況と世論の動き

　このようにトランプ政権は移民の受け入れを抑制することを目指してきたが，実際の移民人口は減少することはなかった。2016年の4370万人から2019年には4500万人と増えている。ただ，オバマ政権までの増加のペースと比べると落ちており，その内訳で見ると移民ビザ取得者が減少し，短期の就労ビザ取得者が増えるという変化は見られた。短期就労ビザによる移民労働者の受け入れ状況は，第２節で触れた H-1B，H-2B ともに発行件数はトランプ政権下でも増加傾向を止めることはなかった（図10-1）。このことは，アメリカ経済に深く組み込まれ不可欠の労働力である移民労働者を削減することがいかに困難であるかを物語っている。それに対してトランプ政権で劇的に減少したのが，難民の

受け入れ数であった。難民受け入れ上限は2016会計年度は8万5000人であったが，2020年度に1万8000人へと4分の1以下に減少した（実際の受け入れ数もほぼ同じ数値となっている）。

　またトランプ政権は，国境警備と国内での非正規滞在移民の取り締まりの強化を強調しており，国外退去者数はオバマ政権期の後半期に比べて増える傾向があった。その内訳では，国内での取り締まりによる国外退去者数は2016年の6万5332人から2019年の8万5958人へと2万人ほど増え，国境取り締まりでの国外退去者数は同期間で17万4923人から18万1300人へと5000人ほど増加しており，全体としては増えてきている。メキシコとの国境での逮捕件数も，2016会計年度での40万8870件から2019会計年度の85万1508件へと2倍以上に増えた。

　移民をめぐるアメリカの世論の動向を見ると，移民に対する好意的な評価は21世紀に入り高くなってきている。ピュー・リサーチ・センターの調査によると移民がアメリカにとって負担であるか否かという質問に対して，1994年時点で否定的評価が63％，肯定的評価が31％となっていたが，2019年でそれぞれ24％，66％となり，移民に対して好意的な考えが広がってきている（Budiman[2020]）。この傾向は反移民的姿勢が明確であったトランプ政権下でも大きな変化はなかった。ただ，移民に対する評価は，民主党員と共和党員（と両者の支持者）の間で大きな乖離があり，この点でも党派間での溝が顕著となっている。

（3）コロナ禍での移民制限

　2020年に入り，新型コロナウイルスによるパンデミックが始まると，トランプ政権は，移民（非移民ビザ保有者を含む）のアメリカへの入国制限へと踏み出した。まず4月22日に，一部の移民ビザ取得希望者の入国を60日間停止する大統領令を発した。ここでは，H-1BやH-2Bといった非移民ビザ取得希望者は対象となっていなかったが，その2カ月後の6月23日には，移民ビザ取得希望者に加えてH-1B，H-2Bを含む4つの非移民ビザ取得希望者も対象にした入国制限を2020年12月31日まで延長した。非移民ビザの入国制限では6月24日時点ですでにビザが発給されている場合には除外されるが，H-1B，H-2Bビザで移民労働者を雇うことはできなくなった。これらの入国制限は2020年末に2021年3月31日まで延長されたが，2021年に入りバイデン政権の下で移民ビザ取得希望者の制限は2月14日でもって，H-1BやH-2Bなどの非移民ビザ取得

> ### コラム10
>
> ## 移民はアメリカ経済にどのような影響を及ぼすのか
>
> 　移民がアメリカ経済や財政にとってプラスか否かは，アメリカにとって重要な論点である。世論調査でもこの論点は問われてきたが，経済学研究者によって学術的に分析されてきた（パウエル［2016］）。その研究の結論は大きくは以下のようにまとめられる。賃金と雇用に関しては〈アメリカ人労働者に対して移民はわずかにマイナスの影響を与えるがその程度は小さく，長期的には大きくはないがプラスの影響をもたらす〉。財政については〈連邦政府では税収が増加し，州・地方政府では負担が増加するが連邦政府へのプラス効果にくらべると小さく，全体として負担増加は一時的である〉。
>
> 　こうした結論を導く研究が多いが，移民と競合するアメリカ人労働者の賃金下落や就労機会の減少といった否定的な影響を強調する研究も数は少ないが存在する（ボージャス［2017］）。また，アメリカ労働総同盟産業別組合会議（AFL-CIO）は，H-2B 労働者の雇用にあたり賃金未払いや申請した仕事と異なる仕事に就労させ低賃金で雇うなどの行為が横行しており，移民の雇用がアメリカ人労働者に悪影響を与えないという経営者側の主張は根拠が崩れていると批判する（AFL-CIO［2016］）。
>
> 　多くの研究は，移民の流入はアメリカ経済や財政に対して特定の方向で決定的な影響を与えることはないと結論づける。ただ，国内の各階層が移民増加による利益を等しく享受できるわけではない。この問題は，学術的分析から離れて政治的課題の範疇となるであろう。そのため，移民の経済的影響をめぐる議論が終わることはなさそうである。

希望者の入国制限は 3 月末をもって撤廃された。

　アメリカにおいて移民は歴史的に絶えることなく続き，経済面でも不可欠な存在であり続けているが，現在，移民をどのような存在として処遇するのかについては大きな対立の中にある。他の政策分野でも党派対立の深刻化が指摘されるが，移民政策をめぐっても党派対立はその制度改革や政策の行く末に大きな影響を与えている。

考えてみよう・調べてみよう

①　21世紀のアメリカにおいて移民はどのように扱われてきたのかを調べてみよう。

⇨G・W・ブッシュ，オバマ，トランプの各政権の移民政策を比較してみよう。

②　移民政策をめぐる対立関係はどのようになっているのか考えよう。

⇨アメリカの移民政策をめぐる対立構図にはどのような論点があるのか，対立する各勢力の立場についてまとめてみよう。

③　アメリカ経済の中で移民労働者はどのような存在なのか考えてみよう。

⇨アメリカの移民労働者はどのような産業や職種で主に働いており，どのような条件の下で仕事をしているのか調べてみよう。

おすすめの本・ホームページ

貴堂嘉之［2018］『移民国家アメリカの歴史』岩波新書。

⇨アメリカの移民の歴史をまとめた文献。ヨーロッパ系移民だけでなくアジア系移民の歴史も詳しく扱っている。

田原徳容［2018］『ルポ 不法移民とトランプの闘い——1100万人が潜む見えないアメリカ』光文社新書。

⇨アメリカの中での「不法移民」の現状を，移民の一人一人の姿や声を描き出すことで理解できる内容となっている。

ベンジャミン・パウエル［2016］『移民の経済学』藪下史郎監訳，東洋経済新報社。

⇨移民がアメリカ経済や社会にどのような影響を与えてきたかについて，さまざまな経済学研究者の考察内容をまとめ，丁寧に説明している。

西山隆行［2016］『移民大国アメリカ』ちくま新書。

⇨移民国家としてのアメリカの特徴をさまざまな角度から考察した文献。移民問題の全体像をコンパクトにまとめている。

参考文献

梅川健［2018］「乱発される『大統領令』」久保文明・阿川尚之・梅川健編『アメリカ大統領の権限とその限界——トランプ大統領はどこまでできるか』日本評論社。

大津留（北川）智恵子［2016］『アメリカが生む／受け入れる難民』関西大学出版部。

兼子歩［2020］「新保守主義の内政と外交」青野利彦ほか編著『現代アメリカ政治外交史』ミネルヴァ書房。

久保文明ほか編［2012］『マイノリティが変えるアメリカ政治』NTT出版。

小井土彰宏編［2017］『移民受入の国際社会学——選別メカニズムの比較分析』名古屋大学出版会。

田中研之輔［2017］『ルポ 不法移民——アメリカ国境を越えた男たち』岩波新書。

メイ・M・ナイ［2021］『「移民の国アメリカ」の境界——歴史のなかのシティズンシップ・人種・ナショナリズム』小田悠生訳，白水社。

中島醸［2016］「移民政策——移民制度改革をめぐる党派対立と大統領令」河音琢郎・藤木剛康編著『オバマ政権の経済政策』ミネルヴァ書房。

古矢旬［2002］『アメリカニズム——「普遍国家」のナショナリズム』東京大学出版会。

ジョージ・ボージャス［2017］『移民の政治経済学』岩本正明訳，白水社。

村田勝幸［2007］『「アメリカ人」の境界とラティーノ・エスニシティ——「非合法移民問題」の社会文化史』東京大学出版会。

労働政策研究・研修機構編［2009］「アメリカの外国人労働者受入れ制度と実態——諸外国の外国人労働者受入れ制度と実態2009」『JILPT 資料シリーズ』第58号。

労働政策研究・研修機構編［2018］「諸外国における外国人材受入制度　非高度人材の位置づけ——イギリス，ドイツ，フランス，アメリカ，韓国，台湾，シンガポール」『JILPT 資料シリーズ』第207号。

AFL-CIO［2016］"Fact Sheet on Why the H-2B Program is Bad for Working People," *Legislative Alert,* June 23（https://aflcio.org/about/advocacy/legislative-alerts/fact-sheet-why-h-2b-program-bad-working-people）.

Budiman, Abby［2020］"Key Findings about U. S. Immigrants," Pew Research Center, August 20（https://www.pewresearch.org/fact-tank/2020/08/20/key-findings-about-u-s-immigrants/）.

Desilver, Drew［2017］"Immigrants don't Make up a Majority of Workers in any U. S. Industry," Pew Research Center, March 16（https://www.pewresearch.org/fact-tank/2017/03/16/immigrants-dont-make-up-a-majority-of-workers-in-any-u-s-industry/）.

Swain, Carol M., ed.［2007］, *Debating Immigration,* Cambridge University Press.

Tichenor, Daniel J.［2002］, *Dividing Lines : The Politics of Immigration Control in America,* Princeton University Press.

U. S. Department of Justice［2011］"Summaries of Recent Federal Court Decisions," *Immigration Litigation Bulletin,* Vol. 15, No. 3 March 2011（https://www.justice.gov/sites/default/files/civil/legacy/2014/10/17/March_2011.pdf）.

（中 島　醸）

第 **III** 部

国際関係を捉える

第11章

ポスト冷戦期の外交・安全保障政策
——噴出する新たな外交課題への挑戦——

　第二次世界大戦後の国際秩序は冷戦によって特徴づけられる。冷戦期におけるアメリカの外交政策は，対ソ封じ込め政策を基調としていた。しかし1989年に冷戦は崩壊した。冷戦の崩壊は，新たな国際秩序の模索が始まることを意味した。冷戦崩壊後（ポスト冷戦期）の国際社会においては，地域紛争やテロの頻発，大量破壊兵器の拡散，地球環境問題や感染症の拡大，金融危機の頻発など一国レベルでは対応できない新たな課題が噴出した。また中国に代表される新興国の台頭は，国際経済秩序に大きな変動をもたらした。

　アメリカは，こうした激動する国際秩序に対してどのような外交構想を描き，いかに対応したのだろうか。

　本章では，冷戦終結後からオバマ政権に至るまでの各政権が，上記の課題にいかに取り組んだのか，その外交政策の特徴は何か，という点について考えていく（第3〜6節）。くわえて第12，13章において，アメリカの外交政策を考察していく前提となる基本的な知識——アメリカ外交の歴史的特徴およびアメリカの外交政策を支える組織・制度——についても概観していく（第1，2節）。

1　アメリカ外交の歴史的特徴

（1）孤立主義と国際主義

　アメリカ外交は**孤立主義**と**国際主義**という2つの考え方によって特徴づけられてきた。

　孤立主義とは，アメリカは国際社会との政治的な関わりをできるだけ避けることを外交方針とすべきだ，という立場である。こうした考え方は，初代大統領ジョージ・ワシントンが退任時に残した告別演説（1796年）における「諸外国に関するわれわれの行動の一般原則は，通商関係を拡大するにあたり，でき

るかぎり政治的結びつきをもたないようにすることであります」（大下ほか
[1989]）という言葉によく示されている。このような孤立主義は初期アメリカ
外交の伝統であった。

　一方，国際主義という考え方は，第一次世界大戦（1914〜18年）への参戦を
めぐる議論を契機として生じた。国際主義とは，アメリカは国際社会に対して
積極的に関与していくべきだ，という考え方である。では，なぜアメリカは国
際社会に関与しなければならないのか。時の大統領であったウッドロー・ウィ
ルソンは，自由や民主主義といった「アメリカ的価値」を国際社会へと拡大し，
平和で安定的な国際秩序を構築することこそがアメリカの使命であるという理
想を掲げ，その実現のために国際社会への関与をアメリカも行わなければなら
ないという**理想主義**に基づく国際主義という考え方を主張した。こうしたウィ
ルソンの考え方は，彼が提唱し，第一次世界大戦後に国際社会の平和を維持す
るために設立された国際連盟への加盟という政策に帰結したが，国内の孤立主
義勢力の抵抗によって挫折した。しかし理想主義に基づく国際主義という考え
方は，第二次世界大戦（1939〜45年）に参戦して以降のアメリカの外交政策に
大きな影響を与えた。

　アメリカの外交政策は，日本による真珠湾攻撃（1941年）を契機として第二
次世界大戦へと参戦するなかで，孤立主義から国際主義へと大きく転換した。
もはや孤立主義ではアメリカの安全保障を確保できないという考えが支配的に
なったためである。その国際主義は，ウィルソンが主張した理想主義に基づく
ものであった。アメリカは第二次世界大戦を，全体主義から民主主義を守ると
いう理念を掲げて戦った。さらに冷戦期においては，共産主義からの自由と民
主主義の擁護という理念を掲げ，国際社会への関与を続けた。つまり第二次世
界大戦後のアメリカ外交の基調は，理想主義に基づく国際主義の考え方が主流
となった。

（2）理想主義と現実主義

　しかし，そうした国際主義のあり方に対して批判的な潮流も存在した。それ
は**現実主義**に基づく国際主義であった。現実主義とは，国際社会を国家間の利
害が衝突し合う世界と捉え，そこにおいて，理念ではなく経済力や軍事力とい
った力を活用し，自国の国益の最大化を目指すことを外交政策の基軸に据える

べきだという考え方である。たとえば、冷戦初期に戦略家として活躍したジョージ・ケナンは、ウィルソン的な理想主義に基づく国際主義を「アメリカ的価値」にのみ基づき、外交政策を立案・実行する現実主義的な思考を欠いた「法律家的・道徳家的アプローチ」（ケナン［2000］）と批判し、現実主義に基づく国際主義に転換すべきだと訴えた。実際のアメリカ外交においても、現実主義的な外交政策が遂行される場合があった。とくに、ニクソン政権における外交政策を主導していたヘンリー・キッシンジャーは、現実主義的な国際主義の立場に立ち、外交政策を実行した。

　しかし、ニクソン政権の外交政策は例外的存在であった。カーター政権は人権外交を掲げ、レーガン政権は、ソ連を「悪の帝国」と批判し、自由と民主主義の勝利を目指した。つまり、第二次世界大戦への参戦から冷戦終焉に至るまでのアメリカ外交の基調は、理想主義に基づく国際主義であったといえよう。ただし、アメリカの国際社会への関与に懐疑的な立場をとる孤立主義的な世論は根強く存在しており、アメリカ外交に対して有形無形の影響力を与え続けている。トランプ政権の外交政策にもその影響が強く見られる（第12章）。

　理想主義と現実主義の対立は、国際主義の目的をめぐるものであったが、手段に関する対立軸も存在する。それは**単独主義**と**多国間主義**の対立である。外交政策の目的を達成するために、国際機関や多国間での合意を重視する多国間主義と、場合によってはアメリカ単独で行動することも辞さない単独主義という対立である。

2　アメリカ外交の主要アクター

（1）行政府の組織

　アメリカの外交政策の立案・実行を主導する最大の主体は大統領である。大統領は、アメリカ軍の最高司令官であるとともに、行政府の長として外交政策全体の立案・実行を担う。ゆえに大統領が、どのような外交方針を有しているかは非常に重要である。大統領の外交方針は、毎年1月に行われる一般教書演説において大枠が示される。また大統領の国家安全保障に関する政策指針を示す「**国家安全保障戦略**」も重要である。これらの文書で示された方針に基づき、さまざまな外交政策が立案・実行される。

　こうした大統領の外交政策はさまざまな組織によって支えられている（信田編［2010：第3章～第6章］）。まず行政府の機関から見ていく。近年におけるグローバル化の進展により，一国では解決できない問題——地球環境，感染症，テロ対策など——が増加したことを反映し，行政府のあらゆる機関が外交政策に何らかの形で関与するようになっている。ここでは外交政策および経済外交に関与する代表的な機関について紹介する。

　アメリカを対外的に代表し，諸外国や国際機関との交渉を担当する機関は国務省である。各国の大使館・領事館も統括する。また国務省の統括下には援助政策を担当するアメリカ国際開発庁（USAID）がある。

　国家安全保障政策を担当するのが国防総省である。国防総省は，アメリカ国内外で活動する陸海空軍および海兵隊を統括し，軍事作戦を遂行する。またNATOや日米安全保障条約などの軍事同盟においても重要な役割を果たす。

　経済外交は，主として財務省，アメリカ通商代表部（USTR）によって担われている。財務省は財政・金融に関わる分野を中心に，金融危機への対応，サミットやG20などの国際会合での経済外交を担っている。USTRはWTOや二国間での貿易交渉の主要な担い手であり，アメリカの通商政策を対外的に代表する存在である。

　以上のような行政府内の機関だけではなく，ホワイトハウス内においても，多くのスタッフが大統領の外交政策を支えている。なかでも国家安全保障問題担当大統領補佐官は，大統領に対して外交政策上のアドバイスを行う最も重要なポストである。またアメリカの外交政策全体を統括する最高機関である国家安全保障会議（NSC）の事務局を運営する役割も有している。NSCは，大統領を議長とし，副大統領，国務長官，国防長官，財務長官，国家安全保障問題担当大統領補佐官を主要なメンバーとする。必要に応じて他の機関の長も出席し，省庁間の調整が行われ，大統領の下，最終決定が下される。

（2）立法府の役割

　以上見てきたように，アメリカの外交政策を立案・実行する最大の主体は大統領を中心とする行政府である。ただし立法府（連邦議会）も大統領が遂行する外交政策に対して，自身が有する権限を活用して影響力を行使することができる。その権限とは，第一に外交関連予算の審議・承認，第二に外交政策に関

コラム11

通商政策をめぐる政府と連邦議会

　アメリカにおいては通商政策に関する権限を連邦議会が有する。アメリカ合衆国憲法において連邦議会は，関税を設定し，「諸外国との通商を……規律する」（大下ほか［1989］）権限を持つと規定されている（第1条第8節1項および3項）。ゆえに大統領の通商政策は連邦議会によって大きく制限されることになる。たとえば，大統領が関税を相互に引き下げる通商協定を他国と結んだとしても，連邦議会がその協定を批准し，関税の引き下げを規定する国内立法を行わなければ，その通商協定はまったく意味をなさず，大統領自身の国際的信頼も大きく低下することになる。

　こうした事態が生じることを防ぐための仕組みが貿易促進権限（クリントン政権まではファストトラック）である。これは大統領が結んだ通商協定について，連邦議会は90日以内に一切修正せずに認めるか否決するかを決定しなければならない，という仕組みである。この権限を大統領が有している場合，通商協定の交渉・締結をスムーズに進めることができる。

　しかし貿易促進権限は，連邦議会から大統領に対して一定の期間限定で付与されるものである。ゆえに大統領と連邦議会の関係が良好でなければ，付与されない。たとえば，G・W・ブッシュ政権は2002年に貿易促進権限を獲得したが，2007年に失効して以降は連邦議会との対立関係が深まったことにより，更新することができなかった。オバマ政権の獲得も，ようやく2015年になってのことであった。このように近年，貿易促進権限の獲得は困難になっており，アメリカの通商政策の展開を大きく制限する要因となっている（藤木［2017］）。

わる立法（コラム11参照），第三に上院が有する大統領が締結した条約の批准および大統領による外交政策に関する人事の承認権，である。これらの手段を利用して，連邦議会は大統領の外交政策に影響を与えることができる。

　大統領と連邦議会の関係が良好な場合，連邦議会は大統領が遂行する外交政策の制約要因とはならない。しかし分割政府の状態である，外交政策の目的に関する超党派的な合意が存在しないなどの理由で，大統領と連邦議会との関係が不安定な場合，大統領が意図する外交政策を十分に遂行できなくなるおそれがある。ゆえに大統領は，連邦議会との関係をつねに考慮せざるをえない。

　行政府や立法府のように政策立案に直接関わる主体以外にも，アメリカでは外交政策に影響を与える組織が多数存在する。さまざまな利益団体，宗教団体，シンクタンク，NPO などの非政府組織，マスメディアなどである。それらは，世論に対して自らの政策の必要性を訴える，議員や行政府関係者に直接働きかける，などの活動を通じて，外交政策に大きな影響を与える場合がある（久保[2010]）。

3　冷戦終結と G・H・W・ブッシュ政権——新世界秩序の理想と現実

（1）冷戦終結と「新世界秩序」

　1989年に就任した G・H・W・ブッシュ大統領は，冷戦終結から生じた問題に対応しつつ，新たな国際秩序を模索するという困難な課題に直面した。

　1989年のポーランドやハンガリーにおける非共産党系政権発足を契機として，ソ連の勢力圏であった東欧諸国において，共産主義体制が次々に倒壊した（東欧革命）。これに対して，冷戦の下，軍事的・経済的に疲弊していたソ連には介入する力も意志もなかった。そして1989年12月にマルタ島においてソ連のミハイル・ゴルバチョフ書記長とブッシュ大統領の間で行われた首脳会談において冷戦終結が宣言された。

　冷戦終結後，ブッシュ政権が新たな国際秩序を構想する契機となったのが湾岸戦争であった。1990年8月，イラクのサダム・フセイン政権は，突如クウェートに軍事侵攻し，そこを占領した。これに対してブッシュ政権は，イラクにクウェートからの即時撤退を要求する一方，国連の安全保障理事会において対イラク武力行使を容認する決議（1990年11月）を獲得した。そして，アメリカを中心とする多国籍軍は，1991年1月16日にイラクに対する軍事行動を開始し，2月28日にはイラクをクウェート領内から駆逐することに成功した。イラクは，クウェートへの不可侵，大量破壊兵器（核，生物，化学兵器）の廃棄および査察の実施などを定めた国連決議に基づく停戦を受け入れざるをえなかった。

　冷戦期には，東西両陣営の対立が持ち込まれ，国連を舞台とした多国間協力はほとんど機能していなかった。国連において武力行使を容認する決議が成立し，多国籍軍がクウェート解放に成功したことは，冷戦崩壊後の新秩序のモデルになるとブッシュ政権は考えた。それを形にしたのが，ブッシュ政権による

「新世界秩序」の提唱であった。「新世界秩序」とは，自由と民主主義に基づく
国際秩序を，国連におけるアメリカを中心とした多国間協力によって構築する
ことを目指したものであった。

（2）「新世界秩序」の幻想

　しかし湾岸戦争後，数多く勃発した地域紛争は「新世界秩序」が幻想である
ことを浮き彫りにした。冷戦の崩壊は，世界各地における民族・宗教対立を炙
り出した。たとえば，ボスニアにおけるセルビア系住民とクロアチア系・ムス
リム系住民の対立に起因する内戦，ソマリアにおける武装勢力間の内戦などが
挙げられる。こうした地域紛争は，湾岸戦争のような主権国家に対する明白な
侵略行為への対応と異なり，一国内における複雑かつ錯綜した利害関係が原因
となっており，関係諸国が国連の場において合意を築き，対応することは非常
に困難であった。また内戦状態に陥った地域では，平和が確保された後の国家
建設が重要な課題となるが，それに対応する準備はブッシュ政権にも国連にも
できていなかった。ブッシュ政権は場当たり的に問題へと対応せざるをえなか
った。

　さらに冷戦崩壊後のアメリカの経済的停滞は，アメリカ国内において積極的
な対外関与への支持の低下を招いた。ブッシュ政権による国際社会への関与は
無原則で，アメリカ経済の利益を無視したものであり，国内経済問題を外交問
題よりも重視しなければならないという意見が強くなった。

　これに対してブッシュ政権も無策だったわけではない。経済外交面において，
北米地域内における貿易と投資の活発化によるアメリカの経済的利益の促進を
目標とし，NAFTAに調印した（1992年）。また最大の貿易赤字相手国であっ
た日本に対しては，日米構造協議（1989〜90年）の場において，日本の経済構
造こそが貿易不均衡の原因であるとし，構造改革によるアメリカからの輸入増
大を要求した（坂井［1991］）。しかし，こうした経済外交は支持率を押し上げ
なかった。その結果，ブッシュ大統領は，国内経済重視を掲げた民主党大統領
候補ビル・クリントンに1992年大統領選挙において敗北を喫することになった。

　ブッシュ政権は，冷戦の崩壊後，「新世界秩序」概念を打ち出し，アメリカ
のリーダーシップのもとにある国連を中心とした国際秩序を目指したが，頻発
する地域紛争に十分な対応ができなかった。また遂行する外交政策に対して，

国内経済問題を重視するアメリカ国民の支持を得ることができず，その「新世界秩序」の試みは失敗に終わった。

4　クリントン政権の外交政策——経済外交の重視

　発足当初のクリントン政権の外交政策は3つの柱から成り立っていた。第一に国際社会の安定のために国連の平和維持活動が果たす役割を重視する。第二に市場経済と民主主義の拡大を外交政策の目標とする「関与と拡大」の対外戦略を採用する。民主主義国同士は戦争を行わないという「デモクラティック・ピース論」に基づき，市場経済と民主主義の拡大がアメリカと世界の安定と繁栄をもたらすと考えていた。第三に国内経済再建に資する経済外交を遂行する。しかし，クリントン政権の構想は，さまざまな要因によって挫折せざるをえなかった。

（1）国連から同盟国へ

　第一の柱である国連重視は，ブッシュ政権から引き継いだソマリア問題でいきなりつまずいた。内戦に苦しむソマリアに対して，ブッシュ政権は国連との協力のもと，軍を派遣していた。しかし，悪化し続けるソマリア情勢に対して，クリントン政権は十分な対応ができなかった。その結果，1993年10月に発生した軍事衝突において，米軍兵士18名が犠牲となった。アメリカ国内において厳しい批判にさらされたクリントン政権は，1994年3月末までにソマリアから撤退することを表明せざるをえなくなった。

　国連との協力で実行されていたソマリア政策が失敗した結果，国際的な平和維持のために国連を活用するというクリントン政権の構想は頓挫を余儀なくされた。またクリントン政権は，米軍兵士の犠牲者が出る可能性が高い軍事作戦への関与を最小化するようになった。ボスニア紛争（1995年）や，セルビアによるコソボ支配に反発するアルバニア人の独立戦争であるコソボ紛争（1999年）においても，地上軍投入には最後まで消極的であり，空爆中心の対応を続けた（福田［2011］）。

　ソマリア政策の失敗後，クリントン政権は，米ソ対立を前提とした冷戦期の軍事同盟の再定義を進めた。NATOについては，冷戦期に対立していた東欧

諸国へと NATO を拡大していく方針を1996年に示し，1999年にハンガリー，チェコ，ポーランドの加盟を実現させた。同時に「新戦略概念」を発表し，NATO の役割を同盟国の防衛だけではなく大西洋地域の安定にも貢献することとし，NATO 域外への軍事行動も辞さないとした。実際，域外で発生したコソボ紛争に際して，NATO 軍による空爆が国連安全保障理事会の承認なく行われた。日米間においても同様の再定義が行われた。1996年に「日米安全保障共同宣言」が発表され，日米安保体制はアジア・太平洋地域の安定のために欠かせないものであるとされた（第13章）。両再定義においてクリントン政権は，頻発する地域紛争やアメリカが主導する国際秩序に従わない「ならずもの国家」（イラク，イラン，北朝鮮，リビア，アフガニスタンなど）への対処を意図していた。しかし，コソボ紛争のように同盟が機能した場合もあれば，クリントン政権単独での制裁（イラクやアフガニスタンに対する空爆）や交渉（核兵器の廃棄をめぐる北朝鮮との交渉）に及ぶ場合もあり，同盟を活用する基準が不分明で，場当たり的な対応に陥らざるをえない側面も残った。

（2）「関与と拡大」の対外戦略

　第二の柱である「**関与と拡大**」の対外戦略という面では，旧共産主義諸国に対する支援を強化した。とくにロシアの市場経済化・民主化に対する援助を重視し，良好な関係を築いた。しかしロシアは，NATO の東欧諸国への拡大を警戒し，徐々に両国関係は悪化していった。また中国に対しても，当初は人権問題を重視する観点から強硬な外交政策を採用していたが，徐々に中国との経済関係を重視するようになり，人権に関わる問題を棚上げした対中関与政策へと転換し，非常に密接な米中関係を構築した。総じて，「関与と拡大」の対外戦略は当初意図した成果を上げることができなかった。

（3）経済外交

　第三の柱である経済外交の面では，政権発足後すぐに国内経済政策と対外経済政策双方を統括する組織として国家経済会議（NEC）を新設（1993年）し，経済外交を重視する姿勢を示した。
　通商政策の面で第1期クリントン政権は，多国間，地域，二国間における交渉を並行して進めていく**マルチトラック・アプローチ**に基づき，国際的な貿易

自由化を推進しつつ，保護貿易政策も活用し，貿易収支の赤字を削減しようと試みた（第2章）。多国間の面では，世界貿易を司る新たな国際機関として1995年に誕生したWTOの設立協定に，金融・サービス取引の自由化，知的所有権保護の強化を盛り込むことに成功した（サービス貿易に関する一般協定（GATS），知的所有権の貿易関連の側面に関する協定（TRIPS協定））。両分野ともアメリカ企業の競争力強化に資するものであった。地域の面では，アメリカの雇用を流出させるとの批判が強かったNAFTAについて，連邦議会における批准に成功した（1993年）。またAPECにおいて，2020年までの域内貿易自由化を定めたボゴール宣言（1994年）の採択に尽力した。二国間の面では，当時のアメリカにとって最大の貿易赤字相手国であった日本を問題視し，日米包括経済協議（1993〜95年）の場において輸入数値目標の導入を迫り，両国は対立を深めた（佐々木［1997］）。このクリントン政権の通商政策は，保護貿易政策によってアメリカの経済的利益を追求するものであったと評価できる一方，第二の柱の「関与と拡大」の対外戦略の観点から見れば，市場経済の原則を歪めるものでもあった。

　以上のように，第1期クリントン政権は通商政策でいくつかの成果を上げることに成功した。しかし第2期クリントン政権は，ファストトラックを議会から獲得することができなかったため，目立った結果を残すことができなかった。とくに同時期から始まった自由貿易協定（FTA）の活発化の流れに乗り遅れたことは後のアメリカの通商政策に大きな問題を残した。

　国際金融政策の面では，強いドル政策を堅持し，アメリカの経常収支赤字のファイナンス＝アメリカへの海外からの安定的な資金流入を実現した（第2章）。海外から流入した資金は，アメリカ経済の活性化に大いに貢献した。またアジア通貨危機（1997〜98年）では，当初は救済に消極的であったものの，事態が深刻化するに従い，積極的に危機の沈静化に関与した（ルービン／ワイズバーグ［2005］）。

（4）連邦議会との対立

　以上のようにクリントン政権の外交政策構想は，第1期の経済外交を除いて，不十分な形でしか実現できなかった。これは政権自体の見通しの甘さ，場当たり的な対応という点に起因する面もあるが，連邦議会との対立という問題も存

在した。1994年中間選挙で共和党が大勝し，上下両院議会を支配することになった。共和党は，アメリカの国益と関わりのない場当たり的な国際関与を行っているとクリントン政権を批判した。共和党はアメリカの安全保障の確保を重視するという方針を明確化し，「ならずもの国家」からの大量破壊兵器によるミサイル攻撃を防ぐためのミサイル防衛構想を推進する一方，多国間協調には懐疑的な姿勢を崩さず，単独主義的な外交方針を堅持した。こうした連邦議会の対応はクリントン政権の外交政策の大きな制約要因となった。

　クリントン政権は，国連による平和維持活動，「関与と拡大」の対外戦略，経済外交の重視という外交方針を打ち出した。しかし，ソマリアにおける失敗により，旧来の同盟を基盤とした外交に戻り，国連重視外交は挫折する。また「関与と拡大」の対外戦略も不十分な形で終わってしまった。ただ経済外交の面では重要な成果を上げることに成功した。しかし第2期においては，共和党が主導する議会に制約され，十分な結果を残せなかった。

5　G・W・ブッシュ政権の外交政策——単独主義と安全保障の重視

（1）「テロとの戦い」と安全保障
　2001年に発足したG・W・ブッシュ政権の外交政策を規定し続けたのは，2001年9月11日に勃発した「同時多発テロ」事件であった。ハイジャックされた航空機が，世界貿易センタービルおよび国防総省本部に突入するという衝撃的なこの事件以降，ブッシュ政権が重視する最大の政策目標は「アメリカの安全保障の確保」となった。ブッシュ政権は，その実現のためには単独主義に基づく軍事行動も辞さない決意を示し続けた。

　ブッシュ政権は，「同時多発テロ」事件の実行犯をイスラム過激派組織アルカイダに所属する人物と認定し，アルカイダの壊滅およびその指導者オサマ・ビン・ラディンの引渡しをアフガニスタンのタリバン政権に対して要求した。そして要請を断ったタリバン政権に対する武力行使（2001年10月）を実行した。このタリバン政権に対する軍事攻撃は，国連の安全保障理事会など国際社会からの支持に支えられていた。しかし，こうした多国間主義を重視する姿勢は一時的なものであり，その後のブッシュ政権は単独主義的な外交政策を堅持した。

　そうしたブッシュ政権の外交政策の全体像は，2002年9月に公表された「国

家安全保障戦略」に見ることができる。この中でブッシュ政権は，アメリカの安全保障を脅かす存在として，テロリストと彼らを匿い支援する国家である「テロ支援国家」を挙げた。そして両者と大量破壊兵器が結び付く危険性を強調した。こうした危険に対処し，「テロとの戦い」に勝利するためにブッシュ政権は２つの方針を掲げる。第一に，脅威に対する先制攻撃である。大量破壊兵器とテロ組織・テロ支援国家が結び付いた場合，壊滅的な被害がもたらされる。ゆえに脅威が現実化する以前に先制攻撃を実行しなければアメリカの安全保障は確保できないからだ。第二に「自由と民主主義」の拡大である。「自由と民主主義」に基づく国家は，平和愛好的であり，「テロ支援国家」にならない。ゆえに「自由と民主主義」を世界中に拡大していくことがアメリカの安全保障の確保に繋がると考えた。

（2）単独主義的な外交政策

　こうした考え方に基づき，ブッシュ政権は外交政策を――たとえ国際社会からの支持が得られずとも――展開していった。それが最もよく表れたのが**イラク戦争**であった。

　2002年１月に行われた一般教書演説においてブッシュ大統領は，大量破壊兵器の入手を狙い続けるイラク，イラン，北朝鮮の３カ国を「悪の枢軸」と呼んで批判した。とくにイラクのフセイン政権を「アメリカに対する敵意の誇示とテロの支援を続けている」と厳しく糾弾し，圧力を強めた。

　これに対してイラクは，2002年11月に安全保障理事会の決議に基づく国際査察を受け入れた。しかしブッシュ政権は，査察が不十分であり，イラクは大量破壊兵器をすでに入手・隠匿しているとし，イギリスとともに武力行使を主張した。これに対してフランスやロシアなどは査察の継続を主張し，武力行使に反対した。そのためブッシュ政権は，イラクに対する武力行使を正当化する新たな国連決議の獲得を断念し，イギリスなど有志連合の支持に基づき，2003年３月にイラクに対する武力行使に踏み切った。そして，フセイン政権を打倒し，同年５月にはイラクにおける戦闘終結を宣言した。しかし，イラクに対するブッシュ政権による単独主義的な武力行使は，国際社会からの厳しい批判を浴びた（村田［2009］）。

　こうしたブッシュ政権を特徴づける単独主義的な傾向は，他の外交分野にお

いても見られた。たとえば，地球温暖化対策として温室効果ガスの排出削減を定めた京都議定書から離脱し（2001年），国際社会からの批判を招いた。またブッシュ政権は，テロ組織・テロ支援国家からの大量破壊兵器によるミサイル攻撃を防ぐためにミサイル防衛構想を推進した。しかし迎撃ミサイルの配備は，ロシアとの弾道弾迎撃ミサイル制限条約（ABM条約）に抵触するものであった。ゆえにブッシュ政権は，一方的に条約からの脱退を宣言し（2001年12月），ロシアとの関係に緊張をもたらした。独裁国家が数多く存在する中東地域においても，一方的に「中東民主化構想」を打ち出し，「自由と民主主義」を中東地域に拡大する決意を示したものの，中東諸国との間でさまざまな摩擦を生じさせた（河﨑［2012］）。

（3）混迷する外交政策

　単独主義的な外交政策は，諸外国との緊張関係をもたらしたが，国内においてもイラク戦争を支持する保守派と反対するリベラル派の非妥協的な対立を招いた。さらに，フセイン政権が大量破壊兵器を保持しているとの情報が誤りであったことが判明するとともに，イラクの戦後処理も深刻な泥沼状態へと陥り，保守派からの支持も失われた。ブッシュ政権の支持率は2005年頃から低下していき，第2期ブッシュ政権は目立った外交成果を上げることができなかった。またイラクの戦後処理に多くの資源を割かざるを得ず，北朝鮮とイランの核問題，アフガニスタンにおける治安確保など他の外交分野において多くの課題を積み残してしまった。

　同様に経済外交の面でも乏しい成果しか上げられなかった。対外経済政策は安全保障政策に従属させられた。通商政策の面では，2002年に貿易促進権限を獲得し，競争的自由化戦略（WTO・地域主義・二国間協定を通じての貿易自由化の促進と市場経済と民主主義の拡大）を掲げたものの，いくつかの小国とFTAを成立させたに留まった（藤木［2017］）。また中国のWTO加盟（2001年）以降，対中貿易赤字が増大を続け，連邦議会の大きな反発を招いていたが，その是正には積極的に取り組まなかった。国際金融政策の面では，自由放任政策を採用しており，経常収支赤字の問題を放置し続けた。こうしたブッシュ政権の自由放任政策が，サブプライムローン危機が国際的に波及し，世界金融危機へと発展した要因になった側面もある（第2章）。

　ブッシュ政権の外交政策は，アメリカの安全保障の確保をすべてに優先した。そのため，大量破壊兵器を所有するテロ組織・テロ支援国家の脅威を取り除くこと，自由と民主主義を拡大するという政策目標を掲げた。そうした政策の帰結は，単独主義に基づくフセイン政権に対する武力行使であった。しかしその戦後処理の失敗は，アメリカ国内における支持率の低下，他の外交課題に割くことができる資源の減少をもたらし，外交政策は混迷を深めた。

6　B・オバマ政権の外交政策——軍事力なき「覇権」の追求

　単独主義外交を遂行したブッシュ政権の後を2009年に継いだオバマ政権は，多国間主義を重視する姿勢を示し，国際社会の期待を集めた。その象徴がバラク・オバマ大統領に授与されたノーベル平和賞（2009年）であった。受賞理由は，オバマ大統領が核廃絶を呼びかけた演説（同年4月）であり，なんら具体的な実績もないまま授与された。それは国際社会におけるオバマ大統領への期待を象徴的に示すものであった。

　オバマ政権が直面したのは，ブッシュ政権発足時とは大きく異なる国際社会であった。中国やロシアなどアメリカに対抗する権威主義国家が台頭する一方，サブプライムローン危機によってアメリカ経済は大きな打撃を受けていた。もはやアメリカによる一極支配は崩れ，国際秩序は多極化もしくは無極化しつつあると評された。そうした世界におけるオバマ政権の外交政策は，どのような特徴を持ち，何を生み出したのだろうか。

（1）オバマ外交の特徴

　オバマ外交の最大の特徴は，国際秩序を形成するための手段として，軍事力を重視しないという点にある。軍事力ではなく，多国間による話し合いによって問題の解決を試みることを重視した。アメリカは論点を設定し，国際社会の議論をリードすることで，自国に有利なルールへの合意を創り出し，そのルールに基づき「覇権」を維持することができるとオバマ政権は考えた。

　その背景には，アメリカの経済力が低下しており，その再建に注力しなければならないというオバマ政権の認識があった。サブプライムローン危機の克服，経済的格差の是正，社会保障改革などの国内政策を重視し，イラク戦争のよう

なアメリカの安全保障に直接的な影響を及ぼす可能性が低い問題に介入することによって，国力を「浪費」することに対する強い懸念がオバマ政権の外交政策の基調となった。軍事力の行使は，アメリカの死活的利益に関わると認識された場合に限定された。行使する場合も，地上軍投入は最小限に留め，ミサイル攻撃，航空機やドローン（無人航空機）による空爆などが多用された。

　こうしたオバマ政権の姿勢は，いわば「**軍事力なき覇権**」を追求するものであり，グローバルな軍事的コミットメントを重視してきた第二次世界大戦後の歴代政権とは対照的なものであった（藤木［2016］）。

（2）アジア基軸戦略の展開

　こうした考えに基づき，第1期オバマ政権が掲げたのが**アジア基軸戦略**であった。アメリカ外交の中心軸を中東からアジアへとシフトし，世界の経済成長の中心地となっているアジアへのアメリカのコミットメントを高めていく戦略であった。そしてアジア太平洋地域における貿易等のルール設定を主導し，アメリカに有利な地域秩序を作り出すことを目指した。

　まずアジアにおいて日中韓，ASEAN との協力関係の強化を打ち出した。たとえば，2009年には ASEAN との間に東南アジア友好協力条約を締結し，2011年には東アジア首脳会議へと初めて参加した。また2010年に始まった TPP の拡大交渉にも積極的に関与した。

　とくに重要だったのは中国との関係である。オバマ政権は，2009年から新たな米中協議の枠組みとして米中安全保障・経済対話を開始し，世界金融危機への対応や気候変動問題などの課題をめぐり中国との協議を行った。この協議を通じて，オバマ政権は中国をアメリカが設定するルールの中に取り込もうと試みた。

　またアジア基軸戦略は，ブッシュ政権が始めたアフガニスタンとイラクでの戦争終結を目指すことも意味した。まずオバマ政権は，イラクからの軍の撤退を進め，2011年末には一部の駐留軍を残し，大部分の撤退を完了した。アフガニスタンでは，いったん増派し，地域の安定を確保した上での撤退を目指した。しかし，タリバン等の反政府組織を排除することができず，任期中に撤退を実現することはできなかった。一方，オバマ政権は，2011年5月にパキスタンでオサマ・ビン・ラディンを暗殺したことで，ブッシュ政権が始めた「テロとの

戦い」に終止符を打つことができたと主張した。そして直接アメリカに対して脅威をもたらすテロリストのネットワークのみに戦力を集中するとし，対テロ戦争を縮小していった。

　また並行して中東では，2010年に反政府運動がチュニジアから始まり，リビアやエジプト，シリアなどへと拡大していた（「アラブの春」）。リビアではカダフィ独裁政権と反政府側の軍事的な対立が激化した。周辺の中東諸国や欧州諸国は，人道的観点からリビアの内戦に介入すべきであると主張したが，オバマ政権は，アメリカの死活的利益には関わらないと判断し，地上軍派遣は行わず，主として欧州諸国とともに行う空爆と後方支援の実施にとどまった。

　このように第1期オバマ政権における外交政策はおおむね順調に推移したが，2013年に始まる第2期ではさまざまな挑戦にさらされた。

（3）オバマ外交への挑戦①──中東問題

　第2期オバマ政権の外交政策は，当初から困難に直面し，「軍事力なき覇権」の追求は行き詰まっていった。とくに2つの問題が重要であった。

　第一の問題は中東で生じた。「アラブの春」が拡大していくなか，中東各国において内戦が発生した。とくに激しい内戦が継続していたのがシリアであり，数多くの難民が発生していた。そしてアサド政権と反政府側との内戦が激化していくなか，アサド政権側が化学兵器を使用する事態にまで至った。オバマ政権は，化学兵器が使用された場合，軍事介入することを公言していたが，実際に化学兵器が使用された後は，それを非難するのみで，結局軍事力は行使しなかった。その優柔不断な姿勢はオバマ外交全体に対する厳しい批判を招いた。

　さらにイラクでは，シーア派のヌーリー・マリキ首相が敵対するスンニ派を排除する党派的な政治を実行していた。排除されたスンニ派の一部は流入してきたテロ組織と結び付き，ISILを形成した。ISILはイラクと内戦で混乱するシリアを中心に勢力を一気に拡大していった。この結果，イラクの不安定性は増大していった。これに対してオバマ政権は，ISILをテロ組織と認定し，その壊滅を主張するものの，地上軍は投入せず，イラク軍など周辺国の地上部隊の後方支援に徹した。しかしISILを屈服させるには至らなかった。

　シリアやISILへの対応は，死活的利益がないとみなした地域へは積極的な軍事介入は行わないというオバマ政権の外交政策の特徴を示している。一方，

多国間協議で問題の解決を目指すという方向は，核兵器の製造疑惑を持たれていたイランとの合意を生み出した。2015年7月に米英独仏中露の6カ国とイランの間で，イランによる核兵器製造の禁止と査察の受け入れおよび米欧による経済制裁の解除が合意された。ただし共和党を中心にアメリカ国内では強い反発を受けた。

（4）オバマ外交への挑戦②——中国とロシア

　第二の問題は，中国とロシアからのアメリカを中心とする国際秩序への挑戦である。両国との対立は急速に深まっていった。ロシアとの関係は2014年に発生したウクライナ問題を契機として悪化した。プーチン政権は，ウクライナにおいて親ロ派政権が崩壊した後，ウクライナの一部であったクリミアを併合した。オバマ政権は国際秩序に対する挑戦であるとロシアを厳しく批判し，ロシアに対する経済制裁を実施すると同時に，ウクライナに対する軍事援助を行った。しかし直接的な軍事介入は行わず，ロシアもその政策を変更することはなかった。

　中国との関係は，中国が2012年頃から南シナ海進出を強めていくなかで，徐々に悪化していった。中国の南シナ海への進出は，同じエリアで領有権を主張するフィリピンやベトナムとの対立を激化させていた。さらに中国は，2013年に一帯一路構想を立ち上げ，アジア地域を中心に経済インフラ支援に積極的に進出することを表明した。そしてそのための国際金融機関としてアジアインフラ投資銀行（AIIB）を設立した（2015年）。

　こうした中国の積極的な対外進出に対してオバマ政権は，気候変動問題などの個別案件では協力を進めつつ，中国による地域秩序への挑戦に対しては，国際的な貿易や海洋に関するルールを守るように強く要求した。さらにTPP交渉においてアジア太平洋地域の新しい貿易ルールの設定を主導し，2016年には合意に到達した。中国による積極的な経済進出を牽制すると同時に，将来的に取り込むための基盤を構築した。

　以上のようにオバマ政権の外交政策は，軍事力を基本的に行使せず，多国間交渉とルールの設定を主導することで，覇権を維持することを目指したものであった。そうした「軍事力なき覇権」の追求は，イランとの核合意やTPPといった成果を生み出したものの，ISILやウクライナ問題，中国の海洋進出な

ど地政学的な問題の解決には無力であった。そうした問題を解決に導くためには一定の軍事力の裏付けが必要とされた。

考えてみよう・調べてみよう

① 冷戦期のアメリカ外交について一つの政権を取り上げ，調べてみよう。

⇨その政権が直面した課題，それに対する基本方針（理念），実際の外交政策，そして成果は何だったか，という点に注目しよう。

②本章に登場した各政権および第12章のトランプ政権の外交政策の特徴をまとめ，比べてみよう。

⇨その理念や外交構想，直面した課題，その課題にどのように対応し，結果はどうだったのか，という点を中心に比較してみよう。

③各政権と連邦議会の関係が外交政策にどのような影響を与えたのか考えてみよう。

⇨連邦議会は外交政策に関与する権限を有しているため，各政権の外交政策は影響を受けざるを得ない。では実際，どのように各政権の外交政策が制約されてきたのか考えてみよう。

おすすめの本・ホームページ

佐々木卓也編［2017］『戦後アメリカ外交史［第3版］』有斐閣。

⇨第二次世界大戦後のアメリカ外交の歴史を時系列的に詳述した優れた教科書。本章の内容全体をより深めることができる。

信田智人編著［2010］『アメリカの外交政策——歴史・アクター・メカニズム』ミネルヴァ書房。

⇨アメリカの外交政策についてテーマごとに考察した教科書。アメリカ外交の歴史，アクターと政策決定過程，経済外交など分野別に政策が網羅的に検討されており，有用である。

福田毅［2011］『アメリカの国防政策——冷戦後の再編と戦略文化』昭和堂。

⇨G・W・ブッシュ政権に至るまでのアメリカの国防政策を検討した文献。外交政策と表裏一体の関係にある国防政策の理解を深めることができる。オバマ政権については福田［2016］を参照。

参考文献

青野利彦・倉科一希・宮田伊知郎編著［2020］『現代アメリカ政治外交史——「アメリカの世紀」から「アメリカ第一主義」まで』ミネルヴァ書房。

浅川公紀［2007］『アメリカ外交の政治過程』勁草書房。

浅川公紀［2010］『戦後米国の国際関係』武蔵野大学出版会。

大下尚一・志邨晃佑・有賀貞・平野孝編［1989］『史料が語るアメリカ――メイフラワーから包括通商法まで　1584～1988』有斐閣。

河﨑信樹［2012］『アメリカの国際援助』日本経済評論社。

久保文明編［2010］『アメリカ政治を支えるもの――政治的インフラストラクチャーの研究』日本国際問題研究所。

ジョージ・F・ケナン［2000］『アメリカ外交50年』近藤晋一・飯田藤次・有賀貞訳, 岩波現代文庫。

坂井昭夫［1991］『日米経済摩擦と政策協調』有斐閣。

佐々木隆雄［1997］『アメリカの通商政策』岩波新書。

佐々木卓也編著［2011］『ハンドブック　アメリカ外交史――建国から冷戦後まで』ミネルヴァ書房。

福田毅［2016］「アメリカ流の戦争方法――「2つの戦争」後の新たな戦争方法の模索」川上高司編著『「新しい戦争」とは何か――方法と戦略』ミネルヴァ書房。

藤木剛康［2016］「外交・安全保障政策――無極化する世界への先制的対応」河音琢郎・藤木剛康編著『オバマ政権の経済政策――リベラリズムとアメリカ再生のゆくえ』ミネルヴァ書房。

藤木剛康［2017］『ポスト冷戦期アメリカの通商政策――自由貿易論と公正貿易論をめぐる対立』ミネルヴァ書房。

古矢旬［2004］『アメリカ　過去と現在の間』岩波新書。

村田晃嗣［2009］『現代アメリカ外交の変容――レーガン, ブッシュからオバマへ』有斐閣。

ロバート・E・ルービン／ジェイコブ・ワイズバーグ［2005］『ルービン回顧録』古賀林幸・鈴木淑美訳, 日本経済新聞社。

Goldberg, Jeffrey［2016］"The Obama Doctrine," *The Atlantic,* April.

（河﨑信樹）

第12章

トランプ政権の外交・安全保障政策
──ポスト冷戦期アメリカ外交からの転換と混乱──

　ポスト冷戦期アメリカの外交政策は自由や民主主義といったアメリカ社会の理念に基づく「リベラルな国際秩序」を維持・拡大していくことを主要な目的としていた。この理念のもと，歴代の政権は世界各地の地域紛争やテロに介入し，貿易自由化を進め，地球温暖化や大量破壊兵器の拡散などのグローバルな課題に取り組んできた。しかし，2016年の大統領選挙においてトランプ共和党大統領候補は「反グローバル化」「反自由貿易」「反移民」など，これまでの国際主義的外交政策に真っ向から対立する「アメリカ第一」外交を提起した。本章では，最初にトランプ政権の外交政策の特徴をまとめたうえで，トランプの「アメリカ第一」外交がアメリカ外交思想においてどのような潮流に位置づけられるのかを検討し，次に，トランプ政権の外交政策の政策プロセスの特徴をいくつかの時期に分けて概観する。最後に米中関係と対中政策に焦点を当て，これまでの関与政策から競争政策への転換を通じて米中関係がどのように変化したのかを考える。

1　トランプ政権の外交政策とその理念

（1）トランプ政権の外交政策の特徴

　トランプ政権の外交政策の特徴は，第一に，同盟や国際機関の軽視である。トランプは自国の歴史や文化，国家主権を重視し，同盟や多国間条約，国際機関などは自国の文化や主権を侵害する存在だとしてそれらからなるべく距離を置くため，TPPやパリ協定，WHOからの一方的な離脱を宣言した。

　第二に，国際的な軍事コミットメントへの消極的な姿勢である。トランプはその強気で挑発的な言辞とは裏腹に，中国やロシアとの地政学的対立にはそもそも関心がなく，ゆえに世界各国との軍事同盟も経済的コストの問題に矮小化して同盟諸国に対して米軍駐留費用の大幅な負担増を要求した。

　第三に，二国間交渉，とりわけ貿易赤字削減交渉の重視である。トランプにとり，貿易とは諸外国との製品市場の奪い合いであり，ゆえに巨額の貿易赤字は相手国の不正によって自国の製造業が失われていることを意味している。そこで，中国や日本などの輸出国に対して，世界一の経済大国として一対一での有利な立場から輸出拡大のための取引を結ぼうとした。

　第四に，ツイッターを活用した無政府的な広報外交とそれに伴う混乱である。トランプは事前の調整もなしに外交上の重要な問題をツイートし，世論の関心を引き付けてきた。たとえば，本人に伝える前にレックス・ティラーソン国務長官の解任をツイートしたり，選挙のタイミングを計って対中関税の引き上げを突然発表したりするなどの独断的な広報を繰り返した。しかも，それらの中には思いつきや虚言，認識の誤りも含まれていたため，それまでの政府の立場との食い違いもしばしば発生し，政府関係者は対応に追われた。しかし，それらの騒ぎも含めて世論へのアピール効果は絶大で，トランプはツイッターを広報外交の強力なツールとして活用し続けた。

　トランプ政権の外交政策は特異な個性の大統領の政策と政権としての政策がしばしば乖離し混乱したまま進められたが，その一方で，中国に対する政策を，経済的相互依存関係を安定的に管理する**関与政策**から覇権国の地位を争う**競争政策**へと転換させた。この転換は，アメリカが主導する**自由主義的国際秩序**の擁護を課題としたポスト冷戦期のアメリカ外交からの離脱をも意味した。以下ではこの転換の経緯を明らかにするため，トランプ政権の外交政策の理念とその政策プロセスの特徴，これまでの対中政策とそこからの転換のプロセスを順に説明してゆく。

（2）トランプ外交の思想類型

　トランプ大統領の主張する「**アメリカ第一**」外交は第二次世界大戦後の国際主義的なアメリカ外交を否定し，普通のアメリカ人の生活を最優先で立て直すため，国際的な関与の縮小，国内製造業の保護，移民，とりわけ不法移民の取り締まりを強化しようとする（トランプ［2017］）。

　アメリカ外交史家のウォルター・ラッセル・ミードはアメリカの外交思想を，①海外における経済的利益や国際的な経済活動の自由を重視する**ハミルトニアン**，②人権や民主主義などのアメリカ的価値観の拡大に取り組む**ウィルソニア**

ン，③国内市民社会の安定を重視し海外への関与を制限しようとするジェファーソニアン，④名誉や愛国心，地域社会での尊厳ある生活など保守的なアメリカ大衆の価値観を実現しようとするジャクソニアンの4つの類型に分類している。第11章の議論に従えば，ハミルトニアンとウィルソニアンは国際主義に，ジェファーソニアンとジャクソニアンは孤立主義に分類されるだろう。ミードによれば，ポスト冷戦期のアメリカ外交を牽引したのはアメリカ主導のグローバルな秩序の実現を目指すハミルトニアンとウィルソニアンの連合だが，この路線に反発するジャクソニアンの台頭を敏感に感じ取り，彼らに寄り添う態度を明確にしたのがトランプであったという（ミード［2017］）。

（3）トランプ外交の政治思想

　他方，「アメリカ第一」外交をアメリカ政治思想の系譜からみれば，世界大戦の封じ込めにはアメリカの覇権が不可欠であるとする新保守主義（ネオコン）を批判して，アメリカの覇権こそが普通のアメリカ人の生活を破壊したとする**伝統的保守主義**（ペイリオコン）に位置づけられるという指摘もある（園田［2020］）。ペイリオコンによれば，これまでの国際主義的外交は国内製造業の衰退やアフガニスタンやイラクなどでの「終わりなき戦争」をもたらし，アメリカ人の生活を破壊した。したがって，これからの外交は自国の文化や歴史，ナショナリズムによって団結した主権国家からなる世界を目指し，国家の主権を侵害する多国間協定や国際機関からは撤退すべきだということになる。トランプ個人は体系的な政治思想を持っているわけではないが，社会の動きへの鋭い感覚をもとに，これらの類型や思想に合致する言動を一貫して続けてきた。それは，保守的な大衆の不満に応える半面，中国やロシアとのグローバルな地政学的対立を看過し，世界各国との軍事同盟を経済的コストの問題に矮小化し，中国などの競争国と日本などの同盟国とを区別せずに関税の脅しをかけて貿易赤字の削減を強要するという問題点も持っていた。

2　トランプ外交の政策プロセス

（1）型破りの個性と政策プロセス

　トランプはニューヨークを中心にした不動産事業で世に出た後，リアリティ

番組『アプレンティス』の人気ホストとして活躍してきた。これまでのアメリカ大統領とは異なり公職や軍歴の経験を持たない政治の素人であるが，ビジネスの場で培った経験から「取引（ディール）の達人」を自称している。

　こうした「ファミリー企業のオーナー社長」としての出自から，トランプは自分を取り巻くお気に入りの部下に強い忠誠心を求めて相互に競わせ，重大な判断は最終的に自らが下すやり方を好んだ（ウォルフ［2018］）。また，政府機関のような官僚組織の運営にはまったく関心がなく，むしろ自分の思うままにならない硬直的な組織として遠ざけ，必要な人員を任命することすら怠った。

　トランプはこれまでのスタイルをそのまま大統領職に持ち込んだため，政権の外交政策はしばしば混沌とした状況に陥った。十分な知識を持たないにもかかわらず，政府機関のブリーフィングには耳を貸さず，保守的な支持層の歓心を買うために保守系ニュース番組や自らの直感に基づき大衆受けしそうな取引をしばしば独断で結ぼうとする。したがって，堅実に結果を出そうとする官僚機構や閣僚と頻繁に衝突し，意に沿わないスタッフを次々に辞めさせてきた。

　こうして，トランプ政権では大統領と政権のスタッフとの政策の不一致や対立が断続的に露わになり，時にはそのまま放置されるという前代未聞の政策プロセスがみられるようになった。大統領をはじめとする国民的保守主義者を自認する人々は，国内経済，とりわけ製造業の衰退は諸外国からの大量の輸入製品のせいであるとして，対米貿易黒字国との通商交渉によって製造業雇用を取り戻そうとする。しかし，国際機関や多国間協定への反発から，国際秩序をめぐる中国やロシアとの地政学的対立には関心が及ばず，後述する自由で開かれたインド太平洋戦略にもほとんど関わろうとはしなかった。他方，国防省や国務省などで外交・安全保障問題を担当する人々は，ポスト冷戦のアメリカ外交が自国の優位を当然視して中ロの挑戦を軽視していたことを反省し，両国の挑戦に対してアメリカの覇権を守ろうした。しかし，彼らの取り組みが政権の主要な課題となることはなかった。逆に，中国に対抗するために同盟国やパートナー諸国との結束を固めようとしても，トランプの進める通商交渉によって，それらの国々との関係は緊張をはらんだものとならざるを得なくなった。

（2）3つの画期

　主要な議題や政府高官の入れ替わりから，トランプ政権の外交政策は3つの

時期に分けられる。

　第一の時期は2017年1月から3月までで，トランプ当選の立役者で国民的保守主義者のスティーブン・バノン戦略官や対中強硬論を唱えるピーター・ナヴァロ国家通商会議議長を中心に移民規制などの議題を強引に進めようとして行き詰まった。トランプは就任早々，公約通りにTPPから脱退したが，バノンもナヴァロも大きなアイデアこそあるがトランプ同様に政治の素人であり，官僚機構や議会を巻き込んで自らのアイデアを政策として具体化する術を知らなかった。

　第二の時期は2017年4月から2018年3月まで続いた。この時期においては，軍出身のハーバート・マクマスター国家安全保障問題担当補佐官，ジョン・ケリー大統領首席補佐官，ジェームズ・マティス国防長官，石油ビジネス出身のティラーソン国務長官ら「大人たち」と言われるグローバリストと，トランプやナヴァロら国民的保守主義者とが対峙していた。

　たとえばトランプ政権は2017年12月に国家安全保障戦略を発表した（在日米国大使館［2017］）が，その際にトランプが行った演説と戦略の内容は大きく異なっていた。トランプはグローバル化による雇用の国外への流出を批判し，独立した主権と歴史を持つ国々が貿易と協力によって繁栄する世界を展望すると述べた。他方，国家安全保障戦略の文書ではこれまでの対中政策の失敗を認め，今後は長期にわたる中国との戦略的な競争がアメリカ外交の主要なテーマになるとされていた（藤木［2018］）。中国の大国化や技術覇権を警戒しているのは安全保障問題に関連する閣僚や省庁であり，トランプは対中貿易赤字にしか関心がない。この時期，両者は衝突と休戦を繰り返したが，中国を始めとする諸外国との貿易戦争を始めたいトランプは最終的に反対する高官を政権から一掃した。

　第三の時期は2018年3月以降にあたり，トランプと世界観が合致するか，イエスマンとして振る舞える高官のみが生き残った。安全保障問題についてはマイク・ペンス副大統領やマイク・ポンペオ国務長官，ジョン・ボルトン国家安全保障問題担当補佐官が，貿易問題ではロバート・ライトハイザーUSTR代表が存在感を発揮した。中国や日本，EUなどとの本格的な貿易戦争が進められる一方で（藤木［2020］），主にインド太平洋の地域覇権をめぐる中国との戦略的競争もエスカレートした。

表12-1　米中関係課題のポートフォリオ

	協力要因	中間的要素	対立要因
外交・安全保障	国連安保理常任理事国 対テロリズム協力	北朝鮮問題	台湾 南シナ海問題 サイバー攻撃
経　済	金融分野の開放	開発協力	貿易不均衡 ハイテク競争
価値観およびグローバル・イシュー	気候変動問題 核不拡散	対イラン核合意	人権問題（香港, チベット, 新疆） コロナ説明責任

出所：吉崎達彦「バイデン政権下の米中関係」『溜池通信』704号，2020年11月27日，をもとに筆者作成。

　インド太平洋地域では，日本の安倍政権が進めてきた「**自由で開かれたインド太平洋戦略**」をアメリカも採用し，自由と民主主義などのルールに基づく国際秩序の擁護と，日本やインド，オーストラリアなどの価値観を共有する国々との連携を強化し，主に開発援助の分野で中国に対抗しようとした（神保他[2018]）。しかし，この時期においてもトランプ政権のインド太平洋戦略は，日本やインドとの二国間通商交渉を優先して東アジアの多国間首脳会談には欠席を続けたトランプと，中国との地政学的競争を重視する副大統領や国務省，国防省との間で分裂していた。このため，一帯一路に対抗するための開発援助体制の改革や，日米豪印による**4カ国協議**（Quad）の活性化などの施策が進められたが，地域各国のトランプ政権に対する不信感は払しょくされず，また，米中競争に巻き込まれ，立場の選択を迫られることへの警戒感も表明された。

3　米中関係の構図

（1）米中関係の基本構造

　アメリカと中国はGDPと国防支出でそれぞれ世界第1位と第2位の大国であり，ともに国連安全保障理事会の常任理事国でもある。両国はその国際的地位にふさわしく，多面的でダイナミックな関係を持ってきた。表12-1に示すように，米中間では外交・安全保障や経済，価値観およびグローバル・イシューにまたがる多様な問題をめぐり，競争と協調を含む複雑なせめぎあいが繰り広げられている。以下ではトランプ政権以前の米中関係を軍事・外交，経済，

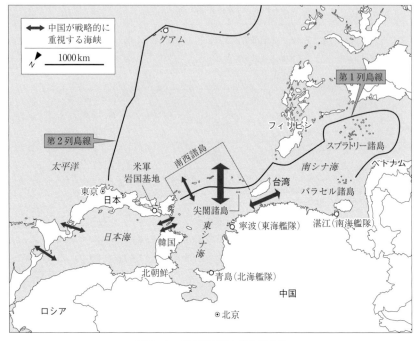

図12-1　第1列島線と第2列島線

資料：米ハドソン研究所の資料に基づいて作成。

出所：「中国，海洋覇権へ「列島線」突破狙う　米国，海軍力増強で対応」『産経新聞』2019年1月1日。

価値観（グローバル・イシュー）の3つの分野に分け，それぞれの分野を概観する。

　まず，軍事・外交分野では，アメリカは自由主義的国際秩序への中国の参加を歓迎しつつも，中国を潜在的な挑戦国とみなして警戒してきた。これに対し中国は国家主権と内政不干渉原則に基づく国連中心の国際秩序の実現を主張して，アメリカが世界各国と締結している軍事同盟網を冷戦の遺物だとして批判している。その一方で，東シナ海や南シナ海への海洋進出を強め，第1列島線内のすべての島々や海域の領有を宣言してアメリカおよび周辺の関係国との軋轢を起こしてきた（図12-1）。さらに近年においては，米中はサイバー空間や宇宙空間をも舞台とする先端技術兵器でも競争を激化させている。

　また，両国が関わる安全保障問題としては台湾問題も重要である。日本軍が第二次世界大戦に敗北して撤退した後，中国本土ではアメリカの支援を受けた

コラム12

米中和解と台湾問題

　冷戦期の米中関係を転換したのはニクソン政権である。同政権は一枚岩とみられていた中ソ関係に楔を打ち込み，米中ソの三角関係の中でアメリカの優位を再構築しようとしたが，最大の障害が台湾問題だった。それ以前，アメリカは台湾の後ろ盾となり本土との間には国交がなかった。しかし，1971年にキッシンジャー補佐官が秘密裏に中国を訪問し米中和解への道筋をつけた。翌年，ニクソンが訪中した際に発表された米中共同声明では，アメリカは台湾が中国の一部であるという台湾海峡両側の中国人の主張を認識し台湾問題の平和的解決を希望するとされた。こうしてアメリカは中台どちらの側にも立たずに中国との関係改善を進められるようになった。1978年に米中は再び共同声明を発表し，アメリカは台湾と断交して中華人民共和国が中国の唯一の合法政府であることを承認した。その後，台湾では経済成長と民主化が進み，「一つの中国」を志向する「台湾人かつ中国人」というアイデンティティが退き，自らを台湾人であるとする人々が多数派となった（野嶋［2016］）。今日の台湾は，東アジアで最も進んだ民主主義と最先端の半導体産業を持つ存在として，米中対立における要の位置にある。

国民党とソ連の支援を受ける共産党とが中国全土の支配をめぐり内戦を開始した。この内戦に勝利した共産党は1949年に中華人民共和国を，敗れた国民党は台湾に逃れて中華民国を建国した。中華人民共和国と中華民国はともに中国全土の正統な政府であると主張（「一つの中国」論）し対立した。今日でも中国は台湾が中国の一部であると主張し，武力統一の可能性も否定していない。これに対し，アメリカは台湾関係法に基づき台湾に対する防衛的な兵器の売却や台湾への軍事的脅威に対して米軍で対応することを定めている。

　経済分野では，1978年以降の改革開放の結果，これまでは中国の急速な経済成長と米中間の経済的相互依存の深化が進み，アメリカの対中貿易赤字が一貫して拡大して米中貿易摩擦が繰り返されてきた。ただし，日本からの工業製品輸出が問題視された日米貿易摩擦とは異なり，米中さらには日本や台湾，韓国などの国々にもまたがる**グローバル・サプライチェーン**の発展により，完成品貿易に加えて部品などの中間財貿易も発展した。多くのアメリカ国民や企業にとって中国は安価な消費財の供給源だが，中国製品と競合する産業の立地する

地域では製造業の衰退や雇用の喪失，地域社会の崩壊を招いた元凶とみなされている（猪俣［2019］）。他方，中国にとってのアメリカ経済は主要な輸出市場であり，直接投資や人材育成も含めた技術移転の源泉でもある。したがって，アメリカ経済界は中国との経済関係の安定に強い関心を持つと同時に，中国の国家資本主義体制，とりわけ巨額の産業補助金や不十分な知的財産権の保護，進出企業に対する強制的技術移転などの構造問題に不満を強めてきた（大橋［2020］）。

　第三に，価値観とは，ここではそれぞれの社会で正当とされる政治思想（イデオロギー）をさす。アメリカは建国以来の自由と民主主義，市場経済を擁護し，中国は共産党独裁の維持，すなわち経済や人権に対する一党独裁体制の優位を主張する。中国国内の人権・民族問題や環境問題の改善を求めるアメリカに対し，中国は内政干渉だとして反発する。中国は先進国市場へのアクセスと先進国企業からの技術移転を維持しつつ，グレートファイアウォールと言われるインターネットの検閲システムを構築するなどして自由主義的な価値観の影響は排除しようとしてきた（フリードバーグ［2018］）。

（2）関与政策の展開

　冷戦期におけるアメリカの対中政策では，中国はソ連の軍事的脅威を牽制するための「チャイナ・カード」として位置づけられていた。ゆえに，経済や価値観の問題は二の次とされ，軍事・外交上の潜在的同盟国として限られた外交専門家のみが対中政策に関わっていた。

　しかし，冷戦終結とともにソ連の脅威が消滅すると，中国はアメリカにとって急速な経済成長を進めてアジア太平洋に台頭する権威主義大国となった。中国は1978年に市場経済や外資を漸進的に導入する改革開放を開始し，その後30年以上にわたって急速な経済成長を維持した。その結果，数多くのアメリカ企業が中国にビジネスチャンスを求めるようになった。他方，1989年に中国共産党は，民主化を要求して北京の天安門広場に集まった学生や市民を人民解放軍で弾圧し，多数の死傷者を出した天安門事件を起こした。この事件に対して米国議会や世論は厳しい目を向け，中国の民主化や人権状況の改善を求めるようになった。

　こうして，アメリカでは議会や企業，NGOなどの多様なアクターが対中政

策に関心を持ち，政策形成に参加するようになった。こうした中，1994年にクリントン政権は軍事・経済・価値観にまたがる複雑な米中関係を管理するため，それぞれの分野の問題をリンケージさせずに経済分野の協調関係の構築を優先して中国の政治的経済的民主化を促進し，国際社会への統合を進める関与政策を採用した。クリントン政権は日本などの同盟国との関係強化を進める抑止政策と組み合わせ，台頭する中国を軍事的に抑え込もうとした。

　関与政策の最大の成果とされるのが2001年の中国のWTO加盟である。WTO加盟にはすべての加盟国による承認が必要であるが，中国にとって最大のハードルとなったのがアメリカとの二国間交渉だった。クリントン政権は中国の経済的機会を重視する議会主流派と連携し，人権問題を重視する民主党左派や中国を軍事的脅威と捉える共和党右派を退け，中国の加盟を承認した。

　その後のブッシュ政権やオバマ政権も関与政策を踏襲し，二国間の対話枠組みを通じて数多くの争点を管理しようとした。しかし，中国の国力の増大と自己主張の強化に伴い，両国の関係は次第に対立の要素を強めていく。2008年の世界金融危機に際し，中国はアメリカに先んじて経済成長を再開させ，国家資本主義体制に自信を深めた。オバマ政権は米中二大国の協力でグローバルな問題に対処するG2論を中国に持ちかけたが，中国が消極的な姿勢に終始し，さらに南シナ海問題での対立が深まったことなどの理由から，2011年11月にはアジア基軸戦略を打ち出した。アジア基軸戦略ではアメリカの外交資源をアジア太平洋地域に集中して，自由と民主主義，国際法や規範などによる「ルールに基づく国際秩序」をアジアに構築するとされた。オバマ政権はアジア基軸戦略によって，軍事と外交，経済の3つの手段を体系的に組み合わせてルールに基づく秩序を構築し，そこに中国を包摂しようとした。トランプが就任早々脱退したTPPも，アジアにアメリカ主導の自由貿易圏を構築するためのアジア基軸戦略の柱だった。

　しかし，2013年に成立した習近平政権は，鄧小平以来の経済発展を重視する「韜光養晦（能力を隠して力を蓄える）」外交から，国際的地位の強化を目指す大国外交への転換を進めた。中国は，アメリカに対しては相互の中核的利益を尊重し，内政干渉を控え，ウィンウィンの協力関係を前進させる「新型の大国関係」の構築を提起しつつ，周辺の発展途上国に対してはインフラ建設支援を通じて経済発展と貿易・投資の拡大を目指す一帯一路構想を打ち出した。習近平

の地域秩序構想では，領土や海洋問題に関わる中国の中核的利益を周辺国に受け入れさせるため，周辺各国を中国との非対称な経済関係に依存させ，中国にとって好ましい国際環境を維持することが課題となる。その最大の障害となるのがアメリカと地域諸国との軍事同盟であり，中国はアジア諸国が中国の中核的利益を受け入れずに「挑発」してくる背景にはアメリカとの軍事同盟があると考えている。したがって，アジア諸国とアメリカとの関係に楔を打ち込んでアメリカの「後押し」を牽制することも習外交の課題となる。

4　トランプ政権の対中政策──大国間競争への転換

（1）関与政策から競争政策へ

　2015年頃からワシントンの外交・安全保障問題の専門家の対中観が悪化し，トランプ政権期には対中強硬論で行政府や議会にもまたがる超党派のコンセンサスが形成された。その背景には，関与政策に対する幻滅と中国の大国化を警戒する議論の強まりがあった。とりわけ，集団指導体制で経済発展を優先した鄧小平路線から，個人独裁体制の下で大国化を進める習近平路線への転換にワシントンは反発を強めた。

　第一に，習政権の経済政策は外資に依拠した開放路線から中核技術や産業の国産化を目指す路線へ転換した。習政権は重要部門の国有企業に巨額の補助金を与えて育成する「中国製造2025」や，軍事技術の民生分野での活用と民生技術の軍事転用を進める軍民融合などの産業政策を強化し，技術的自立と軍事力の強化を目指した。

　第二に，習政権は経済発展のためにアメリカや周辺国との融和を重視する韜光養晦路線から，アメリカと太平洋を二分して西太平洋地域での覇権的地位を目指す地域大国化を推進した。一帯一路構想を通じて途上国に巨大なインフラを建設して政治的影響力を強化しようとする中で，採算性のない事業に巨額の融資を行い，債務が焦げ付いた場合は建設したインフラを自国企業の所有にする事例（債務の罠）も散見されるようになった。

　2018年10月，ペンス副大統領は対中政策に関する演説を行い，中国共産党はスパイ・宣伝活動を含む政治的・軍事的・経済的手段を使ってアメリカ国内のみならずグローバルな影響力を拡大し，自由と民主主義，公正な競争などのア

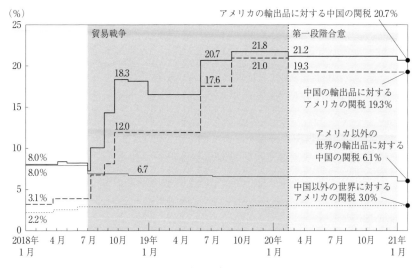

図12-2　米中貿易戦争と関税率の推移

出所：Chad P. Bown, "The US-China Trade War and Phase One Agreement," *Working Paper*, 21-2, Peterson Institute for International Economics, 2021.

メリカの価値観に挑戦していると非難した。演説は国家安全保障戦略と同様に，関与政策から競争政策への転換とインド太平洋地域での勢力争いに焦点があったが，米中関係の転換と新冷戦の開始を宣言したものとして注目された（Pence［2018］）。

（2）米中貿易戦争から全面対決へ

　実際の対中政策の転換は通商政策から始まった（ナヴァロ［2016］）。2018年6月，トランプ政権は通商法301条に基づき，中国の不公正な貿易慣行に対する制裁関税を賦課すると発表し，貿易赤字問題と国有企業への補助金や知財保護，強制的技術移転などの構造問題での対応を求めた。トランプ政権は関税や制裁措置を脅しに中国を二国間交渉に引き込んだが，赤字問題を優先するグループと構造問題も議論すべきだとするグループとの間で内部分裂しており，交渉は混乱した。トランプは停滞する交渉を関税の圧力で打開しようとしたが，中国は即座に報復関税で応じたため，図12-2のように米中の貿易交渉と並行して米中間の平均関税率は断続的に上昇していった（JETRO）。

　また，トランプ政権とアメリカ議会は中国との技術覇権争いに備えて中国への先端技術の流出を防止するために，輸出管理規制や対内直接投資規制を強化し，さらに中国のハイテク企業を個別に指定して市場からの排除やアメリカ製部品・技術の供給を停止する措置をとった（安全保障貿易センター［2019］）。とりわけ，5G技術で圧倒的な強さを持つファーウェイに対しては，第三国の企業に対しても，それらの企業がアメリカ企業の技術や部品を利用する場合にはファーウェイとの取引を停止するよう求めた（安全保障貿易センター［2020］）。この措置に伴い，アメリカ政府は世界最強の半導体製造企業である台湾のTSMCとファーウェイとの取引を停止させ，アメリカ本土に同社の最新鋭の工場を建設することで合意し，同社との連携を強めている。

　2019年12月，紆余曲折を経たのちに米中は第一段階の貿易合意に署名した。合意の背景は，大統領再選のために支持者にアピールする成果を求めるトランプの意を汲み，ライトハイザーUSTR代表が貿易赤字問題を優先して構造問題を後回しにする「第一段階」の合意を提案して政権の立場を一本化したことにある。合意の内容は，①中国は今後2年間でアメリカ製品やサービスの購入を2000億ドル増やす，②知的財産の保護・実行強化，③強制的技術移転の禁止，④金融サービスの出資規制の撤廃，⑤アメリカ政府は関税の一部を撤廃，である。両国政府はこれらの合意に関する紛争を取り扱う対話枠組みを設置し，合意の履行状況を監視していくとした（藤木［2022］）。

　第一段階合意に対しては，中国の購入量が非現実的な規模であることや，構造問題にはほとんど手もつけられず，次の合意のめどもまったく立っていないことに対し，専門家の間では厳しい批判が相次いだ。しかし，2020年3月以降，アメリカ国内でのコロナ禍の広まりに伴って両国の政府間では責任問題をめぐる応酬が激化した。さらに，コロナ禍をきっかけに，米中対立は中国政府による香港や新疆での人権問題，台湾問題，さらには共産党の統治の正統性にまで拡大した（川島・森［2020］）。悪化する米中関係の中で，逆に合意の実行は関係を安定させる要因として機能するようになった。

5　バイデン外交の展望

　2020年の大統領選挙を制した民主党・バイデン政権は「**中産階級のための外**

交」構想を提起し，トランプ政権同様に国内の製造業や労働者を重視しつつ，同盟国との関係と国際機関におけるリーダーシップを修復する姿勢を示した。ポスト冷戦期のアメリカ外交は，民主主義や貿易自由化などを柱とする自由主義的国際秩序を拡大・強化していくことを基本原則としていた（山本他［2018］）。しかし，現在のアメリカ国内政治では，伝統的な国際主義的外交への支持は弱まっており，トランプら国民的保守の主張する「アメリカ第一」外交と，民主党左派である**プログレッシブ**（進歩派）の支持する外交路線の3つの路線が鼎立している。プログレッシブは気候変動や人権問題などのグローバル・イシューを優先し，中国との地政学的対立を二義的な課題だとして対外政策の非軍事化を主張する。バイデン政権の「中産階級のための外交」とは，これらの路線対立の中で「アメリカ第一」外交には対抗し，民主党内のプログレッシブの支持を調達しつつ，国際主義外交の復活を目指すものであるとも考えられる。したがって，いったんはトランプに奪われた中産階級，とりわけ製造業労働者の支持を確実なものにすることと，国際主義的な外交政策とをどうやって両立させるのかということが国内での課題となる（西村［2021］）。

　この課題において，中国は国際主義者にとっては地政学的競争国であり，国民的保守主義には軍事的経済的脅威であり，プログレッシブには人権問題を抱える権威主義大国でもあるため，3つの路線を団結させうる要の位置を占めている。他方，中国は冷戦期のソ連と異なり，アメリカ主導の自由主義的国際秩序に選択的に参加し，諸外国との経済的相互依存関係を深化させてきた。バイデン政権は，中国との競争は長期的かつ多面的なものになると考えているが，対ソ冷戦のように，諸外国に米中どちらかの陣営を選択させ，同盟国とともに政治的経済的な封じ込めを進めるのは非現実的であることも理解している（カウシカン［2021］）。したがって，今後は数多くの問題ごとに有志国による緩やかな連合を形成し，それらの連合による多層的なネットワークを形成して中国への圧力を強めていこうとしているのではないだろうか。

［考えてみよう・調べてみよう］

① 米中対立を冷戦期の米ソ対立と比較し，その類似点と相違について考えてみよう。
　　⇨外交・安全保障，経済，価値観およびグローバル・イシューの3つに分けて比較してみよう。

② 　インド太平洋地域の国際関係は，今後どのように展開するだろうか。

⇨インド太平洋地域の主要アクターであるアメリカ，中国，日本，インド，オーストラリア，ASEAN などの国力や国益，対外政策を比較し，今後この地域でどのような展開が予測されるのか議論してみよう。

③ 　バイデン政権の外交政策と，トランプ政権の外交政策を継続と断絶の両側面から比較してみよう。

⇨前者は，後者のどの部分を引き継ぎ，どの部分を放棄したのだろうか。また，その背景にはどのような理由があるのだろうか。

おすすめの本・ホームページ

グレアム・アリソン［2017］『米中戦争前夜——新旧大国を衝突させる歴史の法則と回避のシナリオ』藤原朝子訳，ダイヤモンド社。

⇨過去500年の覇権戦争の事例から米中関係を分析。米中も相互不信に陥って戦争を回避できなくなる「トゥキュディデスの罠」に陥る可能性があるとする。

橋爪大三郎［2020］『中国 vs アメリカ——宿命の対決と日本の選択』河出新書。

⇨米中対立の全体像を文明論的観点から概観。中国共産党は統治の正統性を示し続けなければならない「ガン化したナショナリズム」に囚われているとする。

ピーター・ナヴァロ［2016］『米中もし戦わば——戦争の地政学』赤根洋子訳，文藝春秋。

⇨トランプ政権の高官による対中戦略提言。アメリカの軍事・外交オプションを検討したうえで，貿易戦争をしかけるべきであるとする。

参考文献

安全保障貿易センター［2019］「米中の貿易関連等の諸規制の動向について（全体概観）」9月13日。

安全保障貿易センター［2020］「米国の中国企業製アプリ，通信企業への規制・制裁に関する QA 風解説」8月19日。

猪俣哲史［2019］『グローバル・バリューチェーン——新・南北問題へのまなざし』日本経済新聞出版社。

猪俣哲史［2020］「ポスト・コロナ世界のグローバル・バリューチェーン」RIETI 公開 BBL ウェビナー（https://www.rieti.go.jp/jp/events/20051501/handout.html）。

マイケル・ウォルフ［2018］『炎と怒り——トランプ政権の内幕』関根光宏・藤田美菜訳，早川書房。

大橋英夫［2020］『チャイナ・ショックの経済学——米中貿易戦争の検証』勁草書房。

ビラハリ・カウシカン［2021］「ザ・アリーナ――米中対立と東南アジア」『フォーリン・アフェアーズ・リポート』3月号。

川島真・森聡編［2020］『アフターコロナ時代の米中関係と世界秩序』東京大学出版会。

在日米国大使館［2017］「国家安全保障戦略ファクトシート」（https://jp.usembassy.gov/ja/national-security-strategy-factsheet-ja/）。

JETRO「米国の通商法301条に基づく対中国追加関税一覧」（https://www.jetro.go.jp/world/n_america/us/us-china/timeline_us.html）。

神保謙他［2018］「インド太平洋時代の外交・安全保障政策」『国際安全保障』46巻3号。

園田耕司［2020］『独裁と孤立――トランプのアメリカ・ファースト』筑摩選書。

ドナルド・トランプ［2017］「「今日から米国第一」トランプ大統領演説全文」『日本経済新聞』2017年1月21日。

西村博之［2021］「バイデン政権の「中間層外交」，内外政策の融合なるか」『日本経済新聞』2月28日。

野嶋剛［2016］『台湾とは何か』ちくま新書。

藤木剛康［2018］「リベラルな国際秩序とトランプ政権の国家安全保障戦略――普遍主義からの二重の「撤退」」『和歌山大学経済学会研究年報』第22号。

藤木剛康［2020］「トランプ政権の通商政策――コンセンサスの破壊と無秩序状態の政策プロセス」『国際経済』71号。

藤木剛康［2022］「混沌の中のコンセンサス――「労働者のための通商政策」とはなにか」『和歌山大学経済学会研究年報』第25号。

アーロン・L・フリードバーグ［2018］「権威主義諸国の挑戦――中国，ロシアとリベラルな国際秩序への脅威」佐橋亮・玉置敦彦監訳，笹川平和財団（https://www.spf.org/pdf/The_Authoritarian_Challenge_jp.pdf）。

ウォルター・ラッセル・ミード［2017］「トランプが寄り添うジャクソニアンの思想――反コスモポリタニズムの反乱」『フォーリン・アフェアーズ・リポート』3月号。

山本吉宣・納谷正嗣・金子将史・前田宏子［2018］『自由主義的国際秩序の危機と再生』PHP総研（https://thinktank.php.co.jp/wp-content/uploads/2018/10/20181025_01.pdf）。

Mike Pence［2018］Remarks by Vice President Pence on the Administration's Policy Toward China, October 4.

（藤木剛康）

第 13 章

日米関係
——深化する日米同盟——

　第二次世界大戦後の日米関係は，日米安保条約に基づく軍事同盟を基礎とし，政治や経済，文化などの関係が展開してきた。

　冷戦期のアメリカは，東アジアにおけるソ連を中心とした共産主義陣営の封じ込めを目的とし，日本に米軍を駐留させた。日本は米軍に基地を提供し，アメリカに安全保障を依存することで，「軽武装・経済重視」路線を歩んだ。日本が高度経済成長を達成して以降，アメリカは日本に対して安全保障面における応分のコスト負担を求め，両国間のバードンシェアリングも進展した。また日本による対米輸出の拡大により，日米経済摩擦も激化したが，日米同盟の構図自体は変化しなかった。

　変化をもたらしたのは冷戦の終焉であった。日米同盟は，アメリカの安全保障戦略に沿う形で，東アジア地域を超えてアジア太平洋地域の安全保障も対象とする方向へと変化し，日米の軍事面での協力関係も強化された。またバブル崩壊後の日本経済の低迷とともに経済摩擦も沈静化していった。しかし「同時多発テロ」事件以降，アフガニスタンとイラクへの軍事介入が泥沼化していく中，アメリカは徐々に内向きの姿勢を強めるようになっていく。一方，中国との不安定な関係，核開発を進める北朝鮮という安全保障上の課題を抱える日本にとって，日米同盟の維持・強化は重要な課題であり続けている。そうした中，日米同盟はよりグローバルな役割を果たす方向へと深化し，軍事的な連携も強化された。しかし同盟を軽視するドナルド・トランプ大統領の登場は日米関係に大きな衝撃を与えた。以上のような第二次世界大戦以降の日米関係の大きな流れを理解することが本章の目的である。

1　冷戦期の日米関係

（1）日米安保体制の構図

　第二次世界大戦後の日米関係を基礎づけているのは，**日米安保体制**と呼ばれ

る軍事同盟関係である。日米安保体制とは，米軍の日本駐留を定めた**日米安保条約**（1951年調印，1960年改定）および関連する法や制度に基づく，日米の安保協力を規定する枠組みであり，冷戦期に構築された。その基礎上に，日米間の政治や経済，文化などの関係が発展してきた（吉次［2018］）。

　アメリカは日米安保体制の下，日本に基地を確保し，そこに米軍を駐留させた。アメリカは日本に安全保障を提供するとともに，アジアにおけるソ連を中心とした共産主義陣営に対する封じ込め戦略を展開した。一方，日本は在日米軍および「核の傘」というアメリカの軍事的な覇権の下で自国の安全保障を確保した。そして冷戦期の日本は，自国の防衛力の強化ではなく，経済の復興・成長へと資源を集中するという**「軽武装・経済重視」路線**から出発した。また日本国憲法は，第9条において戦争の放棄と戦力の不保持を規定していた。自衛隊も「専守防衛」のための最小限の戦力と位置づけられた。こうした体制は，「軽武装・経済重視路線」と整合的なものであったが，安全保障面ではアメリカに強く依存することを意味した。

　こうした路線の下，日本は防衛費を必要最低限に押さえ，経済成長を重視する路線を追求した。その中で，軽工業を中心として対米輸出を拡大していった。輸入に必要な外貨が不足していた日本にとって，対米輸出による外貨の獲得は重要であった。アメリカも日本の経済成長を重視し，日本からの輸入増大を許容していた（浅井［2015］）。

（2）バードンシェアリングと日米経済摩擦

　1950〜60年代にかけて日本が高い経済成長率を記録するようになると，アメリカは自国が主導する国際政治経済秩序を維持するためのコスト負担を日本に求めるようになった。アメリカは，日本がアメリカの軍事的覇権に「タダ乗り」し，防衛費を抑制したことで，高度経済成長を実現したとみなした。またアメリカが発展を主導してきた自由貿易体制も，日本の輸出拡大に大きく貢献したと考えた。ゆえに経済成長を実現した以上，日本も応分のコスト負担をしなければならないとアメリカは主張した。アメリカは日本に対して，防衛費の増大　西側陣営に属する発展途上国への援助の肩代わりなどのバードンシェアリングを要求し，日本もこれに応じた。また在日米軍の駐留経費についても，1978年に「思いやり予算」が導入されるなど，日本側の負担が増加していった。

コラム13

日米経済摩擦

　高度経済成長期以降，日本からアメリカへの輸出は増加した。その結果，日本は1980年代にはアメリカ最大の貿易赤字相手国となっていた。日本からの輸出は，繊維から始まり，鉄鋼，自動車といった重工業部門や半導体のようなハイテク部門にまで及ぶようになった。これらはアメリカの中心的な産業であった。アメリカは保護貿易政策の活用によって，日本に圧力をかけ，対日貿易赤字の削減を目指した。その結果，両国間の経済摩擦は激化していき，1980年代後半から1990年代初頭にかけてそのピークを迎えた。

　経済摩擦が生じた多くのケースは，日本による対米輸出自主規制によって決着するパターンが多かった。たとえば，1979〜80年における日本からの対米自動車輸出の急増を契機として生じた自動車摩擦は，1981年に日本側が自動車輸出台数を自主規制することによって解決された。

　またアメリカは日本に対して，市場開放要求を繰り返したが，対日輸出は増加せず，対日貿易赤字も一向に縮小しなかった。そこでG・H・W・ブッシュ政権は，アメリカからの輸入が増大しないのは，市場経済システムとは異なる日本の経済構造自体に大きな問題があるとする「日本異質論」に基づき，1989〜90年にかけて日米構造協議を実施した。構造協議においては，日本経済の構造自体がアメリカから問題視され，規制緩和による市場経済システムの徹底が要求された（坂井［1991］）。その後，後述するように，日本が輸入数値目標を導入するか否かをめぐって，両国の対立は激化したが，1990年代後半には沈静化していった。

　しかし憲法上の制約から，日本による負担は資金面のみに限られ，自衛隊が積極的な役割を果たすことはなかった。

　また1980〜90年代にかけては，日本の対米輸出をめぐって激しい経済摩擦が生じ，両国間の経済関係は緊張した（コラム13参照）。しかし日米同盟の基本的な構図自体は冷戦期において変化しなかった。つまり，アメリカは共産主義陣営の封じ込めを目的とし，日本に米軍を駐留させる。日本は憲法上の制約により，「専守防衛」に徹するとともに，米軍に基地を提供することで，自国の安全保障を確保するという構図である。この構図が大きく変化していくのは冷戦後であった。

2　冷戦の終焉と日米同盟の再定義

（1）冷戦の終焉と湾岸戦争

　1989年に冷戦は終焉を迎えた。冷戦の終焉によって，共産主義陣営の封じ込めを目的として成立した日米の同盟関係も見直しを迫られることになった。つまりアメリカと日本が日米安保条約に基づく軍事同盟を維持し続けるのであれば，その目的を新たに再定義しなければならなかった。そしてそのプロセスにおいて，日米同盟の構図も大きく変化していった。

　日米同盟を再定義していくプロセスにおいて，冷戦の終焉よりも大きな影響を日本に与えたのは1991年に勃発した**湾岸戦争**であった。イラクのクウェート侵攻に際して日本は，アメリカを中心とした多国籍軍に対する自衛隊による後方支援などの「人的貢献」の実現を模索した。それを可能とする法案として海部俊樹政権は1990年10月に「国連平和協力法案」を国会へと提出したが，社会党などの野党から厳しい批判を浴び，同年11月には廃案へと追い込まれた。その結果，湾岸戦争において日本は総額約130億ドルの財政支援を多国籍軍に対して行ったものの，「人的貢献」を求めるアメリカから連邦議会を中心に強い批判を浴びる結果となった。1980年代から続く日米経済摩擦の激化により，日米関係が悪化していたことも批判の背景にあった（宮城［2016]）。

　日本は，湾岸戦争への対応をアメリカ側から批判されたことを受け，自衛隊の海外派遣を中心とする「人的貢献」の実現を追求していく。その中で宮沢喜一政権は，1992年に「国際連合平和維持活動等に対する協力に関する法律（国際平和協力法）」を成立させ，国連の平和維持活動（PKO）に参加するという形で自衛隊の海外派遣を可能とする法的な基盤を整備した。最初の自衛隊のPKOへの参加はカンボジア（1992年9月〜1993年9月）であった。このように湾岸戦争は，日本が自衛隊の海外派遣へと踏み出す大きな契機となった。これは冷戦期における自衛隊の在り方を大きく変えるものであった。宮沢政権は，国連の活動への参加は憲法第9条に反しないと主張したが，違憲であるとの批判も生じた。こうした変化は，**日米同盟の再定義**と結びつき，日米の連携関係はさらに深化していくことになる（吉次［2018]）。

（2）漂流する日米同盟

　一方，冷戦後の東アジア地域における安全保障環境は大きく変化していった。国際原子力機関（IAEA）から核開発疑惑を指摘された北朝鮮は，核拡散防止条約（NPT）から1993年に離脱し，北朝鮮の核問題をめぐって朝鮮半島情勢は一気に緊迫した。この朝鮮半島危機に際してクリントン政権は，北朝鮮に対する経済制裁に加え，軍事オプションの行使についても検討していた。1994年6月に訪朝したジミー・カーター元大統領と金日成国家主席の交渉によって，エネルギー供給と引き換えに，北朝鮮の核開発が一時的に凍結されるまで緊張が続いた。また1995〜96年にかけて，中国が台湾海峡においてミサイル実験を行ったことで，軍事的な危機が勃発した。台湾を支援するためにアメリカが空母群を台湾周辺に展開したことで，米中間の軍事的緊張は高まった（五百旗頭編[2008]）。

　ソ連が崩壊したことによってグローバルな意味での冷戦は終了したが，東ヨーロッパの共産主義政権が崩壊し，東西ドイツの統一が実現したヨーロッパとは異なり，アジアにおいては冷戦期に形成された構造がそのまま残っており，むしろ米ソ対立の大枠が失われたことによって，その不安定化が進んでいた。

　こうした周辺の安全保障環境の変化に対応する形で，日本においても安全保障戦略の見直しが進められた。北朝鮮の核開発問題が注目を集める中，細川護熙首相の諮問機関として設置された防衛問題懇談会（樋口廣太郎座長）が，村山富市首相への政権交代後に提出した「日本の安全保障と防衛力のあり方——21世紀へ向けての展望（通称：樋口レポート）」（1994年）がその代表格であった。「樋口レポート」は，国連を中心とした「多角的な安全保障協力」の強化と日米同盟の機能充実を新たな日本の安全保障戦略として提言した。「樋口レポート」自体には日米同盟を軽視する意図はなかったものの，クリントン政権は「多角的な安全保障協力」に重点を置き，日米同盟を軽視するものとみなし，警戒を強めた（福田[2006]）。

　また米軍基地が集中する沖縄が抱える基地負担の問題も重要であった。アメリカは第二次世界大戦後，沖縄において施政権を行使し，米軍基地を拡大していった。1972年の沖縄返還後も多くの米軍基地はそのまま維持された。一方，1960〜70年代にかけて本土の基地が削減されたことにより，沖縄への基地の集中はいっそう進み，在日米軍基地の約4分の3が沖縄に存在する状態となった。

コラム14

日米地位協定

　日米地位協定とは，在日米軍による施設・区域の使用やその地位について定めたものである。外務省「日米地位協定 Q&A」によれば，具体的には「米軍に対する施設・区域の提供手続，我が国にいる米軍やこれに属する米軍人，軍属（米軍に雇用されている軍人以外の米国人），更にはそれらの家族に関し，出入国や租税，刑事裁判権や民事請求権などの事項」を規定している。

　日米地位協定は，在日米軍の「特権」を保証するものとして，とくに軍人・軍属による事件が生じるたびに批判されている。なぜならば日米地位協定では，公務中の軍人・軍属が関わる事件が生じた際，第一次裁判権はアメリカ側が持つと規定されているからである。また公務中ではない場合でも，在日米軍が被疑者の身柄を確保している場合，起訴されるまで日本側に引き渡されることはない。沖縄県や全国知事会などは，日米地位協定の改定を求めているが，日米両国政府は「運用の改善」で対応するという姿勢を崩していない。しかし「運用の改善」とは，在日米軍側の「好意」に基づくものであり，おのずから限界を持つ（梅林[2017]，山本[2019]）。また山本[2019]は，実際の日米地位協定の運用は，協定自体にではなく，占領国として獲得した米軍の既得権益を保証する内容を持つ「日米地位協定合意議事録」に基づいて行われているとし，その撤廃が重要であると指摘している。

　そうした中，1995年に発生した沖縄米兵少女暴行事件を契機として，在日米軍に対する激しい批判が沖縄において巻き起こった。また容疑者である米兵が即座に日本側へと引き渡されなかったことから，**日米地位協定**（コラム14参照）に対する不満も爆発した（野添[2019]）。

　このように東アジアの安全保障環境が不安定化し，在日米軍をめぐる問題が噴出する中，新たな目的を見出せていなかった日米同盟は，「漂流」しているとまで評された（栗山[1997]，船橋[2006]）。

（3）日米同盟の再定義

　一方，クリントン政権も当初の国連重視路線から同盟関係を重視する路線へと転換し，日米安保体制の見直しを進めた（第11章）。クリントン政権は，「樋

ロレポート」の問題に加え，朝鮮半島危機時に軍事オプションを検討した際，在日米軍と自衛隊の軍事面における連携を機能させるシステムが十分に構築されていないことにも危機感を持ち，日米同盟の再定義を進めた。冷戦期においては，日本が攻撃された際の自衛隊と在日米軍の役割分担などを1978年に定めた「日米ガイドライン」が存在したが，日本の周辺領域における危機に対応するための枠組みは存在しなかった（福田［2006］）。

　まずジョセフ・ナイ国防次官補を中心に対日政策の見直しが進められ，その成果は「東アジア戦略報告」（通称ナイ・レポート）として1995年に公表された。「ナイ・レポート」は，日米同盟をアジア太平洋地域におけるアメリカの安全保障にとって死活的な重要性を持つものと評価した。そしてアジア太平洋地域に10万人規模の米軍を維持すると主張し，アメリカの軍事的コミットメントを明確に示した。日米同盟の再定義は，このナイ・レポートの延長線上で行われた。ビル・クリントン大統領及び橋本龍太郎首相によって1996年に発表された「日米安全保障共同宣言」は，日米同盟について「冷戦の期間中，アジア太平洋地域の平和と安全の確保に役立った。我々の同盟関係は，この地域の力強い経済成長の土台であり続ける。両首脳は，日米両国の将来の安全と繁栄がアジア太平洋地域の将来と密接に結びついていることで意見が一致した」と述べた。そして日本の周辺地域において危機的な状況が生じた際の在日米軍と自衛隊との軍事的な協力関係を規定するために「日米ガイドライン」の改定を行った。つまり日米両国は，日米同盟の軍事同盟としての機能を強化するとともに，対象とする領域を東アジア地域からアジア太平洋地域へと大きく拡大し，その経済的繁栄の基礎となる安全保障の確保に貢献していくという方針を示した。これが共産主義陣営の封じ込めに代わる新たに再定義された日米同盟の目的であった。日本側も1999年に「重要影響事態に際して我が国の平和及び安全を確保するための措置に関する法律（周辺事態法）」を制定し，「日米ガイドライン」に規定されたように，自衛隊がアジア太平洋地域に展開する在日米軍の後方支援に従事するための法整備を行った。冷戦期の日米同盟が東アジア地域における日本の安全保障の確保を重視していたことに対し，この再定義によって日米同盟による安全保障体制の対象となる地域は大きく拡大し，有事に対処するための軍事的な連携も深められた（吉次［2018］）。

　一方，沖縄の基地負担の問題は大きな課題として残された。日米両政府は，

1995～96年にかけて「沖縄に関する特別行動委員会（SACO）」を設置し，沖縄の米軍基地の整理・縮小に関する協議を行い，**普天間基地の返還**が決定した。沖縄の基地負担を削減するための目玉政策と位置づけられたが，返還自体は基地機能の代替施設への移設後とされた。しかし移設先の決定は難航し，最終的に辺野古への移設が日米で合意されたものの，県内移設では負担軽減にはつながらず，沖縄からは強い反発が生じた。日本政府は迷走を続け，返還は実現しなかった（宮城・渡辺［2016］）。また沖縄県が求めた日米地位協定の改定についても，改定には踏み込まず，「運用の改善」でのみ対処するという方針が貫かれた。状況は大きく改善せず，類似の問題が繰り返し発生した（山本［2019］）。

（4）「テロとの戦い」と日米同盟

　1990年代に実行された日米同盟の再定義による「成果」が現れたのが，G・W・ブッシュ政権によって遂行された「対テロ戦争」であった。

　2001年9月に発生した「同時多発テロ」事件後，アフガニスタンのタリバン政権との戦争に入ったブッシュ政権を，小泉純一郎政権は即座かつ全面的に支持した。同年10月には「テロ特措法」を成立させ，安保理決議に基づき，米軍を中心とした「テロとの戦い」に従事する多国籍軍に対して，インド洋における艦船への給油等，自衛隊による後方支援を行った。2003年に生じたイラク戦争は国際的に批判を浴び，イラクへの軍事介入を支持する国連安保理決議もないまま，ブッシュ政権はイラクへと侵攻したが，小泉政権はブッシュ政権を支持する姿勢を崩さなかった。そして4年間の時限立法として2003年に「イラクにおける人道復興支援活動及び安全確保支援活動の実施に関する特別措置法（イラク特措法）」を制定し，国連安保理決議に基づき，自衛隊がイラクにおいて復興支援活動を行うことを可能とした。小泉首相は，自衛隊のイラク派遣は，日米同盟の強化につながるとともに，イラクの復興支援という国際貢献としての意義を持つと主張した。これに対して，なし崩し的に憲法第9条に反する自衛隊のグローバルな海外派遣に道を開くもの，無批判にブッシュ政権の外交に追随する「対米従属外交」，という批判がなされた（五百旗頭編［2008］）。

　イラクに派遣された陸上自衛隊は，イラクのサマーワを中心に2003年12月～2006年7月まで復興支援活動に従事した。その後，イラク特措法は2年延長され，航空自衛隊は引き続き2009年7月まで輸送支援活動を行った。

（5）経済摩擦の沈静化

　経済面ではどうだろうか。クリントン政権は経済外交を重視し，通商政策を活用することで貿易収支の赤字の削減を目指した。そのターゲットとなったのは最大の貿易赤字相手国である日本であった。クリントン政権は，1993〜95年にかけて開催された日米包括経済協議において，輸入数値目標の設定を迫り，それを拒否する日本との間で経済的な対立が深まった。しかし1995年以降，両国間の対立を深めるような大きな経済問題は生じなくなった。つまり冷戦期の1980年代から続いていた日米経済摩擦は，1995年をピークとして沈静化へと向かっていった。

　このように日米経済摩擦が沈静化した要因を日米両面から見ていく。日本側の要因としては２点挙げることができる。第一に，1991年のバブル崩壊以降，日本経済は停滞を続け，企業の競争力も低下したことが挙げられる。日本経済はアメリカ経済にとっての脅威とはみなされなくなった。第二に，日本による対米直接投資の増大である。対米輸出が経済摩擦を引き起こし，輸出自主規制を迫られた日本企業は，その規制を乗り越えるためにアメリカへの直接投資を増大させた。その結果，たとえば自動車産業においては1993年以降，アメリカでの現地生産が日本からの輸出を上回るようになった。こうした２つの要因の影響によって，アメリカの貿易収支赤字に日本が占める割合も低下していった。

　次にアメリカ側の要因を見ていこう。第一にアメリカ経済の再生である。冷戦の終焉前後の時期には，「アメリカ衰退論」が盛んに議論され，その経済的な見通しも暗いものとされていた。しかし1990年代後半以降，IT 産業を中心にアメリカ経済は活況を呈していき，新たな成長路線に入った。現在の国際経済において重要な地位を占めているグーグル，アマゾン，マイクロソフトなどの企業もこの時期に成長への糸口を摑み，大きく発展していった。その結果，アメリカの産業構造は大きく変化し，日米経済摩擦の中心にあった鉄鋼業や自動車産業などの製造業部門がアメリカ経済に占める比率も低下していった。第二に，第２期クリントン政権が貿易収支の赤字を重視しない方向へと対外経済政策を転換させたことである。クリントン政権は，貿易収支の赤字は好調な経済状態が続くアメリカへと資金が流入し，好景気が維持された結果，輸入が増大したに過ぎないとし，貿易赤字はむしろアメリカ経済の強さを示していると考えた。ゆえに貿易収支の赤字は問題視されず，貿易をめぐる日米間の対立も

解消された。こうしたクリントン政権の方針は，基本的にオバマ政権まで維持された（第2章）。

　こうした日米それぞれの変化によって，日米経済摩擦は1990年代には沈静化へと向かった。その結果，トランプ政権が登場するまで両国の経済的な対立が大きな問題となることはなかった。

　以上のように日米同盟は，対象とする地域をアジア太平洋地域全体へと大きく拡大するとともに，軍事的な連携を規定する枠組みも整備し，軍事同盟としての機能も強化された。また日米経済摩擦も沈静化へと向かい，経済問題は両国間の大きな課題ではなくなった。一方，日本はより深くアメリカの世界戦略に組み込まれたともいえ，日本の安全保障のアメリカへの依存は強まっていく傾向にあった。

3　「内向き化」するアメリカと日米同盟のゆくえ

（1）「内向き化」するアメリカ

　ブッシュ政権の下，アフガニスタンとイラクにおける米軍の駐留・戦闘は長期化した。その結果，アメリカ国内では厭戦気分が高まり，「内向き化」傾向が強まった。ゆえに続くオバマ政権は，イラクから撤退するなど，その対外的な軍事コミットメントを全体として低下させていった。

　軍事力の行使を敬遠するオバマ政権は，多国間交渉による国際的な課題の解決を重視する姿勢をとった。オバマ政権は，サブプライムローン危機以降のアメリカの経済力の低下を前提とし，アメリカの安全保障にとって死活的な利益を有する問題にのみに軍事力を活用し，基本的には国際的なルール形成を主導することで「軍事力なき覇権」を維持することを目指した。しかし，中東における混乱やロシアとの関係悪化などオバマ政権を取り巻く国際環境は非常に厳しいものであった。とくにアジア地域においては中国の台頭に対して，どのように対応するのかが大きな課題となった（第11章）。

（2）アジア基軸戦略

　バラク・オバマ大統領は，就任直後から「アジア回帰」を掲げ，アジア太平洋地域を戦略的に重視するアジア基軸戦略を展開した。オバマ政権は，アジア

太平洋地域におけるルール形成を主導することで，世界の成長センターである
アジア地域，とくに経済成長著しい中国をそこに取り込み，自国の経済成長に
生かしていこうとした。

　しかし2012年以降，南シナ海などにおいて中国が積極的に対外進出を試みて
いく中，米中関係は悪化していった（第12章）。ゆえに第2期オバマ政権は地球
温暖化問題への対応など，個別案件については交渉するものの，地域秩序に対
する中国の挑戦に対しては，アジア太平洋地域における「ルール」の重要性を
強調するとともに，新たな「ルール」の形成を主導することによって牽制を試
みた。

　経済面でもオバマ政権は，中国の進出に対抗するための地域秩序の形成に動
いた。とくに重要なのがアジア太平洋地域の12カ国が参加したTPPであった。
TPPはモノやサービスの自由化に留まらず，投資ルールや電子商取引，知的
所有権制度の調和等，国際経済に関わる幅広い分野におけるルールの設定を目
指した。オバマ政権は，TPPの実現を主導することを通じて，アジア太平洋
地域における貿易や投資に関するルールを明確化しようと試みた。そして短期
的にはTPPに参加していない中国を牽制し，将来的には中国をTPPで設定
されたルール内に取り込もうとした。

　このようなオバマ政権のアジア基軸戦略が展開する中，日米同盟は重要な位
置づけが与えられた。国際的な軍事コミットメントの拡大に消極的なオバマ政
権は，これまでよりも日本が安全保障面において重要な役割を担うことを期待
した。また日米同盟がアジア太平洋地域を超えて，中東地域などグローバルな
安全保障問題に対しても貢献することを求めるようになった。当然，日本の
TPP交渉への参加も期待されていた。

（3）民主党政権から第二次安倍政権へ

　2009年8月の衆議院総選挙で自民党に圧勝した民主党は，社会民主党，国民
新党とともに連立政権を形成し，政権交代を成し遂げた。2009年9月に就任し
た鳩山由紀夫首相は，対米関係を最重要視する自民党との違いを打ち出すため
に，「東アジア共同体」構想を掲げ，アジア外交を重視する姿勢を示した。ま
た普天間基地の移転問題に関しても，自民党政権時代に決定されていた辺野古
への移設案を破棄し，沖縄県外への米軍基地の移転を目指した。しかし鳩山政

権内の方針は統一されていなかった。鳩山政権は，新たな移設先候補を決定することも，オバマ政権との間に新たな合意を構築することもできなかった。結局，鳩山政権は，元の辺野古移設案へと回帰した。反発した社民党が連立を離脱したことを契機として，鳩山首相は退陣へと追い込まれた。その後の2つの民主党政権（菅直人政権，野田佳彦政権）は，TPPへの参加を検討するなど，鳩山政権期に普天間基地の移設問題をめぐって揺れ動いた日米関係を安定化させる方向へと軌道修正を試みた（宮城［2016］）。

オバマ政権の期待に応え，日米関係の強化へと舵を切ったのは，2012年12月の衆議院総選挙において自民党が勝利し，成立した第二次安倍晋三政権であった。

まず安倍政権はTPPへの参加を2013年に決定した。これまでのEPA・FTA交渉において日本は，農業保護を重視したため，交渉が難航することが多かった。しかし安倍政権は，米や麦など重要5品目以外については，以前よりも積極的に農業分野の関税の引き下げに応じ，合意の成立を目指して努力を重ねた。その結果，2016年にTPPは合意に達した（ソリース［2019］）。

さらに安倍政権は，日米同盟を念頭に置き，**限定的な集団的自衛権の行使**と**日米軍事協力の強化**を進めた。まず2014年7月に集団的自衛権の行使は憲法上認められないとしてきた憲法解釈を変更し，日本の「存立」に対する脅威が存在する場合，集団的自衛権の行使を限定的に可能とする閣議決定を行った。従来，米軍が攻撃された際，自衛隊が共同で対処することは不可能であったが，この閣議決定により可能となった。さらに「日米ガイドライン」が2015年4月に改定された。新たな「日米ガイドライン」では，日米同盟の安全保障の対象地域がアジア太平洋地域からグローバルに拡大され，宇宙空間やサイバー領域も対象とされた。さらに限定的な集団的自衛権の行使の容認を踏まえ，日米の軍事的な連携関係もより強化され，自衛隊によって可能な後方支援活動も拡大された。そして閣議決定および「日米ガイドライン」の改定に合わせ，2015年7月に**「平和安全法制」**を国会へと提出した。「平和安全法制」は同年9月に可決され，一連の安倍政権による政策の法的基盤となった（細谷［2016］）。こうした一連の流れは，日米同盟の対象とする地域を拡大するとともに，軍事面での連携を強化していくという日米同盟再定義以降の流れの延長線上にあった。

一方，安倍政権の政策は強い批判を招いた。批判派は，集団的自衛権の行使

や「平和安全法制」は憲法第9条の観点から違憲であると主張した。また安倍政権の政策は，グローバルに展開するアメリカの戦争に自衛隊が協力することを可能とするものであり，憲法第9条に基づく平和主義をないがしろにするものであるという批判も生じた。日米同盟の強化は，アメリカの世界戦略に日本が巻き込まれる可能性が高まるとの懸念も強かった（長谷部［2015］）。

　なぜ安倍政権は日米同盟の強化を進めたのか。背景には日本を取り巻く安全保障環境の問題がある。つまり軍事力を強化し，積極的な対外進出を試みている中国，凍結を解除し，再び核開発をすすめる北朝鮮と対峙し，自国の安全保障を確保するためには，アメリカとの同盟関係がさらに重要であると考えた。また日米同盟が強化されなければ，内向き志向を強めるオバマ政権が日本へのコミットメントを縮小してしまうという懸念もあった。ゆえに安倍政権は，逆にアメリカを日本の戦略に巻き込むことも考え，「**自由で開かれたインド太平洋（FOIP）**」**戦略**を展開した。

　FOIP戦略自体は，第二次安倍政権の発足時から追求されていたが，定式化されたのは2016年8月に開催された第6回アフリカ開発会議（2016年8月）における安倍首相の演説においてであった。これはアジアからアフリカに至るインド太平洋地域における法の支配，自由，市場経済の発展の実現を目標とした戦略であった。安倍政権による構想は，短期的には対外進出を積極化している中国に対する安全保障の確保を意図したものであった。そのために安倍政権は，アメリカ，オーストラリア，インドとの連携強化を試みた。一方，経済面を中心に対中関与政策も継続し，長期的には中国をFOIPの枠組みに取り込むことも目指していた（藤木［2020］）。

（4）トランプ政権の登場

　しかしTPPや日米同盟をめぐる状況はトランプ大統領の登場によって一変した。「アメリカ第一主義」を掲げ，同盟を軽視するトランプ大統領は，日本に対して厳しい要求を突きつけた。

　まず安全保障面においては，日本が在日米軍の駐留経費の大部分を負担することを要求した。トランプ大統領は，日米安保条約において，日本が攻撃された場合はアメリカが防衛しなければならないが，逆の場合に日本がアメリカを防衛する義務はないとし，なぜアメリカは日本に安全保障を提供しなければな

らないのかと批判した。トランプ大統領は，アメリカの安全保障の確保にとって日米安保条約は何ら意味を持たず，日本にとってしか意味を持たない。ゆえに日本が駐留経費を全額支払うべきであるという姿勢をとった。

　経済面においては，1995年以降続いていた大きな経済摩擦がない状況が変化した。トランプ政権は，貿易収支の赤字をアメリカが一方的に「損」をしている状態と考え，保護貿易政策を活用することによって，その解消を目指した。対日貿易赤字は1980〜90年代に比べて大きく減少しているが，アメリカにとって第3位の位置にあった（2019年）。ゆえにトランプ政権は日本に対しても，アメリカからの輸入の増大を求めるとともに，日本企業には対米直接投資を拡大させることを要求した。またTPPはアメリカが一方的に不利益を被る協定であるとし，政権発足初日に離脱を表明した。

　これらの姿勢は同盟の役割を軽視し，地政学的な問題に注意を払わないトランプ外交の特徴を典型的に反映していた（第12章）。

（5）安倍政権の対応

　これに対して日本は，安倍首相とトランプ大統領の個人的な関係をベースとしつつ，日米同盟の重要性を強調することで，その主張に反論した。安倍 [2020] によれば，①「平和安全法制」が整備されたことで，米軍が攻撃された際に自衛隊が支援できるようになっていること，②日本企業の対米投資によって，アメリカにおいて雇用が創出されていることをトランプ大統領に対して主張した。中国の台頭，北朝鮮の核問題といった日本を取り囲む安全保障環境を前提にすると，日本にとって日米同盟は依然として最も重要であった。また安倍政権はFOIP戦略に基づき，アメリカ，インド，オーストラリアと連携する枠組み（Quad）の強化を進め，トランプ政権を取り込もうと試みた。2019年には初の4カ国による外相会談も実現した。

　対中封じ込め戦略を重視するトランプ政権もFOIP戦略に関心を示したが，同盟国に対する攻撃をトランプ大統領が続けたこともあり，本格的な戦略枠組みへと発展することはなかった（第12章）。そうした姿勢は日本に対しても変わらず，トランプ大統領は日本による在日米軍の駐留経費負担の増額を主張し続けた。たとえば，国家安全保障問題担当大統領補佐官を務めたジョン・ボルトンの回顧録（ボルトン [2020]）によれば，2019年に訪日した際に80億ドルへの

増額を要求したという。これは現在の負担額の約4倍にあたる。日本側の駐留経費負担金額を取り決める日米特別協定は2021年3月に期限切れの予定であったが，交渉はまとまらなかった（バイデン政権の下，2021年は暫定的に現行の負担額で延長し，2022年以降については再交渉の予定）。

　アメリカのTPP離脱に対して日本は，アメリカ以外の諸国による再交渉を経て，2018年に「環太平洋パートナーシップ協定に関する包括的及び先進的な協定（TPP11）」を成立させることで対応した。一方，トランプ大統領は自動車輸入に対する関税率引き上げをテコにして日本と新たな二国間FTAを締結しようとした。とくにターゲットとなったのはトランプ大統領の重要な支持基盤でもある農業分野であった。

　アメリカ農業は苦境にあった。なぜならば中国は，トランプ政権による関税率の引き上げに対抗し，アメリカからの農作物輸入に対する関税率を大幅に引き上げた。さらにTPP11が発効したことにより，オーストラリアやカナダが日本に輸出する牛肉や豚肉の関税率が下がり，アメリカの畜産業は競争上不利に陥っていた。ゆえに日本市場への農作物輸出の拡大は重要性を増していた。

　日米交渉に応じた日本側は，TPPの水準までは農業関税の引き下げに応じるという交渉姿勢を貫き，なんとか2019年に妥結へとこぎつけた。2020年大統領選挙に向けて成果を誇示したいトランプ大統領が，結果の確定を急いだことも合意が成立した背景にあった。一方，自動車関税の引き上げは停止されたが，再びトランプ大統領が発動する可能性は残された。トランプ大統領は，今後の交渉の「テコ」として温存したと言えよう。しかし2020年大統領選挙でトランプ大統領は敗れ，2021年1月にバイデン政権が誕生した。

（6）バイデン政権下の日米関係

　バイデン政権は，日米2＋2会合や日米首脳会談などの場を通じて，日米同盟を重視する姿勢を示している。バイデン政権は，日本が提起したFOIP戦略に基づき，Quad初の首脳会談を開催するなど対中包囲網の形成に動いており，その中で日米同盟も重要な役割を果たすことが求められている。現段階では，バイデン政権下における日米関係のゆくえは定かではないが，今後を考える上で重要と思われるポイントを3点挙げておく。

　第一に貿易をめぐる問題である。バイデン政権は中間層，とくに製造業労働

者の利害を重視する外交方針を掲げている。ゆえに日本の貿易収支の赤字も，今後問題視される可能性がある。貿易に関するバイデン政権の要求に対して，どのように対応するのか。

第二に対中政策をめぐる問題である。バイデン政権は，安全保障から経済，人権に至るまで対中批判を強め，包囲網の形成を進めている。日本は，中国に対する安全保障の確保という面では対中包囲網の形成を重視しているが，中国との経済関係も深く，対中関与政策も継続したいと考えている。では対米関係と対中関係をどのように調整していけば良いのだろうか（藤木［2020］）。

第三に沖縄の基地負担の問題である。在日米軍基地が沖縄に集中している状況が続き，普天間基地の返還も未だ実現していない。沖縄からの再三の要求にもかかわらず，日米地位協定の改定には至っていない。その結果，依然として日米安保体制は，沖縄の負担に依存することによって支えられており，それは持続可能な状態ではない。沖縄の基地負担縮小の問題にどのように取り組むのかが日米両国政府に問われている（野添［2019］）。

考えてみよう・調べてみよう

① データベース「世界と日本」（https://worldjpn.grips.ac.jp）に，日米関係に関する政策文書が掲載されている。アクセスし，実際に読んでみよう。

⇨例１）1996年に出された「日米安全保障共同宣言」と2015年の「日米ガイドライン」改定の際の日米安全保障協議委員会による「変化する安全保障環境のためのより力強い同盟 新たな日米防衛協力のための指針」を比較し，何が変わったか考えてみよう。

⇨例２）まず2006年の「再編実施のための日米のロードマップ」を読み，その後，この在日米軍再編案がどのように展開していったのか，関連する文書を調べてみよう。

② 現在における日米関係の課題は何か。調べてみよう。

⇨安全保障，政治，経済，文化，社会交流など幅広い視点から日米関係の課題についてまとめてみよう。

おすすめの本・ホームページ

五百旗頭真編［2008］『日米関係史』有斐閣。

⇨幕末からG・W・ブッシュ政権に至るまでの日米関係の歴史を詳述している。歴史的な観点から本章の内容をより深く考えることができる。

宮城大蔵［2016］『現代日本外交史——冷戦後の模索，首相たちの決断』中公新書。
　⇨ポスト冷戦期の日本外交について概観している。日米関係に留まらず，日本外交
　　の全体像について学ぶことができる。普天間基地の問題については，宮城・渡辺
　　［2016］が詳しい。
山本章子［2019］『日米地位協定——在日米軍と「同盟」の70年』中公新書。
　⇨本章では十分に取り上げられなかった日米地位協定について，その歴史や現状，
　　問題点について詳述されている。

参考文献

安倍晋三［2020］「安倍外交7年8カ月を語る（連載・上）日本復活の礎となった日
　　米同盟再強化」『外交』Vol. 64。
浅井良夫［2015］『IMF 8条国移行——貿易・為替自由化の政治経済史』日本経済評
　　論社。
梅林宏道［2017］『在日米軍——変貌する日米安保体制』岩波新書。
外務省「日米地位協定Q&A」（https://www.mofa.go.jp/mofaj/area/usa/sfa/ga.html,
　　2021年7月最終確認）。
栗山尚一［1997］『日米同盟——漂流からの脱却』日本経済新聞出版社。
坂井昭夫［1991］『日米経済摩擦と政策協調——揺らぐ国家主権』有斐閣。
鈴木美勝［2017］『日本の戦略外交』ちくま新書。
ミレヤ・ソリース［2019］『貿易国家のジレンマ——日本・アメリカとアジア太平洋
　　秩序の構築』浦田秀次郎監訳，日本経済新聞出版社。
野添文彬［2019］『沖縄米軍基地全史』吉川弘文館。
長谷部恭男編［2015］『検証・安保法案——どこが憲法違反か』有斐閣。
福田毅［2006］「日米防衛協力における3つの転機——1978年ガイドラインから「日
　　米同盟の変革」までの道程」『レファレンス』No. 666。
藤木剛康［2020］「インド太平洋地域の台頭——地域形成の論理の変貌」和歌山大学
　　経済学会『研究年報』第24号。
船橋洋一［2006］『同盟漂流』（上）（下），岩波現代文庫。
細谷雄一［2016］『安保論争』ちくま新書。
ジョン・ボルトン［2020］『ジョン・ボルトン回顧録——トランプ大統領との453日』
　　梅原季哉監訳，朝日新聞出版。
宮城大蔵・渡辺豪［2016］『普天間・辺野古——歪められた20年』集英社新書。
吉次公介［2018］『日米安保体制史』岩波新書。

（河﨑信樹）

アメリカ政治・経済研究をテーマとした
レポート・卒業論文作成ガイド

　大学では，講義やゼミにおいてレポートの提出が求められる。また大学での学習の集大成として卒業論文を提出する。これらを作成するためには，自分自身で興味・関心のあるテーマを選び，そのテーマについての文献や資料を読み，自分なりの言葉で研究したことを表現しなければならない。こうした研究活動で培ったさまざまな能力──読書力や調査能力，文章力など──こそが，今後の人生を築いていくうえで重要な基礎力となる。文献やネットで入手できるさまざまな情報を，自分自身の必要に応じて取捨選択し，それを適切な文章で他者に対してわかりやすく表現する能力は，情報が溢れる環境の中で厳しい競争を強いられる現代社会を生き抜くうえで必須の基本的能力である。

　本章の目的は，読者の皆さんのレポートや卒業論文の作成を通じた研究活動──とくにアメリカの政治・経済をテーマとした研究──を支援する情報を提供することである。すなわち，レポートや卒業論文を作成するプロセスにおいて必要なことは何か，アメリカの政治・経済について研究するための導きの糸となる「道具」にはどのようなものがあるのか，そして，それを活用して文章を作成する際の注意事項は何か，といった点について読者の皆さんに紹介していきたい。

1　スケジュールの設定

　レポートや卒業論文を作成する際にまず考えなければならないことは，完成に至るまでのスケジュールである。レポートや卒業論文には締切りが設定されている。締切りは遵守しなければならない。自分自身のその他のスケジュールと調整しながら，大まかに完成へと到達するまでのスケジュールを設定してみよう。完成までには，以下の6ステップを踏まなければならない。

① テーマ（課題）の設定：研究の課題は何か。何を明らかにしていくのか。
② 先行研究の整理・検討：当該テーマに関してどのような研究がなされてきたのかを調査・整理し，内容を検討する。
③ 事実の収集：テーマを解明するために必要な事実を集める。
④ 大枠（骨子）の設定：先行研究と集めてきた事実とを整理し，レポートや卒業論文の大枠（骨子）を作成する。
⑤ 初稿の作成：大枠（骨子）に基づいて執筆する。
⑥ 推敲と完成：出来上がった初稿を推敲し，体裁を整え，提出する。

　このステップを，それぞれどのくらいの時間をかけて，いつまでにクリアするのかを考えるのがスケジュールの設定である。スケジュールを設定していくなかで，完成までのイメージを作り上げていく。もちろんスケジュールは，作業の進行状況に応じて調整していかなければならない。作業の進み具合を確認しながら，スケジュールを再調整し，締切りまでに残された時間をマネジメントしていく。時間管理も身につけるべき大切なスキルである。

2　テーマの設定

　レポートや卒業論文の作成は，自分自身の研究テーマを設定することからはじまる。大まかに自分自身が興味・関心を持つテーマを設定し，そこから絞り込んでいくことが必要である。たとえば，本書の読者の皆さんは「アメリカの政治・経済」に何らかの興味・関心を持っていることだろう。しかし「アメリカの政治・経済」という漠然としたテーマではレポートも卒業論文も書けない。アメリカという国の政治や経済を概観しただけでは，レポートや卒業論文とは言えない。より限定されたテーマについての独自の研究が必要とされる。

　本書を活用しながら，テーマをどのように絞っていくとよいのか。まず本書を通読しながら，興味を覚えた章のいくつかに印を付けておく。そして通読が終わった後，最初に戻り，印を付けた章を読み直し，一つの章に絞っていく。たとえば，もしあなたが最終的に第6章の財政政策に最も興味を覚えたとすれば，あなたの大きな研究テーマは「アメリカ財政」ということになる。

　次に，「アメリカ財政」のなかでどのような分野に関する研究を深めていく

のかを考えなければならない。オバマ政権期の予算紛争なのか，トランプ政権期の減税政策なのか，新型コロナウイルス感染症対策に関する財政支出の拡大なのか……。このようにテーマをより詳細に絞り込んでいく際には，本書を離れてさまざまな文献を読破していくことが必要である。そのための導きの糸として，本書では各章ごとに「おすすめの本・ホームページ」と「参考文献」を提示しているので参考にして欲しい。

　以上のようなプロセスで研究テーマを絞り込んでいく際，つねに念頭においておかなければならないのは５Ｗ１Ｈの原則である。それは以下のような原則である。

　　What（何）：何を研究するのか？
　　When（いつ）：研究対象とする時期はいつ頃のことなのか？
　　Why（なぜ）：なぜそのテーマを選択したのか？
　　Where（どこ）：どの地域を対象として研究するのか？
　　Who（誰）：どのような主体（人物，団体，企業等）に焦点を当てるのか？
　　How（どのように）：どのような研究手法（経済学，経営学，法律学，政治学，社
　　　会学など）を用いるのか？

　たとえば，アメリカ財政を例として考えてみる。

　　What（何）：アメリカの財政を研究したい。
　　When（いつ）：トランプ政権の頃。
　　Why（なぜ）：大規模な減税政策が，何を意図して，どのように実現したの
　　　かを知りたいから。
　　Where（どこ）：アメリカ。
　　Who（誰）：アメリカの連邦議会。税制に関しては連邦議会が最終的な決定
　　　権を有しているから。
　　How（どのように）：経済学，とくに財政学の手法を活用して研究していく。

　このようなプロセスを経て，研究テーマを「トランプ政権期における減税政策を連邦議会の動向を中心に財政学の手法で分析する」と表現することができ

る段階に至る。これが，あなたのレポートや卒業論文で考察を深めていく「課題」ということになる。最終的に，この課題の内容を事実に沿って明らかにし，自分自身の見解を表明しなければならない。

　上記の例では，機械的に５Ｗ１Ｈを当てはめているが，実際には，試行錯誤のプロセスが繰り返される。本を読みながら，対象時期を考え，分析対象とする主体で悩み，またアメリカ以外の地域に関心を変えたくなるかもしれない。そのような思考プロセスにおいて，５Ｗ１Ｈの原則を漠然とでも頭の片隅に置いておくと，研究テーマを絞り込んでいく作業が進めやすくなる。何の原則もなく漫然と本を読んでもテーマはまとまってこない。つねに原則に従い，考え続けることで，研究テーマもまとまってくる。

3　先行研究の検討

　テーマがある程度絞りこまれたら，そのテーマに関する先行研究を調査・収集し，文献リストを作成しなければならない。レポートや卒業論文は自分自身のオリジナルな意見を表明する場である。どんな些細なことであっても，既存の先行研究とは異なった見解を提示する，という気概を持って研究しなければならない。そのためには先行研究を次々に読破し，その内容に関する自分自身の評価を積み重ねていくことが必要である。そのプロセスの中で自分自身の研究テーマもより洗練されていくことだろう。

　先行研究の文献リストを作成する方法は２つある。一つは，自身のテーマに関連する代表的な著作を読むことからはじめる方法である。これは本書の参考文献リストに提示されている文献から始めるのがよい。一度，テーマを絞り込む際に読んだものであっても再読しよう。テーマが確定してから再読することで，さまざまな新しい発見がある。読みながら当該文献の中で紹介されている関連文献をリストアップしていく。そうすると第一次の文献リストが作成できる。次に，そのリスト内の文献を読んでいく。その文献に関しても同じ作業を進めていく。こうした作業を繰り返していく中で，当該テーマに関する代表的な文献や研究者を網羅したリストが完成するはずである。また以下の３冊のレファレンス・ブックは，アメリカ政治・経済に関する参考文献リストを提供しており有益である。

有賀夏紀・紀平英作・油井大三郎編［2009］『アメリカ史研究入門』山川出版社。

古矢旬・遠藤泰生編［2004］『新版 アメリカ学入門』南雲堂。

五十嵐武士・油井大三郎編［2003］『アメリカ研究入門　第3版』東京大学出版会。

　もう一つの方法は，文献データベースを使用する方法である。研究テーマに関連するキーワードで文献データベースを検索していくことを通じて文献リストを作成していく。注意すべきことは，「アメリカ」「財政」「金融」などの一般的な用語のみでは大量の文献がヒットしてしまうことである。ゆえにキーワードを複数組み合わせるなどの工夫が必要である。さまざまなパターンで検索を積み重ねて欲しい。活用できる代表的なデータベースとしては，国立国会図書館が提供する国立国会図書館オンライン（https://ndlonline.ndl.go.jp/#!/）および国立情報学研究所が提供する CiNii（http://ci.nii.ac.jp/）がある。新刊書籍については，アマゾンや紀伊國屋書店などネット書店のデータベースを検索してみよう。以上の作業を通じて文献リストを作成することができる。

　以上，2つの方法を紹介したが，実際の作業は両者を組み合わせる形で進めていくことが望ましい。

　次に，リストアップされた文献を入手しなければならない。まず論文や刊行済みの書籍は図書館で入手することができる。自身が所属する大学の図書館で所蔵する文献の検索・入手の仕方を相談してみよう。もし所蔵していない場合でも，相互貸借制度を活用し，自身の所属する大学図書館を通じて入手することが可能である。新刊書籍は，近くの書店やアマゾンなどのネット書店で入手するか，大学の図書館に購入をリクエストしよう。

　入手した先行研究は読破しなければならない。その際には，必ずノートを作成する習慣を身につけよう。読破した先行研究の内容についての要約，自分自身の研究に参考になりそうな部分，自分自身の当該文献に対する評価（意義と問題点）をノートに記載していく。このノートが，実際に執筆する際に大いに役立つ。ただ注意すべきは，先行研究の内容と自身の意見をきちんと区別しておくことである。この区別が明確でないと，盗作や剽窃といった問題が生じる原因となってしまう。

4　事実の収集

　先行研究を批判的に読破していく中で作成したノートには，「ここは少しおかしい」というさまざまな疑問点や「ここはもう少し詳しく調べてみよう」といった興味・関心が書きこまれているはずである。これらの点については，直接資料やデータ，新しい研究などにあたって調べ，自分自身の見解を作り上げていくことが必要となる。

　その際，皆さんの多くはグーグルなどの検索サイトで調べようとするだろう。実際，検索すると多くの情報が表示される。ただし表示される情報は玉石混交である。確かな裏付けのある情報もあれば，まったく意味のないものも多い。時には真偽不明の情報まで表示される。ある程度の専門的な知識がないと，その情報の山から有益なものを選択することは非常に困難である。ゆえに以下では，アメリカの政治・経済について調べる際に参考となるウェブサイトや文献を紹介していく。まずは，これらのサイトや文献から情報を得るようにして欲しい。

　初級者は（1）（2）で紹介されているウェブサイトなど（日本語）にアクセスして欲しい。中級者は（1）（2）に加えて（3）で紹介されている統計データなど（英語）にもアクセスし，研究を深めていって欲しい。上級者向けに（4）（5）でより詳細な一次資料（英語）へのアクセスの仕方を紹介している。卒業論文の執筆を予定している読者の皆さんは，ぜひ挑戦を！

（1）アメリカ政治・経済の動向を把握するために

　アメリカの政治・経済は日々動いている。以下のサイト（日本語で読める）を定期的にチェックし，その動向をフォローしておこう。

　ウォール・ストリート・ジャーナル（Wall Street Journal）日本語版（https://jp.wsj.com）。
　　　アメリカの一流紙の日本語版。
　ニューズウィーク（Newsweek）日本語版（https://www.newsweekjapan.jp）。
　　　アメリカの一流雑誌の日本語版。

三菱 UFJ 銀行金融経済情報・ニューヨーク駐在情報「MUFG Focus USA Weekly」（https://www.bk.mufg.jp/rept_mkt/keizai/index.html）。

アメリカ経済・金融および経済政策に関するタイムリーな分析を提供している。

BBC NEWS JAPAN（https://www.bbc.com/japanese）。

イギリスの公共放送 BBC のニュースサイトの日本語版。アメリカ関係のニュースも豊富に掲載されている。

NHK 解説委員室（https://www.nhk.or.jp/kaisetsu/）。

時論公論など NHK の報道番組の解説ページ。図表入りで，番組の内容がわかりやすく解説されている。アメリカ関連のものを参照。

JB Press（https://jbpress.ismedia.jp）。

時事問題の分析に加えて，Economist や Financial Times など，海外一流紙の翻訳記事が掲載される。

WEDGE Infinity（https://wedge.ismedia.jp）。

日米の識者のコラムが掲載されている。

（2）アメリカ政治・経済に関する調査・研究

他者による調査・研究は自分自身の研究に大いに役立つ。以下のサイト（日本語で読める）をチェックし，自分自身の研究テーマに関連する調査・研究を集めて，読破しよう。

▶日本政府による白書類

内閣府・政策統括官室（経済財政分析担当）『世界経済の潮流』（https://www5.cao.go.jp/j-j/sekai_chouryuu/index.html）。

年2回刊行される世界経済に関する白書（旧名『世界経済白書』）。その時々のアメリカ経済を含めた世界経済の現状をまとめた部分と，重要な論点をピックアップして検討する部分とから構成されている。

外務省『外交青書』（https://www.mofa.go.jp/mofaj/gaiko/bluebook/index.html）。

アメリカおよび日米関係に関する基礎情報がまとめられている。

防衛省『防衛白書』（https://www.mod.go.jp/j/publication/wp/index.html）。

アメリカを含む主要各国の国防政策が分析されている。

▶政治・経済全般

経済レポート専門ニュース（http://www3.keizaireport.com）。
　　日本のシンクタンクや官公庁が出している調査・研究報告を検索できるホームページ。自身の研究テーマに関連する文献を検索してみよう。

在日アメリカ大使館（https://jp.usembassy.gov/ja/）。
　　アメリカ政府のプレスリリースや政府高官の重要な演説が日本語に翻訳されている。

東京財団政策研究所（https://www.tkfd.or.jp）。
　　日本の政策シンクタンク。アメリカの政治・経済情勢を分析したレポートが掲載されている。

溜池通信（http://tameike.net）。
　　アメリカ政治・経済にとどまらず，日本やアジアを含むその時々の重要な政治・経済問題が解説されている。

データベース「世界と日本」（https://worldjpn.grips.ac.jp）。
　　日本政治や国際関係の重要な文書の日本語訳のデータベース。

みずほ総合研究所（https://www.mizuho-ri.co.jp/）。
　　調査レポートは，アメリカを含む最新の国内・海外経済の動向や政策課題をタイムリーに取り上げており，情報整理に役立つ。

丸紅ワシントン報告（https://www.marubeni.com/jp/research/）。
　　アメリカ経済に関わる問題を分析したレポートが掲載されている。

▶社会保障・労働問題

厚生労働省「海外情勢報告」（https://www.mhlw.go.jp/toukei_hakusho/hakusho/）。
　　諸外国の労働情勢および社会保障情勢全般に関する情報を整理・分析し，広く提供することを目的として厚生労働省が取りまとめ，公表している。

独立行政法人 労働政策研究・研修機構「海外労働情報」（https://www.jil.go.jp/foreign/index.html）。
　　海外の労働に関するニュースや報告書が整理されている。同サイト内の「海外統計情報」では，国際比較に使える資料が掲載されている。

▶科学技術政策

米国の科学政策（http://endostr.la.coocan.jp/sci-index.htm）。

　　アメリカの科学技術政策の動向について的確にフォローしている。

▶外交政策

鹿島平和研究所（http://www.kiip.or.jp/）。

　　国際問題の分析に強いシンクタンク。

日本国際問題研究所（https://www2.jiia.or.jp/）。

　　外務省所管の国際問題研究機関。『国際問題』を毎月発行。

防衛省防衛研究所（http://www.nids.mod.go.jp）。

　　防衛省の政策研究機関。『東アジア戦略概観』を毎年発行。

▶対外経済政策

JETRO（日本貿易振興機構）（https://www.jetro.go.jp/world/n_america/us）。

　　米国経済に関する情報が掲載されている。とくに貿易・投資関連情報に強い。

国際貿易投資研究所（http://www.iti.or.jp）。

　　『国際貿易と投資』を年4回発行。国際経済や海外諸国の対外経済政策の動向に詳しい。

（3）レファレンス資料

　アメリカの政治・経済に関わる統計，白書，レファレンス文献は，自身の研究に裏付けを与える事実を収集する上できわめて重要である。事実に基づかない研究は意味をなさない。

▶レファレンス文献

小田隆裕・柏木博・巽孝之・能登路雅子・松尾弌之・吉見俊哉編［2004］『事典 現代のアメリカ』大修館書店。

　　アメリカに関する総合事典。末尾に，年表，日英・英日用語対照表，略語・略記一覧，があり便利。CD-ROM 付なので PC で検索も可能。

アメリカ学会編［2018］『アメリカ文化辞典』丸善出版。

　　タイトルは「文化辞典」だが，政治や経済も含む幅広い分野を扱っている。

クリスティアン・モンティス／パスカル・ネデリク［2018］『地図で見るアメリカハンドブック』鳥取絹子訳，原書房。

　人口，民族，社会から，政治，経済に至るまで，主要なトピック別にマップでビジュアルにアメリカを見たもの。

ゲーリー・E・クレイトン／マーティン・ゲルハルト・ギーゼブレヒト／フェン・グオ［2011］『アメリカ経済がわかる「経済指標」の読み方』（原著第7版）山田郁夫訳，永濱利廣解説，日本経済新聞出版社。

　アメリカの経済指標に関する解説。

▶全般的な経済統計

以下は，国内経済・国際経済に関わる主要統計を提供しているウェブサイトである。統計に基づいて研究を進める必要が出てきた場合，まずこれらのウェブサイトを訪問して欲しい。

アメリカ国勢調査局（U. S. Census Bureau）（https://www.census.gov）。

　アメリカにおける国勢調査の結果がまとめられたサイト。さまざまなトピックスに関する時系列のデータやレポートを入手することができる。

大統領経済報告（https://www.whitehouse.gov/cea）。

　大統領へ経済政策について助言する経済諮問委員会（Council of Economic Advisers）が年に一度刊行するアメリカ経済に関する報告書。巻末の統計資料も有益。

アメリカ経済分析局（U. S. Bureau of Economic Analysis）（https://www.bea.gov）。

　アメリカ商務省によって運営されている統計情報サイト。国民所得，産業，雇用，国際収支など，アメリカ経済の動向を分析するための基本的なデータが提供されている。

セントルイス連銀経済調査（FRED）（https://fred.stlouisfed.org）。

　アメリカのみならず世界や世界各国の経済統計が網羅的に収集できる。グラフのカスタマイズも容易であり，調査を格段に進めることができる。

経済協力開発機構（OECD）（https://www.oecd.org）。

　アメリカと日本やヨーロッパ諸国を比較する際に利用できるデータやレポートが豊富に入手できる。

下記は特定のテーマに関するデータや文書に関するウェブサイトである。

▶財　政

The Fiscal Times（https://www.thefiscaltimes.com）。

　　アメリカの税・財政問題に関わるニュースに特化したネットニュースサイト。

▶金　融

連邦準備制度（FRB）（https://www.federalreserve.gov）。

　　アメリカの中央銀行。金融関係の統計資料はこのホームページから入手すること
　　ができる。

IMF Data（https://www.imf.org/en/Data）。

　　国際通貨基金（IMF）が提供する国際経済に関するデータサイト。長期の時系列
　　データの入手や国際比較を行う際に役立つ。為替レートなど国際金融問題に関す
　　るデータについては，サイト内の「The International Financial Statistics」を
　　参照。

▶政　治

アメリカ・プレジデンシー・プロジェクト（University of California, Santa
　　Barbara, The American Presidency Project）（https://www.presidency.ucsb.edu）。
　　アメリカ歴代大統領の発言・公文書を収録したデータベース。

270 to Win（https://www.270towin.com）。

　　アメリカ大統領選挙，上下両院議会選挙の過去の結果をはじめ，最新の選挙情勢
　　もマップでわかりやすく表示。州別・選挙区別のデータも調べることができる。

▶世論調査

ピュー・リサーチ・センター（Pew Research Center）（https://www.pewre
　　search.org）。
　　世論・意識調査の分析を専門とするシンクタンク。扱うテーマは政治だけではな
　　く，文化や宗教など多岐にわたる。

Five Thirty Eight（https://fivethirtyeight.com）。

　　著名な統計分析家ネイト・シルバーを中心とする各種テーマに関する世論調査の

分析およびコラムのサイト。政治だけではなく，スポーツや文化など多岐にわた
るテーマを扱っている。

（4）行政府・連邦議会関連ウェブサイト

　アメリカの政治・経済に関する本格的な分析を行う際に必要となるデータや
政策文書は，行政府と連邦議会から提供される部分が非常に多い。以下では，
行政府と連邦議会のウェブサイトを紹介していく。

▶行政府

　行政府に関連する情報を収集する場合，まずホワイトハウスのウェブサイト
を訪問するのが良い（https://www.whitehouse.gov）。このウェブサイトには大
統領の声明や時の政権の基本政策が網羅的に掲載されている。このサイトでま
ず基本的な情報を得よう。

　次に，自身の研究テーマを所管している省庁のサイトにアクセスし，データ
や文書を入手する必要がある。その際には USA. gov（https://www.usa.gov）
を訪問すると良い。アメリカの連邦政府（行政・立法・司法各機関），州・地方
政府など，各種の政府機関のサイトへのリンクが貼られている。本書の各章に
おいて，各政治・経済分野における代表的な諸機関について言及がなされてい
る。それを参考にして関連する省庁のホームページにアクセスし，情報を収集
してほしい。

▶連邦議会

　連邦議会に関する調査の際，最初に目を通すと良いのは議会調査局（Congress-
sional Research Service）によるレポートである。議会調査局は，連邦議会の調
査機関であり，その時々の政策課題に関するレポートを連邦議会に対して提出
している。このレポートは，議会調査局自身によって公開されているので，サ
イトにおいて検索・入手することが可能である。（https://crsreports.congress.
gov）。また会計検査院（Governmental Accountability Office）によって作成され
た報告書も，調べたい分野に関する包括的な情報を得る際に便利である。会計
検査院のホームページから検索することができる（https://www.gao.gov）。加
えて連邦議会で予算編成に携わる調査機関である議会予算局（The Congressio-

nal Budget Office）は，財政関連の統計や将来推計データといった予算関連の分析を中心としているが，その他のさまざまな政策課題に関するレポートも積極的に公表している（https://www.cbo.gov）。

　次に連邦議会それ自体の資料にアクセスしよう。連邦議会で審議された法案や決議，レポートについては CONGRESS. GOV（https://www.congress.gov）において検索・入手することができる。次に上下両院に設置された委員会のホームページを訪問する必要がある。CONGRESS. GOV のホームページ内の「Committee」のコーナーに上下両院全ての委員会へのリンクが貼られている。各委員会のホームページでは，さまざまな政策課題に関するヒアリング資料や議事録が提供されている。自身の研究テーマと関連の深い委員会を探し，そのホームページを訪問してみよう。

（5）民間部門の調査研究

　アメリカにおいては民間部門における政策論議が非常に活発に行われている。政府・連邦議会の情報だけではなく，そうした民間部門の情報を入手し，検討することも非常に重要である。以下では，代表的なシンクタンクを紹介したい。

　アメリカン・エンタープライズ研究所（American Enterprise Institute）
　　（https://www.aei.org）。
　　　保守系のシンクタンク。
　ヘリテージ財団（Heritage Foundation）（https://www.heritage.org）。
　　　保守系のシンクタンク。
　ブルッキングス研究所（The Brookings Institution）（https://www.brookings.
　　edu）。
　　　リベラル派を代表するシンクタンク。
　センター・フォー・アメリカン・プログレス（Center for American Progress）
　　（https://www.americanprogress.org）。
　　　リベラル派の公共政策シンクタンク。オバマ政権初期の政策であるグリーンニュ
　　　ーディールなどの民主党リベラル派の政策構想の一翼を担った。政策提言やレポ
　　　ート等が入手できる。
　戦略国際問題研究所（Center for Strategic & International Studies）（https://

csis.org）。

外交・安全保障問題専門のシンクタンク。

外交問題評議会（Council on Foreign Relations）（http://www.cfr.org/）。

アメリカを代表する外交問題に関するシンクタンク。発行している雑誌『Foreign Affairs』も外交分野では著名。

ピーターソン国際経済研究所（Perterson Institute for International Economics）（https://www.iie.com）。

国際経済問題を専門とするシンクタンク。

従業員福利厚生研究所（Employee Benefit Research Institute）（https://www.ebri.org）。

医療保険や年金などの被用者給付に関する調査・研究機関。Issue Brief, Notes などを月刊で発行している。

カイザー財団（The Henry J. Kaiser Family Foundation）（https://www.kff.org）。

医療改革，メディケイド，メディケア，医療保険，医療費，無保険者などに関する調査を行っている。

競争力評議会（Council on Competitiveness）（https://www.compete.org）。

民間団体ではあるがアメリカの産業政策に大きな影響力を与えている。組織の沿革や概要，取り組みの他，アメリカの産業に関する調査報告書や政策提言レポートがダウンロードできる。

租税政策センター（Tax Policy Center）（https://www.taxpolicycenter.org）。

ブルッキングス研究所とアーバン研究所（Urban Institute）が共催する租税政策に関する専門サイト。税制に関する政策動向をトラックするのによい。

5　原稿の作成

　第3節と第4節で見てきたようなプロセスを踏んだあなたの手元には，先行研究を整理したノートとさまざまな資料やデータがある。これらを基にして，レポートや卒業論文を作成していく。しかし，すぐに執筆を始めてはいけない。そうすると首尾一貫した内容のものは書けない。全体の設計図＝骨子を先に作成しなければならない。家を建てるのにも設計図は必要である。レポートや卒業論文も同じである。多くの情報を自分自身の課題に沿って整理し，レポート

や卒業論文の「設計図」を作らなければならない。

　次に「設計図」に基づいてレポートや卒業論文の初稿を執筆していく。執筆において絶対に行ってはならないのは盗作や剽窃である。安易にネット上の情報をコピペすることは厳に行ってはならない。必ず自身の見解を自分の言葉で表現しなければならない。レポートや卒論はみなさん自身の「分身」ともいえる「作品」だからである。普段からそうした行為を行わないよう，注意しなければならならない。

　執筆において「どのように文章を書けばよいのか」「体裁はどうすればよいのか」といった点については，以下の文献が良い見取り図を与えてくれるので参照してほしい。

小笠原喜康［2018］『最新版 大学生のためのレポート・論文術』講談社現代新書。

　初稿の作成までにはさまざまな苦難に見舞われることだろう。しかし粘り強く，さしあたり進めることができる部分からでも少しずつ作業を進めていこう。そうしている内に道も開けてくる。

　こうして完成した初稿を推敲し，期限内に提出しよう。提出する際には，レポートや卒論の規定を確認し，そこで求められている形式に合わせて原稿を調整することも忘れずに。

　皆さんが本書で得た情報を基にして，アメリカの政治・経済に関する優れたレポートや卒業論文を完成させることを願ってやまない。

＊本書で紹介したウェブサイトのアドレスは，2021年7月に確認したものである。

（河﨑信樹）

索　引

執筆者紹介 （所属，執筆分担，執筆順，＊は編者）

＊藤　木　剛　康　（和歌山大学経済学部准教授，はじめに・第5章・第12章）

＊河　音　琢　郎　（立命館大学経済学部教授，序章・第5章・第6章）

　豊　福　裕　二　（三重大学人文学部法律経済学科教授，第1章・第9章）

＊河　崎　信　樹　（関西大学政策創造学部教授，第2章・第11章・第13章・補章）

　菅　原　　　歩　（東北大学大学院経済学研究科准教授，第2章）

　山　縣　宏　之　（立教大学経済学部教授，第3章）

　吉　田　健　三　（青山学院大学経済学部経済学科教授，第4章）

　長谷川　千　春　（立命館大学産業社会学部現代社会学科教授，第7章）

　名　和　洋　人　（名城大学経済学部経済学科准教授，第8章）

　中　島　　醸　（拓殖大学政経学部経済学科准教授，第10章）

《編著者紹介》

河﨑　信樹（かわさき・のぶき）

2002年　京都大学大学院経済学研究科博士後期課程修了，経済学博士（京都大学）。
現　在　関西大学政策創造学部教授。
主　著　『アメリカのドイツ政策の史的展開——モーゲンソープランからマーシャルプランへ』関西大学出版部，2012年。
　　　　『一般経済史』（共編著）ミネルヴァ書房，2018年。
　　　　『現代アメリカの経済社会——理念とダイナミズム』（共著）東京大学出版会，2018年。

河音　琢郎（かわね・たくろう）

1995年　京都大学大学院経済学研究科博士後期課程中退。
2006年　経済学博士（京都大学）。
現　在　立命館大学経済学部教授。
主　著　『アメリカの財政再建と予算過程』日本経済評論社，2006年。
　　　　『オバマ政権の経済政策——リベラリズムとアメリカ再生のゆくえ』（共編著）ミネルヴァ書房，2016年。
　　　　『G・W・ブッシュ政権の経済政策——アメリカ保守主義の理念と現実』（共編著）ミネルヴァ書房，2008年。

藤木　剛康（ふじき・たけやす）

1996年　京都大学大学院経済学研究科博士後期課程中退。
2018年　経済学博士（京都大学）。
現　在　和歌山大学経済学部准教授。
主　著　『ポスト冷戦期アメリカの通商政策——自由貿易論と公正貿易論をめぐる対立』ミネルヴァ書房，2017年。
　　　　『オバマ政権の経済政策——リベラリズムとアメリカ再生のゆくえ』（共編著）ミネルヴァ書房，2016年。
　　　　『アメリカ政治経済論』（編著）ミネルヴァ書房，2012年。

現代アメリカ政治経済入門

2021年10月30日　初版第1刷発行	検印省略
2022年8月30日　初版第2刷発行	

定価はカバーに
表示しています

	河	﨑	信	樹
編著者	河	音	琢	郎
	藤	木	剛	康
発行者	杉	田	啓	三
印刷者	江	戸	孝	典

発行所　株式会社　ミネルヴァ書房
607-8494　京都市山科区日ノ岡堤谷町1
電話代表　（075）581-5191番
振替講座　01020-0-8076番

© 河﨑・河音・藤木ほか，2021　　共同印刷工業・新生製本

ISBN978-4-623-09267-3

Printed in Japan

河﨑信樹・奥 和義 編著
一般経済史
A 5 判・280頁
本 体 2400円

河音琢郎・藤木剛康 編著
オバマ政権の経済政策
A 5 判・328頁
本 体 3000円

藤木剛康 著
ポスト冷戦期アメリカの通商政策
A 5 判・328頁
本 体 6000円

山縣宏之 著
ハイテク産業都市シアトルの軌跡
A 5 判・268頁
本 体 6500円

梅﨑 透・坂下史子・宮田伊知郎 編著
よくわかるアメリカの歴史
B 5 判・202頁
本 体 2800円

地主敏樹・村山裕三・加藤一誠 編著
現代アメリカ経済論
A 5 判・344頁
本 体 3500円

青野利彦・倉科一希・宮田伊知郎 編著
現代アメリカ政治外交史
A 5 判・396頁
本 体 3200円

ミネルヴァ書房

https://www.minervashobo.co.jp/